应用型社会工作系列丛书

丛书总主编　章友德

矫正社会工作

陈　校　编著

復旦大學出版社

内容简介

本书尝试将社会工作在矫正工作中的运用作一个梳理、研究，试图在比较成熟的社会工作理论和刑罚执行理论的指导下，一定程度上建立矫正社会科学的学术体系。

本书共有九个章节。第一章主要对矫正社会工作进行概述，就相关概念进行界定。第二章主要描述社会工作在刑事司法领域中的角色与作用。第三章主要描述矫正工作中应采用的社会工作价值与理念。第四、五、六、七章，分别结合并针对青少年矫正对象、司法判决前的矫正工作、在监狱中的罪犯、被判罚社区矫正的矫正对象，具体探讨各类型的矫正工作应如何引进及研发社会工作的理念、方法与手段。第八章则对矫正社会工作的评价或评估模式进行梳理，重点研究矫正对象的风险评估体系及进行社区矫正后该罪犯的效果评价。第九章主要针对矫正社会工作者的培养阐述笔者的观点，对矫正社会工作者的资质要求、培训、课程设置及考试内容作一个简单的梳理，试图整理出一套较为通用的方法。

随着社会的发展和法律的不断健全，矫正工作将面临更大的挑战，希望本书能够为从事此项工作的从业人员提供一个参考。

目　录

第一章　概述
——基于实践的矫正社会工作

第一节　概　　述

一、我国的矫正社会工作

社会工作是以利他主义为指导，以科学的方法进行的助人活动。这一定义指出社会工作的本质是一种助人活动，其特征是提供服务。矫治社会工作是指社会工作实施于矫治体系中。它是运用专业理论和技术，为罪犯或具有犯罪危险性的违法人员，在审判、服刑、缓刑、刑释或其他社区处遇期间，提供思想教育、心理辅导、行为纠正、生活照顾等，使之消除犯罪心理结构，修正行为模式，适应社会生活的一种福利服务。当然，对罪犯的矫治是个复杂的、长期的系统工程，需要有各方面的专业人士通力合作。社会工作特有的价值理念提供了与刑法执行不同的切入视角和工作方式。人道主义作为矫治社会工作的哲学基础，提倡关心人、尊重人、以人为中心的世界观，深信人性具有高度的可塑性和丰富的“潜藏”，只要给予机会，定会重新回归主流社会。“接纳”是社会工作在矫治工作中的基本价值理念，只要进入社会工作领域，他们将得到受助者同样的待遇。社会工作者会从矫正对象自身的认知、情绪行为、人际关系等方面存在的不足或缺陷入手，调动社会资源，运用小组、个案、社区三大社会工作专业的方法帮助案主增能，使其尽快恢复社会功能，融入生活。

社会工作实践中引入了“社会排斥”“社会资本”“赋权”“增权”等概念，使矫治工作中社会工作的视角区别于刑法执行。

2005年，最高人民法院、最高人民检察院、公安部、司法部联合发布的《关于扩大社区矫正试点的通知》指出，要遵循社会管理规律，运用社会工作方法，整合社会资源和力量对社区矫正罪犯进行教育改造，使其尽快融入社会，从而降低重新犯罪率，促进社会长期稳定与和谐发展。

我国自2003年开始进行社区矫正试点工作，即倡导遵循社会管理规律，运用社会工作方法，整合社会资源和力量对社区矫正罪犯进行教育和改造。此时，北京和上海的矫正社会工作开展得有声有色。其中，北京成立了阳光社区矫正服务中心，专门招聘社会工作者为矫正对象提供心理矫正、帮助教育、技能培训、临时救助等服务。服务中心的社工从独特的视角，以平等、尊重、接纳的社会工作理念对社区矫正对象予以帮教，不仅缓解了司法所工作人员紧张的压力，也很快赢得矫正对象的信任和配合，有力地推动了社区矫正工作的开展。上海则成立了非营利性社团——新航社区服务总站，聘用大量社工从事社区矫正中的辅助性、服务性工作。由于矫正社会工作者运用全新的社会工作理念，对矫正对象给予有针对性的帮助，因而在社区矫正对象心目中形成了很高的认可度，极大地促进了社区矫正工作的开展。与国外发达的矫正社会工作相比，我国的矫正社会工作起步较晚，与发达国家有一定差距。目前的矫治社会工作中存在的问题主要有以下几个方面。

（一）矫正社会工作者对社会工作价值理念理解不系统，运用不到位，工作方法单调

由于我国市民社会刚刚兴起，社会工作还处于被人逐渐认识的阶段，社会工作氛围不浓厚，社会工作者也是刚刚介入矫正工作，其专业素养和实践经验都很缺乏，因此，在矫正社会工作中出现了对社会工作价值理念理解不系统，没有把社会工作的价值观念变成实际的工作方法的现象。例如，对矫正对象采用说教式谈话、态度生硬，随身携带矫正对象的个人资料等。另外，矫正社会工作者的工作方法单调、肤浅，一般只是运用基本的个案工作方法对社区服刑人员进行教育、帮助，较少运用小组工作方法、社区工作方法。

（二）矫正社会工作者对矫正工作有畏难情绪

由于长期以来受到报复主义和重刑主义思想的影响以及体制的约束，社会公众比较认可传统刑罚执行的效果，对社区矫正及社区服刑人员较为冷漠甚至抗拒，矫正社会工作者受此影响，对社区矫正工作有畏难情绪，不能大胆地与社区服刑人员接触，工作不积极，对社区服刑人员的服务和合法权益的保护不够关注，使矫治社会工作没能很好开展。

（三）矫正社会工作者可调动的帮困资源缺乏

矫治社会工作的终极目标是能够从个体的微观层面、社区观的层面和社会政策的宏观层面进行介入，协助个人、家庭及群体解决问题，提升其社会适应能力，并致力于改造社会，推动社会的进步。而在我国的社区矫正中，矫正社会工作者的主要职责是帮困解难。但目前资源的支配权主要集中在政府职能部门，社会捐献

匮乏，加之法律政策、制度层面的限制，矫正社会工作者可调动的帮困资源有限，致使矫治社会工作者工作成效不大①。

二、基于实践的矫正社会工作——循证实践

循证实践的核心特征是“遵循研究证据进行实践”，亦即强调在实践过程中关注并使用已有的“最好的研究证据”。这些证据既可以是研究中得出的关于矫治策略、评价等的科学结论，也可以是一线工作人员在基础实践中获得的工作经验。其目的是将最好的可供使用的研究证据与实践工作的专业技能整合起来，以指导罪犯矫正工作的具体实践。总体来说，司法体系总是通过各种手段来减少犯罪，但并非所有方法都可以奏效，有的方法甚至适得其反。循证实践是指：一项疗法或项目的效果可以通过各种证据（如重新犯罪率、公共安全系数等）进行测量、评估。在矫正领域，循证实践就是指某个矫正项目实施后，罪犯的重新犯罪率有了明显下降。因此，循证实践更加关注实际效果，而非主观的判断。

近年来，在国外的矫正发展中，循证实践得以盛行。过去，矫正工作者大多通过主观臆测判断矫正效果；矫正工作也大多同填写表格、报告等常规工作联系起来，忽视了最重要的因素——客观的矫正效果。我国社区矫正制度走的是一条由局部试点到全面试行、由基层实践探索推动制度建立的道路。由于不同基层实践存在着地域文化、工作资源以及原有工作模式等各种差异，不同基层单位在实践探索中的实际取向就显得较为复杂。在实践中不断借

① http://www.moj.gov.cn/sqjzbgs/content/2011-12/01/content_3148126.htm，2012年8月5日访问。

鉴,遵循实事求是的原则显得尤为重要。

第二节　矫正社会工作的理论基础

一、社会工作、矫正社会工作与社区矫正

按照《中国大百科全书·社会学卷》的解释,社会工作是国家和社会解决并预防社会成员因缺乏社会生活适应能力、社会功能失调而产生的社会问题的一项专门事业和学科。社会工作源自西方工业革命,是为解决19世纪中叶西方国家在工业化和城市化过程中滋生的一系列社会问题而产生。在社会工作中,社会工作者以利他主义为宗旨,秉持平等、尊重、接纳、同理、自决等基本工作价值观,以增强个人功能、解决社会问题为己任,运用专门知识、技巧和方法予以助人。其道德理想是实现社会的公平、公正,主要功能是预防、康复、发展,希望通过社会服务和社会管理,调整社会关系,改善社会制度,推进社会建设,促进社会的稳定发展,堪称西方社会的“润滑剂”。

矫正社会工作是社会工作落实于矫正体系中,由专业社会工作者,在社会工作价值观的指引下,运用社会工作理论、知识和方法、技术,为罪犯(或具有犯罪危险性的人员)及其家人,在审判、监禁处遇、社会处遇或刑释期间,提供思想教育、心理辅导、行为纠正、信息咨询、就业培训、生活照顾以及社会环境改善等帮助,使罪犯消除犯罪心理结构、修正行为模式、适应社会生活的一种福利服务。矫治社会工作源于19世纪中期的美国。20世纪,矫治社会工作在美国、西欧、日本等发达资本主义国家迅速发展,并建立起相当完备的矫治网络,形成了完善的知识体系,工作范围涉及从司

法审判到刑满释放的整个司法矫治过程，创造了包括司法审判前服务、行刑中服务、刑满释放后服务以及违法青少年服务在内的一系列完整的工作方法和介入途径。在矫正社会工作中，矫正工作者信守接纳（每个人都有与生俱来的价值和尊严）、可塑性（每个人在一定的条件下都是可以改变的）、个别化（任何人都是一个独特的个体，都有其存在的独特价值，都有其独特的需求和潜能，重视案主对待困难和问题的个人感受与看法）的基本理念，运用专业理论和方法，动员一切有关的个人、家庭、团体及社区等资源，帮助罪犯在审判、服刑、缓刑、刑满释放或者其他社区处遇期间矫正错误，修正行为模式，消除犯罪心理，以促使其尽快适应社会生活。在矫正社会工作者看来，罪犯和具有犯罪危险性的违法人士都是一群特殊的弱势群体：他们生来与我们相差无几，却由于社会化过程的阻断和弱化，降低甚至消除了其社会适应能力，导致他们无法通过社会所认可的正常途径和方法获得生存所必需的资源，尤其是他们的行为被判定为违法和犯罪、经过监狱化和贬降仪式后，其社会地位更加不利，因而更需要专业的救助和帮扶。依照上述定义，“矫正社会工作”一词应包括以下四方面的含义。

（一）矫正社会工作是一种社会福利服务

社会工作作为一种职业，本身就是在社会福利制度内的各种专业化的服务，是社会福利的发送渠道和实现环节。矫正社会工作也具有社会工作的基本属性，它同儿童、妇女、老年、残疾人等领域的社会工作一样，是通过组织、动员社会资源，改善处在困难处境中的社会成员的生活状况，使之适应社会生活的一种带有福利性的社会服务和保障。它同其他领域社会工作相区别的只是服务的对象较为特别。

（二）矫正社会工作是为特殊社会弱势群体——罪犯或违法人士提供的福利服务

罪犯或具有犯罪危险性的违法人士的行为对社会和他人的利益造成了损害，从这个角度讲，他们是社会安全和公众利益的危害者，似乎是强者。而实际上，这些人之所以违法犯罪，很重要的原因是其社会化过程的阻断或弱化造成社会适应能力的降低甚至消失，他们无法通过社会公众所认可的途径和方法来维持其在社会中的正常生活。所以从这一角度讲，他们是社会的弱者。尤其当他们的行为被社会判定为违法或犯罪并受到社会的制裁和惩处时，其社会地位更处于与社会主流背离的不利层面，成为社会的一个特殊的弱势群体。

（三）矫正社会工作是司法矫正体系中的社会福利服务

首先，矫正社会工作者所从事的福利服务有其法律上的依据。许多国家和地区对于此类服务都有立法方面的规范，矫正社会工作是依法提供的社会福利服务。其次，矫正社会工作贯穿于对罪犯进行司法矫正的各个方面以及整个过程，包括审判、监禁处遇、社会处遇以及刑释等各个环节。最后，矫正社会工作的目的与司法工作的目的相一致，即预防犯罪、维护社会安全。所以说，矫正社会工作是司法矫正体系的有机组成部分。

（四）矫正社会工作是一种专业化的社会福利服务

对罪犯的矫正是个复杂的、长期的、系统的工程，需要由各方面的专业人士共同合作才能达到目的。矫正社会工作者是矫正团队中的重要成员，他同其他成员的区别点就在于：他是在社会工作专业价值观指引下，运用专业理论和方法、技术，为罪犯（或具有犯罪危险性的人员)及其家人提供服务。在任何一种处遇方式中,个案辅导都是最普遍运用的服务模式。社会工作者通过与受助人之间建立的专业关系,使矫正的目标在个案工作过程中得以实现。如果将相同类型的罪犯作为一个团体,则小组工作也是经常采用的服务方式。至于在社区处遇的诸多方式中,运用社区资源以协助罪犯及其家庭,则必须将社区工作的方法作为主要手段。故此,社会工作的专业服务在矫正过程中发挥着不可替代的重要作用。

社区矫正是把符合社区矫正条件的罪犯置于社区内,由专门的国家机关在相关社会团体和民间组织以及社会志愿者的协助下,在判决、裁定或决定确定的期限内,矫正其犯罪心理和行为恶习,并促进其顺利回归社会的非监禁刑罚执行活动。在社区矫正中,矫正社会工作者的服务对象为在社区服刑的罪犯。在我国,矫正社会工作者在社区矫正中,一方面担负着社会倡导的责任,不但要转变矫正执法人员对犯罪人员的传统认识,更要以各种方式向社区居民进行宣传、教育,为社区矫正对象营造一个接纳与尊重的良好社会环境;另一方面,从个体的微观层面、社区的中观层面和社会政策的宏观层面进行介入,协助矫正对象纠正认知偏差,改正错误的思想和行为,帮助矫正对象及其家庭解决一些实际问题,以提升矫正对象的社会适应能力,使其尽快恢复社会功能,重返健康正常的社会生活。

二、矫正社会工作与传统刑事司法改造的差别[①]

(一) 刑事司法模式不同

传统刑事司法矫正是一种对犯罪的惩罚和报复的补偿司法

① 参见郭伟和:《社区为本的矫正社会工作理论与实践》,《社会工作理论与探索》2008 年第 3 期。

模式；矫正社会工作是基于司法理念的转变而产生的，而作为一种感化制度的矫正社会工作则是强调犯人的康复和社会融入。正统刑事司法矫正强调对罪犯的控制和作出与其犯罪相适当的处罚，虽然现代司法矫正强调去机构化，由监禁所和监狱转向了社区，但是并不一定意味着由惩罚转向了康复和回归社区。而矫正社会工作则是强调不管在监狱还是社区中，都要尽量给犯人提供适切的服务，来帮助他从内心认识到自己的过错和犯罪行为，愿意承担自己的犯罪责任，然后给犯人提供人道主义的有尊严的积极机会来承担责任和改造自己，从而康复和回归社会。

（二）社会哲学基础不同

这两种司法理念背后的假设是关于人的概念和犯罪行为的理解乃至犯罪的社会危害的理解区别。传统惩罚补偿式刑事司法模式认为：犯人在本质上不同于正常人，是个本质上的坏人；认为犯人不具有积极改变的潜能，犯人是敌对社会和他人的；犯人没有受到尊重的价值，不值得帮助和辅导，其犯罪行为是其恶的本性的表现，对他人和社会造成危害，理应受到惩罚并进行补偿；不对犯人惩罚和制裁不足以警示他人和保护社会。矫正社会工作则认为：虽然罪犯有犯罪行为，但犯罪行为可能不一定是本质性恶的表现，就算是本质上恶的，但不是天生就坏，而是在一定的社会环境下生成的；相信罪犯有潜能来改变自己的认识、性格、精神和行为；犯人发生积极转变的社会基础是社会对犯人以正常化对待，尊重犯人、接纳犯人、个别化地对待犯人；社会只有真正帮助犯人进行人格、精神和行为上的改造，才能得到更好的保护，而以惩罚为主的改造措施很有可能导致更大的社会报复行为。

三、矫正社会工作的功能与作用

（一）针对矫正对象的功能与作用

矫正社会工作针对罪犯的功能与作用主要包括三个方面：监督功能、矫正功能、服务功能。

1. 监管功能

矫正制度即刑罚执行制度，矫正社会工作者是刑罚执行团队中的员。在一些国家或地区的立法和司法实践中，矫正社会工作者（如美国的缓刑官、香港的感化主任等）被法律授予依法对非监禁罪犯实施监管的职责。对非监禁的罪犯实施监管的目的，一是通过限制一定程度的自由的办法（如定期汇报、不可随意离开居住地等规定）使罪犯对犯罪行为作一定补偿；二是通过监管预防其再犯罪。

2. 矫正功能

犯罪行为的实施有个人因素的影响。个人因素包括生理因素、心理因素、思想因素、行为特征、生活方式等。矫正社会工作者通过运用专业的理论、知识、方法和技巧，使犯罪者或具有犯罪倾向的违法人员得到生理上、心理上、思想上和行为上的矫正治疗，从而重新融入社会，成为其中的正常成员。

3. 服务功能

矫正社会工作从本质上讲是在司法体系中的社会福利服务，其服务对象是特殊的社会弱势群体——罪犯或违法人士。矫正社会工作的服务贯穿整个刑事司法过程。其内容包括生活照料、经济支持、疾病医治、心理辅导、就学就业指导、家庭关系调试等。服务手段包括直接的专业服务、转介性的间接服务等。

（二）针对社会环境的功能与作用

1. 营造有利于罪犯更新自我的家庭和社区环境

许多研究表明，一些人之所以犯罪，是因为其生活的家庭及其周围的社区环境恶劣，存在许多不利于健康成长的影响因素，如父母离异、家人酗酒、家庭教育方式不当、邻里失和、毒品泛滥、赌博盛行、偷盗猖獗等。这些现象的存在，不利于罪犯的更新改造。矫正社会工作者的工作重心，除了针对罪犯个人的监管、教育和服务外，还应着眼于家庭和社区环境的改善，营造有利于罪犯更新自我以及预防犯罪的健康和睦的家庭和社区环境。

2. 促进刑罚制度朝人性化、科学化方向发展

世界各国的刑法观念和刑罚制度大多朝着非刑罚化、非监禁化的方向发展。矫正社会工作制度既是发展趋势的产物，又是进一步推进这一变革的动力。矫正社会工作本着人道主义的精神，运用科学的理论和方法，从事更新改造罪犯和改善社会环境的活动，用有力的事实向世人表明，人性化、科学化的刑罚制度比报应威慑至上的严峻刑罚更有利于罪犯的改造和社会的安全①。

四、矫正社会工作的理论基础和价值理念

（一）人道主义是矫正社会工作的哲学基础

人类社会对罪犯的惩罚，从“以牙还牙”到“杀鸡儆猴”的观念转变，持续了数千年，到 18 世纪末，人们才开始采用感化的方法来对待罪犯，而不再以残酷的刑罚惩治罪犯而后快。引起这一巨大变化的是起源于欧洲文艺复兴时期的人道主义思想的广泛传播。

① 张昱主编：《矫正社会工作》，高等教育出版社 2008 年版，第 15—16 页。

人道主义提倡关心人、尊重人、以人为中心的世界观，深信人性具有高度的可塑性和丰富的“潜藏”，只要给予适当的机会和善加引导，必能改变与发展；即使人们偶尔失足犯事，也绝不能受轻视和唾弃，只要重新给予机会，定能改过自新。人道主义思想反映在刑罚观上，表现为反对封建主义的残酷野蛮的刑罚制度，主张改善徒刑的监禁条件，给犯人以人道主义的待遇和自新的机会。这便成为矫正社会工作的哲学基础。

（二）新社会防卫论为矫正社会工作的发展提供新的理论依据

19世纪末，德国刑罚学家李斯特（Liszt）等人倡导社会防卫论，强调以预防犯罪和保护社会为目标来改革刑事政策。继承这一理论的法国犯罪学家安塞尔（Anseer）于1950年提出新社会防卫论，其基本观点为矫正社会工作在第二次世界大战后的迅速发展提供了坚实的理论依据。

新社会防卫论的基本内容可以归纳为以下五个方面：

第一，同犯罪作斗争的目的是保护社会和社会成员，而不是对个人的惩罚；第二，通过使个人和社会分离和隔绝的方法，或者通过对个人适用矫正措施和教育措施的方法，把犯罪者变成守法的公民；第三，刑罚的“人道化”应成为一种发展趋势，其内容要以恢复犯罪者的自信心和责任感为前提；第四，刑事政策的着眼点是对犯罪的个人预防，而不是犯罪的一般预防；第五，主张刑事司法体系应是一个注重罪犯品格研究的人道化的过程[①]。

---

① 王思斌、史柏年：《社会工作专题讲座第十七讲“矫正社会工作”》，《社会工作》2010年第8期。

（三）矫正社会工作的基本价值理念

社会工作的价值伦理是一个完整的体系，在社会工作的不同领域中，这些价值伦理都是社会工作者思想和行为的指引和规范。在矫正社会工作领域中，基本的价值理念主要包括：

1．接纳

社会工作最基本的信念就是相信每一个人都有与生俱来的价值和尊严，而这种价值和尊严带给每一个人不可剥夺的社会权利，因此社会工作者对待受助者的基本态度应该是接纳而非批判。这一价值理念在矫正社会工作领域显得尤为重要。矫正社会工作的受助对象是一些曾对社会和他人造成过伤害的人，他们的行为在法律和道德的范围内是应当受到惩罚和谴责的。但是进入社会工作领域，他们同样可以成为受助者。不管他们过去的行为多么严重地损害了他人和社会，现在他们只是一个需要予以矫正治疗的个体。就像需要诊治的病人一样，医生绝不能因为病人身上有烂疮、肿瘤而将其拒之门外，社会工作者同样应该将受助者本身连同他过去的犯罪事实接受下来，然后才能以客观的、体谅的心态，在平等的、安全的气氛中与受助者深入讨论问题，选择解决问题的办法。

2．可塑性

社会工作对人的一个基本看法就是：相信每一个人在一定条件下都是可以改变的，即相信人具有可塑性。在这样的信念指引下，社会工作者才相信可以运用专业的方法和技巧，帮助受助对象改变其与社会生活不相适应的思想观念、生活态度、行为方式等，达到使其恢复社会功能、重新成为正常社会成员的目标。这一价值理念在矫正社会工作领域也十分重要。矫正社会工作的对象是一些曾对社会和他人造成过伤害的犯罪者，其中有些还是屡犯和惯犯，因此社会上有许多人是用“江山易改，本性难移”“三岁看到老”等观念来看待犯罪者的。但是在矫正社会工作者看来，犯罪者首先是一个人，具有一般人所共有的“可塑性”。

3. 个别化

社会工作者确信：任何人都是一个独特的个体，都有其独特的生理、心理特质和生活经验。此外，每个人在环境、信仰、个性、兴趣、天赋、动机、目标、价值观、情绪和行为模式等方面都有极大差异。因此，社会工作者要把每一个受助者都当作拥有不同特质和需求的“个人”而不是当作一种“类别”来对待。“个别化”原则在矫正社会工作领域也十分重要。对于接受矫正的犯罪人，不管他们的犯罪性质和程度是否相同、被判处的刑罚措施是否相同，但因为其家庭背景、所处环境、个性特质及实施犯罪行为的原因各不相同，接受矫正的生理、心理条件也各不相同，所以不能用先入为主的观点和态度来判断他们所面对的问题，也不能用一成不变的方法来实施矫正。矫正社会工作者要能够敏感地觉察自己对服务对象的偏见，倾听和观察矫正对象的一言一行，以真正进入其内心世界，了解其问题产生的原因和处境，并运用不同的原则和方法来协助每一个矫正对象，解决其问题、满足其需求，以重建和提升其社会适应能力。

第三节　矫正社会工作实务

一、矫正社会工作的介入途径

（一）司法判决前的社会工作

矫正社会工作者在案件审理过程中的主要工作职责是通过与

受助者(犯罪嫌疑人)及其家属和周围社区的接触了解，写出一份有关犯罪嫌疑人背景的调查报告，提交法庭作为审判参考。调查报告的内容包括犯罪嫌疑人的社会背景(如家庭、经历等)和性格、犯罪行为的成因和性质等资料。矫正社会工作者在司法审判前提交调查报告的目的不是像律师一样为被告作无罪或轻罪辩护，而是在承认犯罪事实的基础上为法庭判决提出建议参考。在一些国家和地区，法庭对矫正社会工作者的调查报告是十分重视和尊重的，因为法庭调查一般注重于犯罪事实本身，以此作出是否有罪和罪行严重程度的判断。而矫正社会工作者的调查报告所提供的罪犯的社会背景和性格特征等资料，有助于法庭作出适用何种刑罚处置的判定，有利于罪犯的改过自新。例如，许多免于处罚、缓刑、社会服务等的判决，都是法庭在充分考虑矫正社会工作者的建议基础上作出的。这就是矫正社会工作者在司法审判前为罪犯提供的服务[①]。

(二) 监狱处遇中的社会工作

监狱是对罪犯判处自由刑或生命刑以后的执行或待执行场所，是司法矫正体系的重要组成部分。因为监狱兼有惩罚、隔绝和威慑的功能，所以会在服刑犯人的心理上产生震撼作用。这种震撼可能造成两种相反的引导：抗拒或改过。社会工作者为在监服刑人员提供的服务，主要是调动人犯自身的潜能以及社会资源，引导人犯向积极的方向转化，以达到改过自新、回归社会的目的。

由于监狱环境造成罪犯与社会和他人的隔绝状况，在监狱中又存在各种人犯混杂居住、容易“交叉感染”的危险，所以针对监狱

① 董明伟:《矫治社会工作预防和控制青少年犯罪的重要途径》,《青少年犯罪问题》2003 年第 5 期。

服刑人员开展的社会工作的主要目的是：减轻或消除罪犯思想和行为上的负面因素，加强罪犯与社会的联系沟通，从而恢复重建其社会功能。具体工作内容包括：

1. 个案辅导

通过接待受助者，与之面谈，一方面了解其过去行为的性质、原因及当前思想状况，另一方面使其不满情绪得以宣泄，能较冷静地面对现实。先对收集到的罪犯有关资料进行分析判断，找出问题和原因所在，并制定矫正方案；再根据个别化原则对不同对象施以不同的矫正方法。

2. 团体治疗

可以组织具有相同经历、问题与障碍的罪犯，通过交流各自的经验和感受，认识自己思想、精神和行为上的问题及症结，并探索如何改变现状，从而实现再社会化。

3. 联系社会

可以通过开通亲友电话、组织家属探访、走访罪犯家庭、设立放假制度等方式，在可控的范围内扩大罪犯与外部社会的联系沟通，避免因监狱封闭环境而中断罪犯社会化过程。

4. 职业辅导

开设各种职业技能培训，使罪犯出狱后拥有就业能力，可以自食其力。

5. 评估报告

用科学的指标体系和方法，对服刑罪犯的心理、行为状况进行测量评估，密切关注罪犯改善的情形。

（三）社会处遇中的社会工作

社会处遇也称社区处遇或设施外处遇，是指以社区为基础的矫正、治疗罪犯的措施，包括缓刑、假释、社会服务、中途家庭等各种在社区执行的、非监禁性的刑罚制度。

社会处遇是矫正社会工作者最主要的工作领域。主要包括：

1. 缓刑、假释、监外执行人员的观护

缓刑是为使被判处短期自由刑或罪行轻微的犯罪人免受入狱监禁的惩罚而设立的一种社会处遇。假释是未达到刑期届满前的释放处分，是设施内处遇向设施外处遇的转变。监外执行是对某些在监服刑人员因特殊原因（如年老体弱、重病、怀孕）而暂予监外执行的措施。这几种处遇都附有观察保护的规定，要求缓刑、假释和监外执行人员在观护期内遵守规定，不得违反。司法当局一般聘用专职社会工作者或志愿人员执行对缓刑、假释和监外执行人员的观护。观护人要督促被观护者在观护期做到：保持良好品行，不得与品行不端者来往；服从检察官和观护人命令；接受观护人辅导；及时向观护人汇报工作、生活和居住状况，不经批准不得离开居住地；等等。

2. 院舍训练的组织管理

院舍服务是社会工作领域中一种重要的服务模式。通过向受助者提供住院或寄宿等训练机会，使受助者掌握正常生活的技能，从而顺利回归社会。矫正社会工作领域中的院舍训练，通常是为违法犯罪人员尤其是违法犯罪青少年而设置的，在不同国家和地区有不同的名称，但一般为以下几种类型：

（1）中途家庭。收容被处社会处遇而无家可归或有家不便归的犯罪人，并通过各种社会服务活动，使犯罪者及早适应社会。

（2）寄养家庭。收容观护青少年，主要是为了避免其沾染犯罪恶习或缺乏家庭照顾而重新犯罪。

（3）教养院。收容具有不良行为和可能发展不良行为的青少年，通过生活指导、职业训练和学校教育，使之在较为自由开放的环境中得到改造，提高适应社会的能力。

（4）感化院。收容犯罪青年和少年，通过 6 个月以上、3 年以下的入院矫正训练，使之在思想、心理、行为上都得到改善①。

3. 社会服务计划的执行

社会服务也称社区服务或社区劳役，是近来西方国家较为盛行的一种替代短期自由刑的非监禁化的社会处遇措施，是通过判定罪犯在社区中的社会福利机构从事规定时间的无偿劳动或服务，以此赎罪悔过的刑罚措施。通过从事公益劳动和服务，可以促进罪犯形成劳动习惯和社会责任感，学会处理人际关系的本领以增强社会适应能力。这种方式最大限度地避免了监禁刑罚造成的隔绝和恶习交叉感染。社会服务计划的实施离不开社会工作者及志愿人员的督促和引导。

（四）针对刑释人员的社会工作

刑满释放人员虽已不是罪犯，但也不同于社会中的正常人群。尤其是刚从监狱获释的人员，往往缺乏社会适应能力，又受到社会歧视、家庭拒绝、同伴疏远、工作困难、学习中断等多重压力和困扰。所以，这部分人能否顺利度过释放后的最初阶段，深刻影响着个人生活和社会安定。

矫正社会工作者对刑释人员提供的服务也称为更生保护。它起源于美国费城，是面向刑满释放等人员的社会福利措施，其方法主要有：提供住宿场所；提供就业、升学辅导；提供生活辅导和医疗保健转介服务；提供物质援助。

---

① 王思斌、史柏年：《社会工作专题讲座第十七讲"矫正社会工作"》，《社会工作》2010 年第 8 期。

二、矫正社会工作的机构和人员

（一）矫正社会工作的组织机构

合理的组织构架和机构设置是有效推进矫正社会工作的重要保证。由于矫正社会工作是国家司法体系中的社会福利服务，其政策性强、工作难度大，需要协调社会各有关部门齐抓共管，所以起主导作用的往往是各国各地区的政府及司法当局。例如，机构设置、人员任用及培训、经费预算及管理、工作监督与评估等行政与业务，多由当地政府或法院进行统管，从而形成政府部门或法院牵头推行的矫正社会工作体系。

矫正社会工作是一种专业化的社会福利服务，所以专业化的机构是不可或缺的重要环节。例如，美国的“观护及假释协会”、英国的“国家观护人协会”、日本的“保护司会”“大哥大姐协会”、中国香港的“善导会”、中国台湾的“更生保护会”等，均是专司矫正社会工作的专业化民间机构。这些机构的工作包括：新的服务模式的探索和推广；对分支机构和一线工作人员的指导、监督；专业会议的举办和人员的培训；定期刊物的编印发行等。它们对矫正社会工作制度的推行起到了基础性的作用。

（二）矫正社会工作人员

按工作性质及薪金报酬的不同，矫正社会工作人员可分为两类：专职人员和志愿人员。

1. 矫正社会工作专职人员

专职矫正社会工作者在不同的国家或地区以及不同的机构场所有不同的称谓。例如，“感化主任”“个案工作员”“专职观护人”“社会工作员”“社会工作师”等。名称不同，但实质是一样的，就是指从政府部门、法院或其他机构领取报酬，专门对罪犯或违法人员进行矫正的社会工作者。

矫正工作政策性强、涉及面广、工作难度大，非一般学识和经历的人可以胜任，因此对工作员的任用与管理有特别的要求。

(1) 矫正社会工作专职人员的资格。最初，美国波士顿的鞋匠奥古斯特斯开创了矫正社会工作这一新的专业领域。当时他对从事这项工作的人员并没有特殊的学历和培训要求，只要有善心、有耐心就可以。随着矫正社会工作日益发育成一个专门化的职业，对其专职人员的资格认定也就越来越严格。美国选择矫正社会工作者的标准是侧重于社会工作或社会及心理学科方面的人员。首先，美国社工最低的入行学历是本科，但绝大多数职位要求具备硕士学位。其次是执照或证书的要求。尽管美国50个州加上华盛顿哥伦比亚特区，都有社会工作执照、证书、注册登记或专业职称等体系，但是它们并非社工入行的最低要求，而是起到提高专业要求和增强专业权威的作用。此外，凡具有硕士学位并在毕业后从事实务两年以上的社工，还可根据自身的条件和实务需要，申请由全美社会工作者协会设立的“持证社会工作者”“合格临床社会工作者”和“临床社工证书”等。这些证书或执照提供的是专业的信誉保证。因此，美国的用人单位根据应聘社工拥有的学历、实务年限和持有的证书或执照就可以判断出他的专业水准。

中国香港特别行政区法例规定：感化主任须由持有大学学位的专业社会工作者担任，上岗前还须经过严格的有关法律知识方面的专门培训。中国台湾地区的观护人的任用资格是获法律、教育、社会或心理等学科大专以上学历者，或是参加“观护人”高等考试并及格者。

(2) 矫正社会工作专职人员的管理。英国法律规定，各司法裁判区所设的感化委员会负责矫正社会工作者的任用、薪给支付及其他一切行政事务；各承审法院所设的感化委员会，负责对矫正社会工作者的监督和工作指导。中国香港特别行政区的感化主任由政府任用，分驻在各感化办事处，派驻各区的法院从事矫正感化工作。

矫正社会工作专职人员都有明确的工作职责和工作定额。其工作职责包括：改变犯罪者的思想观念和心理结构，帮助重建健康的社会人格；协助犯罪者认罪服罚，并增强其自新向上的动机；疏通犯罪者的情绪，消除其负面心理反应；协助犯罪者做出正确选择，确定适合其个人特点的行为模式；运用社会资源帮助犯罪者周围环境的改善，帮助犯罪者解决生活、学习、工作中遇到的实际困难；等等。其工作定额一般以个案数作为指标要求。对于长期完不成工作指标以及完成质量不好的专职矫正社会工作者，感化委员会或感化办事处都会作出相应的处分[①]。

2. 矫正社会工作志愿人员

不以矫正社会工作为专门职业，不从政府或相关机构领取薪酬，利用空余的时间兼职从事矫正服务工作的人员谓之“志愿人员”。在犯罪现象尤其是青少年犯罪现象日益严重的年代，矫正社会工作更非政府部门和专职工作人员所能完全应付，唯有动员社会人士广泛参与，才能达致期望的目的。

（1）矫正社会工作志愿人员的遴选条件。志愿人员从事矫正服务属兼职性质，其任用资格不像专职人员那样有严格的学历和经历要求。但志愿人员从事的毕竟是一项艰难的工作，其选用委任也须符合一定条件。

首先，要有信誉。志愿者应当在社会上享有良好的口碑，被公认为善良正直之士。其次，要有热忱。志愿者须是热心公益，尤其

① 王思斌、史柏年：《社会工作专题讲座第十七讲“矫正社会工作”》，《社会工作》2010年第8期。

对矫正社会工作有兴趣，能不怀偏见、富有同情心地与矫正对象接触并予以帮助者。再次，要有时间。志愿者从事的矫正服务虽不能任务量太大，但与矫正对象须保持密切的联系，所以在工作之余或生活之余有较多时间可供支配者是理想的人选。最后，要健康。志愿者本身须身心健康，如自身体弱多病或心理素质较差，纵有信誉、热忱和时间，也难以胜任工作。

(2) 矫正社会工作志愿人员的管理。在不同的国家和地区以及不同的机构场所，矫正社会工作志愿人员有不同的称谓，如“兼职导师”“荣誉观护人”“保护司”“志愿工作者”。其任用程序比较严格，首先是由自己报名或他人推荐；其次要经过专门机构审查和培训，合格后才能出任。一些国家聘用的志愿人员有任期，如日本的“保护司”任期为两年，不称职的工作人员将不能连任。

志愿人员并非专职人员，他们义务奉献。政府或相关机构可以补偿他们在执行矫正职务过程中支出的费用，但不发放任何薪金报酬。志愿人员不像专职人员那样受过专业知识和技能方面的严格训练，因此他们所承担的一般是较易完成的、辅助性的工作任务(如就业、升学或日常生活方面的辅导等)，基本不承担心理、思想和行为方面的辅导；即便从事这些方面的辅导，也需要在专职人员的监督指导下进行。

第四节　中国内地的社区矫正工作实践

一、社区矫正制度及其在中国的试点

(一) 社区矫正制度在一些国家的适用状况

目前国内关于社区矫正尚无统一定义，比较权威、被普遍认同

的是2003年7月最高人民法院、最高人民检察院、公安部、司法部联合发布的《关于开展社区矫正试点工作的通知》中的相关规定：社区矫正是指与在监狱执行的“监狱矫正”相对的行刑方式。它是将符合社区矫正条件的罪犯置于社区内，由国家专门机关，在相关社会团体和民间组织以及社会志愿者的协助下，在判决、裁定或决定确定的期限内，矫正其犯罪心理和行为恶习，并促进其顺利回归社会。

“社区矫正”作为一种理念和一种制度化的行刑措施，成熟于20世纪60—70年代的欧美国家。1967年，美国总统委员会在法律执行和司法管理的报告中指出：“犯罪和青少年不轨行为是社会组织和机构不能发挥正常功能的体现，因此，矫正的任务包括建设或重建社会的联系和制约的功能，使犯罪者能在社会中占有一席之地，即获得就业和教育的机会。”这一分析与提倡社区矫正的人的观点相一致。这些人认为，医疗模式强调罪犯在监狱里得到治疗、改造是不妥当的，因为监狱环境不利于罪犯去发展一个不再犯罪的生活类型的能力。他们主张对非暴力罪犯应更多地采取缓刑的判决，以便于他们更好地适应社会。对必须监禁的少部分罪犯，也要尽早假释，使其在社会上发展一定的技能，并获得新生。

此后这些国家的法院对违法情节轻微的罪犯大多判以“缓刑”，即不投入监狱进行服刑改造，而是放置在社区中进行矫正。如在1999年年底，全美国共有被矫正对象632万人，而其中“缓刑犯”有377万人，占全部被矫正对象的近60%。此外，在监狱中，每年也有大量罪犯被假释到社区中进行矫正。在大量罪犯被判处缓刑和假释的同时，英国等一些国家还创立了“社会服务令”等非监禁化的矫正措施。“社区矫正”日益成为被社会广泛认可的理念并被大量适用于刑罚制度。社区矫正已经成为许多国家和地区刑事司法制度改革的潮流和趋势。据有关统计资料显示，2000年，在日本社区的矫正人数是监禁人数的 1.11 倍，美国是 2.36 倍，加拿大是 3.94 倍。

（二）社区矫正制度在中国内地的试点推行

相对于欧美国家而言，社区矫正在中国内地起步较晚。虽然中国的刑法、刑事诉讼法和其他相关法律法规都有明确的规定，即对被处管制、缓刑、假释、剥夺政治权利和暂予监外执行五种罪犯适用社区刑罚，但作为一种刑法理念和刑罚制度的社区矫正始终没有在中国发育成熟。这是因为：一方面，立法和司法界在根深蒂固的刑法万能理念和重刑主义思想的束缚下，刑法和刑事诉讼法规定的以上五种非监禁性的社区刑罚的适用范围十分狭小。据统计，2001 年全国各级法院判处刑罚的罪犯总数为 751 146 人，其中被判处管制的为 9 481 人，占 1.26%；2001 年全国的缓刑适用率为 14.71%；2000 年全国假释犯人 23 550 人；2001 年全国监狱系统监外执行的罪犯仅占在押犯总数的 1.13%。国外法治发达国家的非监禁刑适用率则大大超过我国，例如，美国 2001 年被判刑的 68 533 名被告人中，有 74%被判处缓刑，4%被单处罚金。美国、法国、新西兰、澳大利亚、加拿大适用非监禁刑的人数均占罪犯总数的 70%以上，其中加拿大占总数的 79.24%；日本、英国适用非监禁刑的人数占犯罪总数的 52.62%和 55.05%。这与国外对犯罪概念的界定以及法治发展水平有很大的关系。另一方面，由于公安、司法机关的分工模糊、职责不清，加之人员、资金的投入不足，社区刑罚的执行往往流于形式，社区矫正措施没有发挥其应有的作用。

21 世纪初，在世界范围的刑事司法制度改革潮流的影响下，在“以人为本”的科学发展观指导下，社区矫正作为一种理念和制度被提上了中国刑事司法观念和制度改革的议事日程：2002 年 8

月，上海市正式在普陀区曹杨街道、徐汇区斜土街道、闸北区宝山街道启动社区矫正试点工作。2004 年 8 月，社区矫正模式推广到整个上海市。2003 年 6 月，北京市决定在东城区、房山区和密云县的 47 个街道、乡镇大范围开展罪犯社区矫正试点工作。2004 年 5 月，试点工作范围又扩大到西城区等 9 个区县。

2003 年 7 月，最高人民法院、最高人民检察院、公安部、司法部联合发出《关于开展社区矫正试点工作的通知》，并确定在北京、天津、上海、江苏、浙江、山东六省市范围内开展社区矫正的试点工作。经过一年努力，第一批试点省市已有 35 个区(市)、310 个街道开展了社区矫正工作。2004 年 8 月，河北、内蒙古、黑龙江、安徽、湖北、湖南、广东、广西、海南、四川、贵州、重庆 12 个省(区、市)被列为第二批试点省份开展社区矫正工作。社区矫正工作的试点规模和范围已经扩大到全国辖区的一半以上。2005 年又扩大到 18 个省(区、市)。2009 年经中央决定在全国试行。目前，社区矫正制度已被正式纳入我国刑事法律体系。2011 年 2 月全国人大常委会通过了刑法修正案(八)，规定对管制、缓刑和假释犯实施社区矫正，将社区矫正制度首次写入我国基本法律中，进一步扩大非监禁刑的适用已是势在必行。同时，我国社区矫正工作开展范围不断扩大，截至 2011 年年底，全国 31 个省(区、市)和新疆生产建设兵团的 335 个地(市)、2 683 个县(区、市)、36 408 个乡镇(街道)已全面开展社区矫正工作，乡镇(街道)覆盖面达 89%，北京等省(区、市)已经实现辖区全覆盖；全国累计接收社区矫正人员 88.2 万人，累计解除矫正 48.2 万人，现有社区矫正人员 40 万人。同时，社区矫正工作体系和专群结合的工作队伍已初步建成。2010 年 12 月司法部成立社区矫正管理局，专门指导和监督全国社区矫正工作。截至 2015 年 2 月底，社区矫正工作已在全国所有省、地、县、乡四级全面展开。

二、中国社区矫正工作的主要内容

为体现司法体制机制改革的要求，保持社区矫正工作的连续性，2012年3月，最高人民法院、最高人民检察院、公安部、司法部联合制定《社区矫正实施办法》（以下简称《实施办法》）。《实施办法》对社区矫正人员规定了严格的交付、接收程序和基本监管要求，明确规定了监管处罚、治安管理处罚、刑事处罚的适用条件和程序，包括对社区矫正人员给予警告、治安处罚、撤销缓刑、撤销假释、对暂予监外执行的罪犯收监执行等，并明确列举了六种应当予以警告的情形、五种应当撤销缓刑和假释的情形及八种暂予监外执行罪犯收监执行的情形。

（一）社区矫正的适用对象

根据中央批准的社区矫正试点通知和全面试行意见，社区矫正的适用对象为：被判处管制、宣告缓刑、裁定假释、暂予监外执行以及被剥夺政治权利在社会服刑的五种罪犯。实践中，司法行政机关针对五种不同的社区矫正对象，采取分类管理、区别对待的矫正措施，取得了较好的效果。

目前，《刑法修正案（八）》明确对被判处管制、宣告缓刑和裁定假释的罪犯依法实行社区矫正，《刑事诉讼法修正案》将暂予监外执行罪犯纳入社区矫正适用范围。为体现司法体制机制改革的要求，保持社区矫正试行工作的连续性，《实施办法》对于剥夺政治权利在社会服刑罪犯的刑罚执行方式作出了特别规定，明确由司法行政机关配合公安机关，监督其遵守刑法第五十四条的规定，并及时掌握有关信息。同时，这类罪犯可以自愿参加司法行政机关组织的心理辅导、职业培训和就业指导活动。这样规定，目的在于整合各种社会管理资源，形成监管合力，帮助这类人员尽快改造成为守法公民，也是立足当前，谋划长远，继续深化社区矫正试行工作的客观需要。

根据《刑事诉讼法修正案》规定，对于被判处剥夺政治权利的罪犯，由公安机关执行。司法行政机关应当按照《实施办法》规定，积极做好协助工作，发现被剥夺政治权利罪犯有违反刑法第五十四条规定的情形，要及时向公安机关报告。对于执行机关保存的剥夺政治权利罪犯的有关法律文书和档案，司法行政机关要建立与公安机关的沟通机制，及时掌握有关信息。被剥夺政治权利的罪犯可以自愿参加司法行政机关组织的心理辅导、职业培训和就业指导活动。

（二）社区矫正的任务

最高人民法院、最高人民检察院、公安部、司法部《关于开展社区矫正试点工作的通知》中指出，社区矫正的任务主要是：① 按照我国刑法、刑事诉讼法等有关法律、法规和规章的规定，加强对社区服刑人员的管理和监督，确保刑罚的顺利实施；② 通过多种形式，加强对社区服刑人员的思想教育、法制教育、社会公德教育，矫正其不良心理和行为，使他们悔过自新，弃恶从善，成为守法公民；③ 帮助社区服刑人员解决在就业、生活、法律、心理等方面遇到的困难和问题，以利于他们顺利适应社会生活。

（三）国家各机关、部门在社区矫正中的职责分工

最高人民法院、最高人民检察院、公安部、司法部 2012 年初联合制定《社区矫正实施办法》指出：人民法院、人民检察院、公安机关、监狱对拟适用社区矫正的被告人、罪犯，需要调查其对所居住社区影响的，可以委托县级司法行政机关进行调查评估，并具体规

定了调查评估的基本内容和程序要求。根据《实施办法》以及一些省市制定的相关文件要求，国家各机关、部门在社区矫正中的职责分工如下：

人民法院——人民法院对符合社区矫正适用条件的被告人、罪犯依法作出判决、裁定或者决定。人民检察院对社区矫正各执法环节依法实行法律监督。

人民检察院——人民检察院对社区矫正各执法环节依法实行法律监督。

司法行政机关——司法行政机关履行指导管理社区矫正工作的职责，牵头组织有关单位和社区基层组织开展社区矫正工作，并负责指导管理、组织实施。从指导管理层面讲，司法部负责指导管理全国的社区矫正工作。司法部设立社区矫正管理局，主要职责是：负责监督检查社区矫正法律法规和政策的执行工作；拟定全国社区矫正工作发展规划、管理制度和相关政策并组织实施；监督管理对社区矫正人员的刑罚执行、管理教育和帮扶工作；指导开展社区矫正社会工作和志愿服务。相应地，省级、市级、县级司法行政机关应当履行对本行政区域内社区矫正工作的指导管理职责。从组织实施层面讲，县级司法行政机关社区矫正机构对社区矫正人员进行监督管理和教育帮助，司法所承担社区矫正日常工作，是社区矫正的执行机关。县级司法行政机关负责社区矫正执行工作，主要包括：社区矫正适用前调查评估，法律文书和社区矫正人员的接收，建立社区矫正人员执行档案，社区矫正人员进入特定场所、外出、变更居住地的审批，给予警告，提出治安管理处罚建议，提出撤销缓刑、假释、收监执行建议，提出减刑建议，对脱离监管的社区矫正人员组织追查，发放解除社区矫正证明书等。同时，县级司法行政机关也可以开展集中教育、心理矫正，协调有关部门和单位为社区矫正人员提供帮扶等工作，以提高社区矫正工作的质量和效率。

公安机关——公安机关对违反治安管理规定和重新犯罪的社区矫正人员及时依法处理。

民政部门——保障矫正对象的基本生活，并把社区矫正工作纳入社区建设和管理工作之中，指导居委会积极参与。

劳动和社会保障部门——积极为矫正对象提供职业培训机会，并帮助推荐就业。

有关部门、村(居)民委员会、社区矫正人员所在单位、就读学校、家庭成员或者监护人、保证人等协助社区矫正机构进行社区矫正。社会工作者和志愿者在社区矫正机构的组织指导下参与社区矫正工作。《实施办法》还专门对“帮困扶助”作出规定，明确要求司法行政机关应当根据社区矫正人员的需要，协调有关部门和单位开展职业培训与就业指导，帮助落实社会保障措施。

(四) 社区矫正的工作制度

根据北京等一些试点城市的探索，社区矫正的主要工作制度包括：

1. 接收制度

社区矫正人员的接收是社区矫正工作开始的一个重要环节，是确保社区矫正依法开始、避免漏管的一项基础性工作。接收管制、缓刑、假释类的社区矫正人员时，县级司法行政机关接到人民法院对罪犯拟适用社区矫正的有关通知后，做好接收社区矫正人员的准备工作，并将有关事项告知拟负责承担社区矫正日常工作的司法所。收到决定机关送达的法律文书材料，要认真核对并登记，将回执在三日内送达决定机关；发现文书缺项的，要及时通知决定机关补齐。社区矫正人员在规定时限内报到的，县级司法行政机关应对照已收到的法律文书核实其身份，并填写接收登记有关法律文书。对没有收到相关法律文书而社区矫正人员已经前来报到时，应先进行登记，同时与决定机关联系约送法律文书。办理完接收登记手续后，告知社区矫正人员在三日内到指定的司法所接受社区矫正并通知司法所。司法所按照县级司法行政机关的通知要求，对该社区矫正人员实行社区矫正。

发现社区矫正人员没有在法律文书规定的期间内报到的，县级司法行政机关要及时组织查找，同时将有关情况通报给原裁判人民法院，抄送人民检察院，对被裁定假释接受社区矫正的罪犯，还要增加抄报原服刑的监狱、看守所。

人民法院决定暂予监外执行的，应核实罪犯暂予监外执行后的居住地并通知居住地县级司法行政机关。县级司法行政机关按照通知要求做好接收准备，并告知拟负责对其承担社区矫正日常工作的司法所。人民法院开庭宣判时，县级司法行政机关工作人员（必要时，司法所工作人员一同参加）到庭办理法律文书移交，核实罪犯身份、办理罪犯交接手续。

公安机关、监狱管理机关批准暂予监外执行的，应核实罪犯暂予监外执行后的居住地并通知居住地县级司法行政机关。县级司法行政机关接到批准机关的通知后，做好接收准备并与罪犯服刑的看守所、监狱取得联系，约定罪犯交付日期，届时由看守所、监狱将罪犯押送至居住地，与县级司法行政机关以及司法所现场办理罪犯和法律文书交接手续。办理登记等事项后，由司法所将罪犯带回对其实施社区矫正。

2. 宣告制度

社区矫正宣告是体现社区矫正刑罚执行特性的重要措施，对于彰显刑罚执行的严肃性，强化社区矫正人员的身份意识，增强其接受社区矫正的自觉性，明确司法所、社区基层组织、所在单位以及社区矫正人员的监护人、亲属、保证人等承担的责任，都有重要的意义。

根据《实施办法》规定，组织宣告前，司法所应当根据社区矫正人员的不同情况，通知矫正人员本人、家庭成员或亲属、监护人、保证人、所居住社区的村（居）委会成员、所在单位的代表、就读学校代表、矫正小组人员按时到场；组织宣告时，应考虑选择合适的场所，悬挂司法所标识，环境布置要庄重严肃。宣告主持人由司法所工作人员担任，组织宣告时，一是宣读判决书、裁定书、决定书等有关法律文书的主要内容；二是宣布社区矫正期限；三是宣告社区矫正人员必须遵守的各项规定、违反规定应承担的法律后果以及该社区矫正人员依法享有的权利和被限制行使的权利；四是宣布矫正小组人员组成及职责。另外，司法所要组织日常教育学习活动和社区服务，开展有针对性的个别教育和心理辅导。

3. 监督管理制度

社区矫正人员是在社区执行刑罚的罪犯，社区矫正本质上属于刑罚执行活动。监督管理是社区矫正工作的重要基础。社区矫正人员在开放的社区中服刑，存在着多种诱发犯罪的因素，对社区矫正人员依法实施严格监督管理，既是刑罚执行的必然要求，也是维护社区安全、预防社区矫正人员重新违法犯罪的前提和保障。

司法所要监督社区矫正人员定期报告；采取实地检查、通讯联络、信息化核查等措施及时掌握社区矫正人员的活动情况；重点时段、重大活动期间或者遇有特殊情况，可以根据需要要求社区矫正人员到办公场所报告、说明情况；定期到社区矫正人员的家庭、所在单位、就读学校和居住的社区了解、核实社区矫正人员的思想动态和现实表现等情况；发现社区矫正人员脱离监管的，及时向县级司法行政机关报告；对社区矫正人员七日以内的外出进行审批。

根据刑法规定，管制、缓刑、假释罪犯应当报告自己的活动情况，遵守会客规定，外出、迁居应当报经执行机关批准，对管制犯、缓刑犯可以适用禁止令。《实施办法》在总结各地开展监管的成功经验的基础上，对法律的原则规定进一步细化，明确规定了对社区矫正人员的基本监管要求：

(1) 报告义务。要定期向司法所报告其遵纪守法、接受监督管理、参加教育学习、社区服务和社会活动的情况；发生居所变化、工作变动、家庭重大变故以及接触对其矫正产生不利影响人员的，应当及时报告；保外就医的社区矫正人员还应当定期报告身体情况和病情复查情况。

(2) 外出需审批。社区矫正人员未经批准不得离开所居住的市、县(旗)。因就医、家庭重大变故等正当原因，确需离开的，应当经过批准，且外出时间不得超过一个月。

(3) 进入特定场所需审批。社区矫正人员进入人民法院禁止令确定需经批准才能进入的特定区域或者场所的，应当经县级司法行政机关批准。

(4) 变更居住地需审批。未经批准不得变更居住的县(市、区、旗)。因居所变化确需变更居住地的，应当提前一个月提出书面申请，由县级司法行政机关审批。

4. 教育制度

教育矫正是社区矫正工作的重要任务。在坚持依法、严格、科学、文明管理基础上，对不同犯罪类型、不同情况的社区矫正人员，因人施教，实施个性化教育矫正，是将社区矫正人员改造成为守法公民的重要方法。教育矫正包括：

(1) 教育学习，主要是对社区矫正人员的思想教育。一是公共道德教育。对社区矫正人员进行人生观、价值观、社会公德、职业道德、家庭美德、个人品德等方面的教育，使其树立正确的价值观念，提高道德素质。二是法律常识教育。帮助社区矫正人员学法、用法、守法，增强法制观念和悔罪意识，自觉接受改造。三是时事政策教育。结合党和国家的重要决策部署，结合社会生活中的重大事件，帮助社区矫正人员了解社会形势，知晓国家政策，合理谋求自我发展。社区矫正人员每月参加教育学习时间不少于八小时，确保学习效果。

（2）社区服务，要求有劳动能力的社区矫正人员应当参加社区服务。需要强调的是，组织符合条件的社区矫正人员参加社区服务，不是惩罚，而是为了培养他们正确的劳动观念、集体意识和纪律观念，强化社会责任感，修复社会关系，进一步得到社会的谅解和接纳。要确保社区矫正人员每月参加社区服务不少于八小时，同时注重社区服务的可操作性，考虑社区矫正人员的年龄、性别、健康状况、技能水平、正常工作学习需要等情况，合理安排服务内容和方式。

（3）个别教育和心理矫正。要对社区矫正人员进行有针对性的个别教育，根据个体差异，制定矫正方案，落实矫正措施，做到有的放矢、因人施教。要积极开展心理矫正，对社区矫正人员广泛进行心理健康教育，普及心理健康知识，对有需要的人员提供心理咨询或者心理危机干预，帮助他们康复心理、健全人格，提高适应社会的能力。

（4）考核及分类管理。要求司法所根据社区矫正人员接受监督管理、参加学习教育和社区服务等情况，定期进行考核，并根据考核结果，实施分类管理，给予不同处遇。对于不服从监管、不认真参加学习教育和社区服务的，应当严格管理措施，加大教育力度，甚至给予相应处罚，确保矫正效果。

5. 考核及奖罚制度

司法所要建立考核制度。对确有悔改和立功表现的分别给予表扬、物质奖励和减刑奖励；对不服管理，严重违反有关规定，或违反社会公德造成恶劣影响的，分别给予警告、治安处罚、收监执行、撤销假释、撤销缓刑的处罚。表扬、物质奖励及警告由司法所提议，街道（乡、镇）社区矫正工作领导小组审议批准；减刑、收监、撤销假释、撤销缓刑由司法所提议，街道（乡、镇）社区矫正工作领导小组审议通过，报请原批准机关批准。公安机关对违反治安管理规定和重新犯罪的社区矫正人员及时依法处理。司法行政机关作为社区矫正的执行机关，有责任配合公安机关做好相关工作。

6. 解除制度

社区矫正人员接受矫正的期限与其刑期、考验期和依法暂予监外执行的期限一致，矫正期满即应依法解除矫正。解除矫正是社区矫正工作的最后一个程序，具有重要的法律意义，标志着社区矫正人员身份的变化，他们将成为普通公民，依法行使公民权利，不再受到限制。

《实施办法》第二十九条、第三十条对解除矫正作出了明确规定。一是要做好解除矫正前的准备工作。在矫正期满前，社区矫正人员应当作出个人总结，司法所根据其在矫正期间的表现、考核结果、社区意见等情况作出书面鉴定，告知其国家关于安置帮教的政策，并对下一步的安置帮教提出建议。二是应当公开进行解除宣告。解除宣告应当庄重、严肃，由司法所工作人员主持，按照规定程序公开进行，参加人员包括有关部门、基层组织、群众代表、社区矫正人员所在单位有关人员、社区矫正人员的家庭成员或者监护人、保证人等。三是解除宣告的内容应当具体明确。除了宣读对社区矫正人员的鉴定意见，宣布依法解除矫正外，管制、缓刑和假释人员各有不同的宣告事项：对判处管制的，宣布执行期满，解除管制；对宣告缓刑的，宣布缓刑考验期满，原判刑罚不再执行；对裁定假释的，宣布考验期满，原判刑罚执行完毕。四是要依法办理解除矫正的法律手续。县级司法行政机关要向解除矫正的人员发放《解除社区矫正证明书》，监狱（看守所）要依法为刑期届满的暂予监外执行人员办理刑满释放手续。五是通知有关部门。社区矫正人员期满解除矫正的，县级司法行政机关要书面通知决定机关，送达《解除社区矫正通知书》，同时抄送县级人民检察院和公安机关。六是做好与安置帮教的衔接工作。司法所要向社区矫正人员告知安置帮教有关规定，并与安置帮教部门提前沟通情况，及时转交相关材料，妥善做好交接，努力实现社区矫正与安置帮教的无缝对接。

7. 档案管理制度

司法所要建立矫正对象档案，一人一档。内容包括：判决书、裁定书、暂予监外执行通知书；矫正对象情况登记表；矫治方案；思想汇报、阶段考核奖惩材料；解除矫正鉴定材料和其他应存档的有关材料。按期解除社区矫正的，矫正档案由司法所保存(10 年)，被收监执行或因重新犯罪被处理的，档案材料随之转至执行部门。

8. 监护制度

司法所要与具有监护能力的矫正对象直系亲属或单位、居委会签订监护协议，督促其履行对矫正对象的监护职责。

9. 社会保障制度

劳动和社会保障部门要为没有自谋职业能力的矫正对象提供培训机会并指导就业。矫正期在 3 个月以上的矫正对象，凡符合最低生活保障条件的，经民政部门审核后，纳入城乡最低生活保障范围，按现行规定享受最低生活保障待遇。司法所负责向劳动和社会保障部门、民政部门提供有关情况。

10. 帮困扶助制度

社区矫正人员是罪犯，但同时也是需要社会给予特殊关爱的对象，对社区矫正人员开展帮困扶助，是为了帮助他们更好地融入社会。社区矫正中的“帮困扶助”是对社区矫正人员监督管理、教育矫正基础上的社会适应性帮助。

司法行政机关应当根据社区矫正人员的需要，协调有关部门和单位开展职业培训和就业指导，帮助落实社会保障措施。各级司法行政机关要积极推动把社区矫正工作纳入社会管理服务工作体系，落实相关政策和措施，协调解决社区矫正人员的就业、就学、最低生活保障、临时救助、社会保险等问题，为社区矫正人员融入社会创造条件。要建立与民政、财政、人力资源和社会保障、税务、工商等有关部门的沟通协调机制，根据社会发展和矫正工作实际需要，完善和落实各项帮扶政策，为有效开展帮扶提供政策保障。要加强社会资源的整合利用，广泛动员企业事业单位、社会团体、志愿者等各方面力量，发挥社会帮扶的综合优势，努力形成对社区矫正人员帮扶的社会合力，提高帮扶效果。

三、对未成年人实施社区矫正的规定

《实施办法》在总结试点、试行经验的基础上，设专条规定了对未成年人实施社区矫正的内容。对未成年人实施社区矫正，应当遵循教育、感化、挽救的方针，按照下列规定执行：对未成年人的社区矫正应当与成年人分开进行；对未成年社区矫正人员给予身份保护，其矫正宣告不公开进行，其矫正档案应当保密；未成年社区矫正人员的矫正小组应当有熟悉青少年成长特点的人员参加；针对未成年人的年龄、心理特点和身心发育需要等特殊情况，采取有益于其身心健康发展的监督管理措施；采用易为未成年人接受的方式，开展思想、法制、道德教育和心理辅导；协调有关部门为未成年社区矫正人员就学、就业等提供帮助；督促未成年社区矫正人员的监护人履行监护职责，承担抚养、管教等义务；采取其他有利于未成年社区矫正人员改过自新、融入正常社会生活的必要措施。犯罪时不满 18 周岁被判处五年有期徒刑以下刑罚的社区矫正人员，也适用上述规定。

四、从事社区矫正工作的人员及职责

社区矫正是一项严肃的刑罚执行活动，必须有一支职业化、专业化、规范化的执法队伍作为组织保障。同时，考虑到社区矫正的社会性，应当充分依靠社会力量开展工作。

各地适应社区矫正工作性质要求，建立了以司法行政机关执法工作者为核心、社会工作者为辅助、社会志愿者为补充的“三位一体”的社区矫正工作队伍。2003 年，作为第一批试点地区的上海市就提出“政府主导推动、社团自主运作、社会多方参与”的总体工作思路。上海市的每个区、县司法局专职从事社区矫正工作的人员一般是 2 人，每个街镇(乡镇)司法所都有一名专职干部负责社区矫正工作。同时，通过政府购买服务方式，培育各类社会组织参与社区矫正工作，成立了民办非企业的社工组织机构。政府出资向社工组织机构购买服务，按照与社区矫正人员 1∶50 的比例配备社工，派到司法所从事社区矫正工作。此外，上海市还成立了社会帮教志愿者协会，吸纳企业、个人等会员为社区矫正人员提供帮扶。江苏省努力提高社区矫正工作的社会参与度，全省招聘了 2 100 名专职工作者，这支队伍主要来源于大学毕业生、“40、50”人员、企业下岗人员、退休后的村支书和村(居)委会主任，他们协助司法所对社区矫正人员进行教育帮扶、心理矫正等；同时招募了 5 万多名有一定法律政策水平和专业知识、热心社区矫正工作的社会志愿者，经司法行政部门和志愿者组织登记，自愿协助开展社区矫正工作。各地通过不断探索，逐步建立了一支由司法行政部门执法工作者、一定比例的具有必要的教育背景及良好的专业素质的社会工作者、社会志愿者组成的社区矫正工作人员队伍，共同担当社区矫正的工作任务，较好地满足了当前工作需要，也为事业的长远发展提供了人才保障。

《实施办法》肯定了各地的实践和做法，明确了社区矫正工作队伍建设模式，在第二条规定：县级司法行政机关社区矫正机构对社区矫正人员进行监督管理和教育帮助。司法所承担社区矫正日常工作。社会工作者和志愿者在社区矫正机构的组织指导下参与社区矫正工作。

根据《实施办法》的要求，司法行政机关要进一步加强社区矫正工作队伍建设，明确人员组成，明晰职责承担。一是要建立执法工作者队伍。通过内部调剂、公务员招录的形式，选拔一批政治坚定、业务熟练、作风优良、纪律严明的公务员担任社区矫正执法人员，依法履行刑罚执行职责，承担矫正接收、事项审批、调查取证等执法工作，对社区矫正人员进行监督管理，组织开展教育帮助活动。二是要建立社会工作者队伍。联合或委托人力资源和社会保障部门，采取政府购买服务的方式，面向社会公开招聘具有社工资质的人员担任社区矫正社会工作者，在社区矫正执法工作者的指导下，承担联系沟通社区矫正人员、开展“一对一”或“多对一”的谈话教育、心理矫正、社会适应性帮扶等专业化工作。三是要建立社区矫正工作志愿者队伍。联合团委、志愿者协会面向社会招募热心社区矫正工作，具有教育学、心理学、社会学等专业知识的人员担任社区矫正工作志愿者，与社区矫正社会工作者一起，协助开展工作。四是进一步健全完善社区矫正工作者和志愿者的聘用、管理、培训和考核、激励机制，提高社区矫正工作人员的业务能力，对社区矫正人员提供多元化教育，帮助其改变心理认知，变被动矫正为积极矫正、主动矫正，有效促进其向社会的回归，成为守法公民。

第二章　社会工作在刑事司法领域中的角色与作用

关于社会工作的定义，2000年在加拿大蒙特利尔召开的国际矫正社会工作者联盟大会上曾作出如下定义：社会工作是促进社会改变和个人问题解决并带动服务对象增强能力、提高福祉的专业活动；价值基础是对人的平等、价值和尊严的尊重；服务介入焦点是人与环境的互动；使命是帮助服务对象充分发掘自身的潜力，丰富自己的生活。我国学者结合中国国情，认为社会工作是以利他主义为宗旨，以增强个人功能、解决社会问题为己任，运用专门的知识、技巧和方法的专业性、制度化的助人活动①。社会工作采取助人自助的价值理念，以关爱服务对象和提供专业化的服务为核心要求，视受助者为积极能动的主体，而不只是被动消极的客体；它提供必要的条件，运用专业的方法使受助者发挥潜能，自己解决自己的问题。

社会工作的主要方法包括个案矫正、小组矫正和社区矫正。个案矫正的工作方法是通过分析服刑人员的犯罪类型、年龄特征、生活状况和思想动态等情况，对其进行有针对性的矫正工作。小

① 鹿广静、寇浩宁：《矫治社会工作介入我国社区矫正的初探》，《社会工作》2007年第1期。

组矫正的工作方法是对服刑人员进行分类，将相同类型的服刑人员分为若干个小组，然后对小组进行有针对性的矫正工作。常见的小组有：教育小组、治疗小组、社会化小组、成长小组等类型。社区矫正的工作方法能够避免监狱矫正的交叉感染，减少服刑人员被社会离弃的消极情绪，强化民主法治观念，使社区服刑人员可以与家人一同生活，加强家庭成员与犯罪人员之间的关爱与融合，促使犯罪人员更积极地修正自己的行为，回归正常社会生活①。

社会工作融入刑事司法领域，是与传统刑事司法改造不同的模式。它强调通过社会矫正工作帮助罪犯认识自己，为自己的犯罪行为感到愧疚，使犯罪人能够勇于承担责任。现代刑事矫正制度起源于欧美国家，它的产生与其文化和思想有密切联系。1870年，美国首届狱务大会在俄亥俄州的辛辛那提召开，大会提出了“新监狱学”，并通过了《原则宣言》。该宣言指出，犯罪是一种故意违背法定义务的行为，是一种道德疾病，所以应当对症下药……刑罚应针对的不是罪犯而是其犯罪行为。因此，监狱监戒的最高目标是对犯人进行改造，而非对其恶意折磨。于是，1876 年在纽约建立了第一座矫正所。我国的社区工作最初在上海、北京、天津、江苏、浙江、山东六省（市）试点，2003 年 7 月 10 日，最高人民法院、最高人民检察院、公安部、司法部联合下发了《关于开展社区矫正试点工作的通知》。2010 年，司法部正成立社区矫正管理局，并于 2012 年出台了《社区矫正实施办法》。

① 王丽丽：《社区矫正的社会工作介入》，《社会工作》2007 年第 12 期。

第一节 社会工作在司法判决前的角色与作用

实际上，矫正社会工作者介入司法过程自判决之前就已经开始，其主要针对的对象是犯罪嫌疑人及其家属。在美国，犯罪嫌疑人经正式审判之前，享有审前释放的权利。审前释放又分预审前释放和预审后释放，是拘留的替代措施，其除了为联邦节约大笔开支外，更具人性化。后来，审前释放逐渐演变成美国的保释金制度，根据此项制度，当事人只要交付了法官规定的保释金即可以在审判前从拘留所获释，回归社会。我国刑事诉讼法规定，人民法院、人民检察院和公安机关根据案件情况，对犯罪嫌疑人、被告人可以拘传、取保候审或者监视居住。因此，在犯罪嫌疑人、被告人正式审判前，有申请取保候审、监视居住的权利，经有关机关批准后，便可回归社会。本节主要论述犯罪嫌疑人、被告人在接受正式审判前，矫正社会工作者在此期间所能提供的帮助和作用。

一、社会工作的主体

从事社会工作的主体不是简单的“助人为乐”，也不是一般意义上的慈善活动，而是需要大批热心社会工作和公益事业的工作者和志愿者，更需要大批专业化、职业化的人才队伍。否则，社会工作自身的发展，社会工作助人自助、稳定社会的功能就不可能真正实现，其预防和解决社会问题的功能将会受到很大的影响①。社会工作的

① 林泽炎：《社会工作人才：星星之火待燎原》，《中国教育报》2009 年第 2 期。

主体是指在社会机构中负责开展社会矫正工作的专业人员。矫正社会工作者是指实施于矫治体系中，由专业人员或志愿人士运用专业理论和技术，为罪犯或具有犯罪危险性的违法人员，在审判、服刑、缓刑、刑释或其他社区处遇期间，提供思想教育、心理辅导、行为纠正、生活照顾等，使之消除犯罪心理结构，修正行为模式，适应社会生活。

（一）社会工作主体的分类

社会工作的主体即矫正社会工作者，矫正社会工作者有广义和狭义之分。

广义的矫正社会工作者是指提供社会服务的机构中从事与社会工作相关的人员，既包括负责生产、日常管理的工作人员，也包括负责文化、思想、技术教育的工作者。例如，监狱中负责狱政管理和生产劳动的人民警察，以及在机关工作的监狱人民警察，他们虽不直接参与对服刑人员的教育，却通过管理、组织、服务等方式为开展社会工作创造条件，所以他们也是从事社会工作的人员，同样为当事人提供社会服务工作。

狭义的矫正社会工作者是指那些直接面对社会工作服务对象，专门负责传授文化知识、生产劳动技能，对服务对象进行行为、心理和思想辅导的工作人员。

大多数学者认为，鉴于社会工作的主体服务对象的特殊性，矫正社会工作者也应当具有特殊性。矫正社会工作者是直接面对服务对象、为其提供服务的人员，应该具备一定的专业基础；需持证上岗，掌握社会学、心理学、教育学等知识；在社会工作中还应当有创新意识，具有较强的组织管理和协调能力。

（二）社会工作主体的特点

1. 伦理性

社会工作源于西方，自其诞生之日就与基督教的宗教伦理密切相关。现代意义上的社会工作虽然已完成从宗教向世俗的转变，但作为一项以人道主义和人本关怀为基本立场的实务性工作，仍深受基督教伦理的影响。现代意义的社会工作应当以实现社会和谐、助人自助为社会工作的伦理理念。矫正社会工作者不仅追求整个社会的公平、正义，而且关注个体权利的实现。他们在为对象提供服务时，将伦理观融入社会工作中，促使人与社会的和谐，最终达到助人自助的目的。

2. 价值性

西方国家的社会工作不论是理论还是实践都已发展成熟。同许多社会制度一样，西方的社会工作也与宗教伦理有着密切联系。因此，最初的矫正社会工作者以教徒居多，他们从事助人的工作是以其信仰为基本出发点。现代社会的矫正社会工作者尽管已不全是宗教人士，却已深受宗教伦理的洗礼。在这一过程中，矫正社会工作者不仅体现了个人价值，而且达到了与社会价值的统一。中国的矫正社会工作者当然也必须以个人价值和社会价值的统一作为其发展价值追求。

(1) 个人价值。个人价值在于通过自己的活动，付出心血和劳动，满足社会和他人需要的同时，自己也获得相应的报酬，得到社会对自己价值的承认，从而实现对自我的满足。矫正社会工作者的个人价值是指其自身所体现的价值，包括矫正社会工作者个人的能力、尊严等。矫正社会工作者致力于为他人提供福利，不仅是一种美德，更是实现自我救赎的方式。在这种对他人施爱的感染下，能够使施爱主体感受到受助个体被爱的需要和独特的价值，同时通过专业服务和受助者一起获得经历和成长，获得自我的价值。在这种爱中体现了对个人的关怀和对个人价值的重视。

(2) 社会价值。社会价值在于对社会的责任和贡献，即通过自己的活动满足自己所属的社会和他人以及自己的需要。这是人的真正价值所在。矫正社会工作者的社会价值是指整个社会崇尚的价值，是社会主流文化的价值(如平等、公平、和谐等)。社会工作的价值观吸收了近代人本主义、民主、公民福利等思想，从而使社会工作从个人自发自助转变成社会福利、社会保障的制度化手段。将助人的信念以信仰的方式植入社会工作者内心，强调的是矫正社会工作者以影响社会观念的方式推动社会工作的发展，实现矫正社会工作者的社会价值。

3. 专业性

矫正社会工作者的专业性是社会分工日益精细化的必然结果。由于矫正社会工作者面对的是特殊的服务对象，因而其专业性就显得至关重要。具体而言，专业的矫正社会工作者不仅拥有专业的理念，而且在提供服务时采用专业的方法。实践中，矫正社会工作者运用社会工作的理念和方法，为犯罪嫌疑人及其亲友提供管教、帮扶、疏导、解压等帮助，以便其重树社会形象，积极参与社会公益事业。他们通过接纳、尊重、案主自决等方式最终使服务对象即犯罪嫌疑人及其亲友达到自助的目的。因为矫正社会工作者既不是救死扶伤的医生，也不是事件的最终裁决者，他们只是为犯罪嫌疑人及其亲友提供服务的帮助者。矫正社会工作者提供帮助的目的是实现帮助对象的自我认识、自我选择，不断提升其对社会环境和自我互动的认知；最终在能力提升中达成“自决”行为，实现帮助对象的“助人自助”。

但根据统计显示，我国民政系统中直接、间接从事社会工作的仅有 40 多万人。从其他地区和国家的经验来看，美国有 67 万矫正社会工作者，占总人口的2%。以此推算，意味着我国有260万左右的社会工作人才缺口。因此，为了培养更多的社会工作人才，加快社会工作人才的职业化培训，2000年民政部开始倡议建立矫正社会工作者职业资格制度。2003年年初，民政部向各省市民政厅下发了《关于加强社会工作队伍建设的通知》，积极倡导有条件的省市大胆开展社会工作职业化制度建设试点工作。2004年7月，劳动和社会保障部（现人力资源和社会保障部）颁布了《矫正社会工作者国家职业标准》，规定了社会工作这个职业的工作要求、理论知识与技能操作。社会工作人才需要很强的专业背景和相关培训，属专业技术人员，仅有职业技能资格要求是远远不够的。鉴于此，2006年7月，人事部（现人力资源和社会保障部）和民政部联合发布了《矫正社会工作者职业水平评价暂行规定》和《助理社会工作师、社会工作师职业水平考试实施办法》，将社会工作纳入专业技术的范畴①。

二、社会工作的客体

社会工作的客体即服务对象，在刑事司法判决之前的服务对象首先是犯罪嫌疑人，其次还应当包括犯罪嫌疑人的亲友等。

（一）针对犯罪嫌疑人的社会工作介入

司法判决前，矫正社会工作者介入司法过程的服务对象是已被拘押或保释的、尚未被判定有罪的犯罪嫌疑人。矫正社会工作者在案件审理过程中主要工作职责是，通过与受助者（犯罪嫌疑人）及其家属和周围社区的接触了解，写出一份有关犯罪嫌疑人背

---

① 林泽炎：《社会工作人才：星星之火待燎原》，《中国教育报》2009年第2期。

景的调查报告，提交给法院作为审判参考。调查报告包括犯罪嫌疑人的社会背景（如家庭、成长经历等）和性格特点，以及犯罪行为的成因等资料。在这期间，矫正社会工作者可能会依赖来自法院外的社工人员提供资讯，比如会传唤社区里的社工人员或咨询师；任何犯罪嫌疑人曾参与的精神病学服务人员；或是社会福利等相关人员。

此外，对于调查报告的写作方法，应当从以下几个方面入手。从目的上看，矫正社会工作者在司法审判前提交的调查报告与律师发表的辩护意见不同。前者是在承认犯罪事实的基础上为法庭判决提出建议参考，而后者是为被告作无罪或最轻的辩护。从原则上看，由于矫正社会工作者并非法院的工作人员，也不与犯罪嫌疑人有利害关系，因而他们能够以客观、中立的原则，将所观察到的现象与访谈对象的陈述忠实地记录下来，以避免个人主观的观察或判断。如果可能的话，此评估报告应当让当事人阅读并签名，以确保双方的权益。从内容上看，调查报告的内容应当包括犯罪嫌疑人的基本情况（如年龄、职业等）、社会背景（如家庭、成长经历等）、性格特点，以及犯罪行为的成因和性质等资料。从地位上看，在某些国家和地区，法庭对矫正社会工作者提交的调查报告应予以重视和尊重。一般来讲，法庭调查的重点在于犯罪事实本身，以此作为罪与非罪、是否有罪以及犯罪情节轻重的判断基础，而矫正社会工作者的调查报告所提供的有关罪犯社会背景与性格特征等资料，能够帮助法庭查清犯罪事实，适用何种刑法处置的判定，作出有利于犯罪嫌疑人改过自新的判决。

（二）针对犯罪嫌疑人亲友的社会工作介入

毫无疑问，犯罪嫌疑人被拘押等待审判期间，其家人及亲友也会因此受到冲击与拖累，尤其是犯罪嫌疑人家中年迈的父母与年幼的子女，生活会很容易陷入困境。因此，矫正矫正社会工作者此时的工作介入，主要是针对这些陷入困境的犯罪嫌疑人的家人提供帮助。包括：为因事件发生而陷入经济困难的犯罪嫌疑人的家人寻找社会资源以维持生计，如帮助申请社会救济，帮助寻找暂时性工作等；为因事件的发生而失去依靠的儿童少年安排住所及生活照料，如寻找替代家庭或收养机构，与学校老师联系以关注其学业等；为因事件发生而产生心理困扰的家庭成员提供辅导服务。

三、社会工作的必要性

（一）提供客观的调查报告，客观展示犯罪嫌疑人真实情况

矫正社会工作者在司法判决之前所做的主要工作就是提供调查报告，该调查报告包括对犯罪嫌疑人的社会背景（如家庭、成长经历等）、性格特点以及犯罪行为的成因等资料。因此，该份调查报告能够客观反映犯罪嫌疑人犯罪前、犯罪时和犯罪后的状态，将犯罪嫌疑人的整个犯罪过程呈现出来。

在美国等一些国家，矫正社会工作者提供的调查报告深受法官在内的法律实务界的欢迎。究其原因，主要有以下几点：一是矫正社会工作在欧美等国家有着浓厚的宗教伦理基础。纵观矫正社会的发展历程，从16世纪欧洲兴起感化院开始，就与宗教有千丝万缕的联系。这些感化院有着一个基本的理念，即要让那些违法、堕落之人，在劳动作业中劳其筋骨、苦其心志，进而接受教化，得到拯救。二是矫正社会工作从自发性转变为法定性。矫正社会工作在宗教影响之下诞生，诞生之初是由社会组织自发性地、有组织地对他人提供帮助。矫正社会工作变成世俗生活的一部分之后，国家通过颁布法律将其法定化，包括对矫正机构的设立、矫正

工作人员的管理、矫正标准的明确等。联合国发布的《囚犯待遇最低限度标准规则》规定，应当对囚犯提供帮助以使他们能够继续接受教育。在美国，1870 年首届美国狱务大会通过的《原则宣言》明确指出，监狱的目的就是对犯人进行改造。我国对矫正社会工作同样也颁布了一系列文件，其中包括《中华人民共和国监狱法》《中华人民共和国劳动改造条例》等，规定对罪犯应当进行思想教育、文化教育、技术教育。三是矫正社会工作者所处的中立地位能够客观地反映犯罪嫌疑人及其亲友的真实情况。在国外，矫正社会工作者既不属于法院等序列的公务员，也不是犯罪嫌疑人的辩护律师，更不可能是犯罪嫌疑人的亲友，他们是属于矫正社会机构的工作人员，处于中立地位，因此他们提供的有关犯罪嫌疑人的调查报告是客观的、真实的，法庭也给予其重视和尊重。

（二）为犯罪嫌疑人的亲友提供精神和物质帮助，解决犯罪嫌疑人的后顾之忧

在司法判决前，矫正社会工作者的另一个工作内容就是为犯罪嫌疑人的亲友提供精神和物质帮助。犯罪嫌疑人在刑拘期间，一方面，其亲友面临着巨大的社会压力，由此带来精神方面的压力；另一方面，犯罪嫌疑人一般是家庭的主要经济来源，犯罪嫌疑人的亲友，特别是年迈的父母和年幼的子女也会承受巨大的经济压力。

犯罪嫌疑人在刑拘期间，其与亲友不能见面，无法了解彼此的情况是好是坏，导致心理压力巨大。然而，在矫正社会工作已经制度化的国家，矫正社会工作者自犯罪嫌疑人被刑拘开始就为其亲友提供心理和经济上的帮助，这其中主要包括为存在心理困扰的家庭成员提供心理疏导，为经济困难的家庭申请社会救济，以及提供短暂性的工作机会等。

（三）避免先入为主，有助于法官作出公正的司法判决

前文已经提到，矫正社会工作者所提供的调查报告是根据犯罪嫌疑人的客观事实撰写而成，因而可以全面展示犯罪嫌疑人的生活状态、犯罪成因等情况。正是如此，调查报告才对法官有参考价值，因为法官在判案的时候也是站在中立的立场。矫正社会工作者的中立立场决定了调查报告的客观真实性，而法官的中立地位决定了在判案时不能先入为主，应当根据客观事实依法作出判决。

第二节　社会工作在监禁场所内的角色与作用

监狱是对罪犯判处自由刑或生命刑以后的执行场所，是司法矫正体系的重要组成部分。由于监狱环境兼有惩罚、隔绝与威慑的功能，所以会在服刑犯人心理上产生震慑作用，而这种震慑作用可能造成两种相反的引导：要么抗拒，要么改过。除了监狱，还有一种短期关押罪犯的机构即拘留所，有的国家又称之为临时收押所或警察拘留所，这些机构大多设在城市的警察局内。从根本上来说，设置监狱和拘留所的目的在于使罪犯能够认识自身所犯的罪行，改过自新。因此，矫正社会工作者的主要工作就是帮助犯罪人重新找到作为人的自信心。在我国，对罪犯进行矫正教育的主要规定是在 1994 年施行的《监狱法》，该法明确规定，监狱实行惩罚和改造相结合、教育和劳动相结合的原则，将罪犯改造为守法的公民……根据改造罪犯的需要，组织罪犯从事生产劳动，对罪犯进行思想教育、文化教育、技术教育。随后，2003 年司法部依据《监

狱法》等相关法律，制定了《监狱教育改造工作规定》，该文件全面规范了对罪犯的教育改造工作。2003 年，新修订的《监狱法》开始施行。

一、社会工作的主体

对已经触犯刑律的犯罪人，在给予其惩罚和处置的基础上，应对其实行有效的矫正，消弭其已成恶性定势的犯罪心理，并在消弭的同时，代之以正常的心理机制，使这些危害社会的消极因素转化成为有益社会的积极因素。矫正好一个犯罪者，就减少一个危害社会的犯罪人，也减少了许多犯罪案件。研究表明，矫正质量和效果越高，重新犯罪率也就越有可能随之下降，因而矫正社会工作者对犯罪人提供的帮助是必不可少的。

（一）监狱管理人员

历史上，为了保障监狱的安全，大多采用准军事化的管理。监狱的管理人员身着军装，臂戴徽章，并且比照军衔授予上士、中尉、上尉以及少校。为了加强管理，监狱使用如连队、食堂、操练、检阅等军事术语，官员之间有着严格的高低等级之分。在犯人的管理方面，其组织和制度同样采用军事化的管理模式，典型的模式就是犯人进餐需要列队进入食堂，服从各种指挥，从事各种指定的活动，甚至犯人在遇到上尉时必须脱帽致意，监狱长视察时犯人必须立正等。但这种准军事化的管理模式并不能适应时代的发展，更不能有效促使罪犯改过自新，相反地，还有可能使其重新走上犯罪的道路。于是，许多专家学者开始探讨监狱的出路何在，以及监狱管理者在帮助犯人的过程中的作用等问题。

从治疗理念而言，最好的医生就是自己，一个人内心美好、积极的感觉就是改变的力量。于是，监狱的管理人员正在试图改变，从原来的单纯管理者转向教育者，因为较于其他人员，他们有更多的机会接触和影响犯人。在美国，监狱的管理者开始为犯人提供各种服务，包括饮食、医疗、图书馆以及各种娱乐活动和心理咨询等，从这些互动中促使犯人找到自我。在我国，作为从事教育矫正工作的监狱民警，任务之一就是帮助犯人找到自我，根据犯人所处的不同阶段，审时度势，制定不同的矫正方案。

（二）专业的社会工作人员

由于社会分工的日益精细化，专业的社会矫正人员开始独立出来。一般来讲，一门工作是否专业，除了需要考察公众对其专业性的认可程度外，从业人员自身还应当具有较高的专业认同感、自主性和持续性的专业成长。根据哈蒙德的理论，专业的构成应该至少具备三个基本要素，即专门的知识、特殊的技能以及高度的使命感和责任感。随着社会工作人员不断向专业化发展和这一职业整体素质的提高，个体内在的专业结构也在不断丰富和发展。鉴于监狱本身的复杂性，面对的被矫正者是被刑事司法判处刑罚的罪犯，治疗师成为社工人员在监狱中最重要也是最困难的专业角色。保密和安全戒护角色更增加了治疗师角色的难度，也会影响服刑人员对社工的信任感，成为受刑人运用案主自决方法提升自己的障碍。社工人员必须发挥创造力和想象力，帮助个案发现激发案主自决课题的途径。为辅助矫正工作的进行，社工人员还须运用社工教育的训练和经验，了解环境以及生活中重要人物角色对个案的影响，强化受刑人原有的支持系统，并开发其他未被运用的社会资源。监狱的治疗师能够在治疗中扮演一个强有力的角色，是因为他能利用自身的专业思想、专业知识和专业能力向犯人提供帮助和建议，从而获得他们的信任。专业的社会工作者积极地追求理解、相信、接受和尊重,使矫正对象得到充分的尊重,感受到来自矫正工作者的无差别对待,从而帮助其树立改变自我的信心,发掘其改变的潜能,调动其解决问题的积极性。矫正社会工作坚持行刑社会化、个别化原则。在这一过程中,治疗师能够激发犯人的潜能,让犯人自己决定自身的事务,提升其社会责任感。

二、社会工作所面临的挑战

(一)社会的歧视和资金的紧缺

尽管现在监狱作为矫正机构已经开始作出转变,但人们的思想仍停留在军事化管理的阶段。没人认为监狱是好地方,也没人认为监狱需要作出改变,相反,他们认为监狱是关押犯人的地方,是将危害社会之人绳之以法的地方,因而只需要保障犯人最基本的吃、穿、住就行了。由于社会对监狱的普遍歧视,导致监狱的财政状况紧张:一方面,监狱的基础设施难以改进,监狱关押的犯人常常人满为患,更不用说修建供犯人使用的图书室、医院等设施;另一方面,看守所的工作人员工资极低,致使他们无法安心做好本职工作,更没有心思为犯人提供矫正服务。

(二)缺乏专业的矫正人员

在罪犯服刑期间,监狱缺乏训练有素并致力于为犯人提供矫正服务的监狱管理人员。这些监狱的管理人员普遍将自己定位为执法人员,而不是矫正工作人员。他们的工作仅仅是管理好监狱和罪犯,对工作的态度冷漠,也不希望犯人取得其他人的信任。然而,事情并没有这么简单,由于资金的紧缺又致使这些管理人员无法获得专业的培训。实际上,监狱管理人员在矫正工作中是能够大有作为的，通过培养专业智能、专业信念体系和敬业精神，可以将矫正教育理论运用到矫正实践中。

在矫正社会工作中，除了监狱管理人员不具备必要的专业技能，具有专业知识和技能的社会工作者也极其缺乏。数据显示，如果按美国标准即社会工作者占总人口的2%计算，我国目前仍需要200万名左右社会工作者。我国的社会工作人才大多分属各种不同组织，且大部分社会工作人才采用行政化的管理体制，并未真正体现社会工作的专业化和职业化，更多的时候是一种“附带性”的工作。主要体现在：从事社会工作的人员带有安置性，专业性不强，素质不高，人员结构老化；工作性质定位不清，带有较强的行政性，经费紧张，制度不健全。这就导致了我国社会管理、社区建设、福利养老等服务机构中，服务人员的专业性、服务质量和社会地位不高。

（三）消极、负面的工作气氛

工作氛围包括人际关系、领导方式、作用和心理相融程度等，是团体内的小环境、软环境。工作氛围的营造是内部环境建设中最能体现关心人、尊重人、影响人的一项管理工作。良好的环境氛围有助于增强人际关系的融洽，提高群体内的心理相融程度，从而产生巨大的心理效应，激发员工积极工作的动机，提高工作效率。反之，会使员工感到心理压抑，缺乏工作热情，丧失积极向上的精神和要求，不能实现组织的目标。

众所周知，监狱的工作环境是阴暗的、带有消极情绪的，这是因为关押的人员都是犯罪之人，他们中的很多人对生活已经失去信心，消极度日。而矫正工作者就是在这样的环境中为犯人提供矫正服务，其难度可想而知。

(四)罪犯的反复无常

监狱中的犯人都是因某种危害社会和他人的行为而被收押,如果不对其进行有效的管理和控制,这类犯人就极有可能重蹈覆辙,在监狱里面从事危害他人的行为,抑或是发生精神紊乱等情况。例如,有暴力倾向的犯人就可能对其他囚犯施加暴力、自残肢体、引发骚乱;酗酒和吸毒的犯人没有了酒精和毒品,他们感到精神上的折磨和痛苦,时常会发出尖叫或进行斗殴;青少年犯因恐惧而失去控制;等等。这些都为矫正工作带来了许多的不确定性,也影响了服刑人员对社工的信任感。对于这类犯人,矫正工作者在为其提供服务之前,社工人员只有很稀少的资源可用来改善环境或提供给个案作选择,需要花费大量的时间和精力分析犯罪意图、针对个案提出矫正方案。

三、社会工作的主要内容

监狱作为执行司法判决和犯人服刑的场所,是司法矫治体系的重要组成部分,也是矫正工作者提供矫正服务的地方。矫正工作者为犯人提供矫正服务,运用专业知识和技能调动犯人自身的潜能以及社会资源,引导犯人向积极的方向转化,以达到改过自新、重新回归社会的目的。

一般来讲,个案矫正工作者都有一套详细、缜密和科学的工作程序,包括与矫正对象建立关系、收集相关资料、问题评估、评定障碍、矫正介入、矫正评估、矫正跟进、结案及矫正对象的转介。矫正个案工作的步骤如下:第一,矫正工作者在与犯人面谈之前,首先需要收集并熟悉犯人的基本情况,通过面谈建立一种相互信任的良好的工作关系,促使下一步的工作顺利进行。第二,在面谈时,一方面，矫正工作者应从犯人、问题和环境三方面入手，及时了解和把握犯人所处的情况、面临的问题以及这些问题产生的原因等。另一方面，犯人通过与矫正工作者的交谈，情绪上可以得到宣泄，从而认识到自身的问题并挖掘自身的潜能，接受事实，更加冷静地面对现实。第三，面谈结束后，矫正工作者应当分析通过面谈收集而来的有关犯人的一手资料，帮助其分析犯罪的成因，并制定矫正方案。第四，矫正工作者应根据矫正方案并运用有关社会工作辅导模式，帮助服务对象纠正偏差的价值观念，矫正错误的行为方式，扩大罪犯与外部社会的联系沟通，以避免因监禁状态而造成社会化过程的阻断现象，缓解他们的不良情绪；帮助他们处理与家人、狱警和其他犯人的关系，使其适应监狱生活，引导犯罪者向积极的方向转变，鼓励他们在态度和行为上积极表现，并向监狱当局提出报告，促使罪犯能够减刑或获得假释。第五，如果矫正工作者发现自己不适合接收此案或者中途更换矫正对象，那么就应及时引入其他的矫正工作者加入此案。第六，矫正工作结束后，矫正工作者还应当进一步跟进矫正对象，从而保证矫正工作的有效性。

实践中，矫正工作者在为服刑人员提供矫正服务时，通常会包括以下几个方面：一是面谈。前面我们已经论述，矫正工作者与矫正对象面谈，一方面，不仅能够客观掌握犯人违法行为的性质和成因，还能及时了解犯人此时的思想状态；另一方面，通过与矫正工作者面谈，犯人发泄心中的不满情绪，能够冷静客观的面对现实。二是诊断。通过收集犯人的有关资料后，分析问题的成因，进而制定矫正方案。三是辅导。矫正方案制定完成之后，矫正工作者根据个别化原则分别针对不同的犯人施以不同的矫正方法，从而尽可能扩大罪犯与外部社会的联系沟通，避免因监禁状态而造成社会化过程的阻断现象的发生。四是报告。在矫正的整个过程中，矫正工作者应当随时注意罪犯改善的情形，并将相关情况记录在案。

四、社会工作的矫正方案

由于监狱的环境造成犯人与社会和他人的隔离状态，在监狱内形成一个“小社会”，导致各种罪犯极易交叉影响。这就需要矫正社会工作者在为监狱服刑人员提供社会工作服务前，消除监狱所带来的消极的、负面的工作气氛，并消除或减弱罪犯思想与行为上的负面因素，加强其与社会的联系沟通，以恢复重建其社会功能为主要目标。在监狱场所内为犯人提供矫正社会工作服务，通常采用个案辅导、小组治疗、联系社会、职业辅导、评估报告等方法，由于个案辅导在实践中最常用，也是最有效的治疗方法，因此本节主要介绍个案治疗法的基本情况。

（一）个案辅导的概念及特征

个案辅导是指专业的矫正社会工作者遵循基本的价值理念、运用科学的专业知识和技巧、以个别化的方式为犯人提供物质和心理方面的支持与服务，以帮助他们减低压力、解决问题、挖掘生命的潜能，不断提高个人和社会的福利水平。个案辅导的特征：第一，个案是个别化的工作方法；第二，个案辅导的基本价值理念是尊重个性，承认人的价值和独特性；第三，个案辅导融科学性、艺术性与技术性于一身；第四，个案辅导需要运用社会资源；第五，个案辅导能提高个人适应社会的能力，提高个人与社会的福利水平。

（二）个案辅导的原则

矫正社会工作者在提供矫正服务时，应当遵循以下原则：

一是个别化原则。个案辅导的基本原则就是针对每一个矫正对象即犯人，根据其实际情况和需要，指定个性化的矫正方案，采取逐一对等的方法，把每一个人看做是唯一的、不同的实体。个别化原则体现了对个人的尊重。在专业的社会工作者心中，他们所面对的每一个犯人都是独立的个体，具有不同于他人的经历和体验。

二是尊重原则。个案辅导最基本的价值观是承认每个人都具有价值和尊严。因此，不管矫正对象实施了多么恶劣的犯罪行为，都应该尊重其人格。通过尊重可以唤醒矫正对象的自尊，激发他重新审视自己，肯定自己的价值，恢复回归社会的勇气与信心，最终实现人生自助、回归社会的目标。

三是保密性原则。严守专业秘密是建立良好专业关系的前提。在矫正工作的全过程中，工作者应该遵守职业道德，必须对矫正对象的资料和个人信息加以严格保密，让矫正对象的隐私权得到充分的尊重，这样才能让矫正对象获得更大的安全感，工作者也能最大限度地获取矫正对象的有效信息，使服务与治疗的效果更好。

在遵循上述基本原则的前提下，矫正工作者运用专业知识和技能，与犯人之间形成一种达成特定目标的工作关系。他们通过双方内心感受与情绪的动态反应，帮助犯人解决问题，提高犯人的个人能力。专业关系的建立是个案工作的基础，也是个案辅导工作的开始。实践中，建立良好的专业关系，矫正对象会对矫正工作者产生很好的信任感，有利于工作者工作的顺利开展；相反，如果矫正工作者与矫正对象的关系仅仅停留在管制与被管制、服从与被服从的关系上，彼此的信任感没有真正建立起来，矫正对象自身的改变动力就很难被调动起来，矫正的效果就会不理想。此外，矫正工作者除了需要注意建立稳定的专业关系外，还应当注意谈话的技巧，它是矫正工作中非常重要的内容，同时也在很大程度上关系着矫正工作的成败。因此，矫正工作者在面对犯人之前，对谈话的内容、时间、地点等都要进行详细的安排和精心的准备。

第三节　社会工作在刑满释放后的角色与作用

由于社会节奏的加快，刑满释放的犯罪人员经过长时间的监禁与社会隔绝，在服刑完毕回归社会后，却很难适应社会的发展，自身也面临着许多问题难以解决（如在哪里安家落户、如何就业，还有社会歧视、亲人的疏远等）。正如法国刑法理论家卡斯东·斯特法尼指出："刑事政策极其严重的困难之一是，我们尽力使犯罪人能够适应社会，其本人也恢复了信心，尽管如此，这些犯罪人却发现对他们的真正惩罚是在他们走出监狱之后才开始的，社会专门排斥他们，使他们的全部生活都由犯罪打上了烙印。"[①]这就需要社会工作者对这类人员提供服务。对于刑满释放的犯罪人员，社会工作者将其提供的服务称为更生保护或出狱人保护。出狱人保护这一社会福利措施起源于美国费城，1776 年美国宾夕法尼亚州市民理查德·怀斯特（Richard Wister）创办的费城出狱人保护协会是世界上第一个出狱人保护组织。出狱人保护工作在促进出狱人再社会化和保卫社会方面起到了重要作用，其不仅符合市民社会的利益，而且符合国家利益，因此许多国家不仅肯定了出狱人保护的合法性，而且在可能的范围内予以大力支持。

---

① ［法］卡斯东·斯特法尼：《法国刑法总论精义》，中国政法大学出版社 1998 年版，第 163 页。

一、刑满释放的犯罪人员与社会工作者

（一）刑满释放人员

刑满释放人员是一个特殊的群体，他们在本该享受家庭幸福生活的时间却过着高墙内的生活。对于刑满释放人员，能否顺利融入社会不仅关系着其个人人生的选择，更是关系着整个社会的稳定。如果一味地放任这些人员不管，那些改造表现差的犯罪人员，思想改造开始松懈，甚至混天度日，消极应对问题，就极有可能重新走上犯罪的道路。为刑满释放人员提供服务体现了人道主义精神，更表现了社会的一种关爱。因此，关爱与帮助刑满释放人员就成为矫正社会工作者很重要的内容之一。我们从长期的实践经验中深知：罪犯刑满释放后个人权利的恢复与保障是重要的，但如果不创造必要条件，帮助刑满释放人员安家立业，避免重蹈覆辙，那么，这种个人权利的恢复与保障仍是消极的，不具有真正积极的社会意义。

（二）社会工作者

社会工作者一般由司法行政机关牵头组织，依靠各有关部门和社会力量对刑满释放者进行非强制性的指导、扶助、帮教和管理活动。社会工作者主要为帮教者提供住宿场所和就业、就学辅导，或者为他们提供生活辅导和医疗保障中介服务等生活方面的帮助，为其顺利回归社会创造条件。

除此之外，教师、办公人员、信息工作者、专业技术人员等许多人员已开始加入志愿者运动的行列。正如我们所看到的那样，志愿者在为刑满释放人员提供社会帮助中起了重要作用，这些志愿者能够协调司法行政机关和刑满释放人员之间的关系，协助司法行政机关对刑满释放人员进行管理。志愿者还可以通过定期举办

交流会，重点解决刑满释放人员所遇到的问题。同时，对于一些矫正机构来说，某些工作由志愿者做所取得的效果比司法行政人员更好。

二、行为矫正

为了帮助刑满释放人员顺利回归社会，社会工作者就应当了解这些人员犯罪的行为因素，特别是不良行为习惯和不当的生活方式。通过对犯罪成因的分析，可以解决刑满释放人员在心理上面临的诸多问题。

（一）概述

行为矫正又称行为疗法，是指根据条件反射的作用和社会学习理论改变适应不良行为的一类心理治疗法[①]。一般来讲，行为矫正的对象是刑满释放人员的不良行为。社会工作者以科学原理为基础，运用专业的知识和技能分析目标矫正行为，对其进行有效评估，将重点放在影响适应不良行为的当前社会环境上，从而对行为进行矫正，帮助刑满释放人员顺利回归社会。对于目标行为的矫正，社会工作者首先应当对目标行为进行有效分析。行为分析是指了解和分析罪犯的行为表现从而发现需要矫正的适应不良行为的过程。在这过程中，社会工作者需要收集多方面的信息，深入了解刑满释放人员的情况，分析目标适应不良行为的相关因素，有针对性地开展矫正工作。其次，对刑满释放人员的不良行为分析后，对其进行有关的解释说明。这不仅体现了对被矫正者的尊重，

① 吴宗宪：《罪犯改造论：罪犯改造的犯因性差异理论初探》，中国人民公安大学出版社 2007 年版，第 526 页。

还能避免以后可能产生的消极后果，更能增强行为矫正的效果。最后，指定计划与行为矫正。经过上述步骤后，社会工作者要根据行为分析的结果，制定行为矫正计划。在制定好详尽的行为矫正计划之后，就应当适时开始行为矫正活动，将已经制定的行为矫正计划付诸实践。在进行行为矫正活动的过程中，既要注意按照行为矫正计划开展活动，又要注意是否出现了与行为矫正计划中的描述不相吻合的新情况。如果新情况的出现与以前所制定的矫正计划严重不符，或者出现其他严重影响实施行为矫正计划的情况时，就应当考虑及时调整行为矫正计划的内容。

（二）矫正方式

行为矫正方式是指改变刑满释放人员不良生活习惯和不当生活方式的矫治方式。一般而言，使用矫正治疗时，不关注刑满释放人员的过去，也不会追究各种不良行为的来源，而是针对目前存在的适应不良行为。

1. 现实疗法

由美国精神病学者威廉·格拉泽和哈林顿创立的现实疗法，是培养刑满释放人员面对现实、对自己行为负责的一种心理矫治方式。该疗法最大的效果就在于，社会工作者帮助刑满释放人员形成现实的、负责的和正确的行为模式，使其能够用这样的行为模式满足自己的需要。在国外，现实疗法已经大量应用于刑满释放人员的心理矫治中，而且随着心理学家不断尝试应用该疗法解决人们的现实问题，它已经成为一种普遍使用的心理治疗方式。使用现实疗法之前，社会工作者应当对刑满释放人员进行评估，清楚地了解罪犯的情况，这是使用该疗法的重要内容。针对矫治对象的评估，社会工作者要首先了解被矫治者的需要。每个人都是独立的个体，每个人的需要都会有所不同，因此，社会工作者要通过提问、建立表格等方式才能了解被矫治者的具体需要。了解被矫治者的需要后，接下来社会工作者要通过友好的态度、和蔼的眼神等与被矫治者之间建立友好关系。最后，社会工作者需要将制定的计划付诸实践。这时就需要被矫治者认真按照计划中所确立的内容行动，从而减少和消除不良行为，确立新的行为模式。但同时应当注意的是，改变是一个漫长的过程，在矫治过程中，即使被矫治者做出了不良行为，社会工作者也不应放弃，只要取得了些许成功，社会工作者就应该给予其鼓励，不断支持刑满释放人员向成功的方向努力。

2. 自我管理疗法

自我管理疗法又称自我调整，是通过刑满释放人员的自我努力矫治其不良行为模式的行为矫治方式。在这种疗法中，刑满释放人员处于主体地位，而社会工作者只是居于次要地位。因而此疗法能够发挥刑满释放人员自身的能动作用和积极性，可以适用于几乎所有的不良行为。但值得注意的是，社会工作者在使用自我管理疗法时，由于许多人并不了解自我管理法的原理和步骤，因此需要社会工作者用通俗的语言解释这种疗法的内容，帮助他们认识这种疗法，产生愿意利用这种疗法解决自身的不良行为或不良行为习惯的愿望。

三、社会工作的内容

“刑满释放者”被视为是已经犯过罪的人，在社会中遭到很多不公平的待遇。他们很难再找到工作，他们的家人、朋友都会因此而受到影响。人们会以一种警惕不安的态度来对待他们，将他们排除在正常的生活之外。于是他们只好孤独地生活，又或者迫于无奈与其他被贴标签者聚集在一起，很可能重新走上犯罪道路。

我国一向注重对刑满释放人员权利的保护，对于刑满释放人员不歧视、不嫌弃，做好社会就业安置工作，给他们参加学习、工作、劳动的机会，促使他们走上正路。具体而言，针对刑满释放人员的思想情况和他们回到社会所面临的问题，社会工作者会从精神和物质上为其提供帮助，方便他们顺利回归社会。

（一）精神辅导

1. 进行形势、政策教育

形势、政策教育作为思想教育不可或缺的重要组成部分，具有很强的导向性、政策性和实效性。社会工作者首先要向刑满释放人员全面介绍国内外政治、经济形势，让他们全面、正确地了解当前形势，不要一叶障目，以偏概全。同时，向他们讲述当前世界政治经济新形势发展给我国带来的新机遇和新挑战。和平与发展仍然是时代主题，求和平、谋发展、促合作已经成为不可阻挡的时代潮流。世界多极化不可逆转，经济全球化深入发展，科技革命加速推进，全球和区域合作方兴未艾，国与国相互依存、日益紧密，国际力量对比朝着有利于维护世界和平的方向发展，国际形势总体稳定。同时，世界仍然很不安宁。霸权主义和强权政治依然存在，局部冲突和热点问题此起彼伏，全球经济失衡加剧，南北差距拉大，传统安全威胁和非传统安全威胁相互交织，世界和平与发展面临诸多难题和挑战。其次，要向刑满释放人员介绍党和国家所制定的各项方针、政策和原则，让他们不做违反政策和原则的事情。

2. 进行法制教育

刑满释放人员回到社会以后，社会工作者要向他们进行普法宣传，引导他们时时处处遵守国家法律、法规及各种规章制度，做一个文明守法的好公民。要大力宣传国家基本法律，如向他们介绍我国宪法、刑法、民法等法律的规定，讲授治安处罚法、交通法规等条例，宣传与经济社会发展、社会和谐稳定及与刑满释放人员切身利益密切相关的法律法规，开展社会主义法治理念教育，让他们做到心中有数，从思想上根除犯罪想法，不再走上重新犯罪的道路。

3. 正确对待就业问题

一般来讲，就业问题是刑满释放人员最关心的问题，也是他们最担心的问题。社会工作者为其提供服务，可以让他们正确地对待和处理好就业过程中所遇到的各种问题。如刑满释放后暂时找不到工作，或者得不到安置，就需要耐心地等待一段时间。对于家庭经济条件较好的刑满释放人员，可以在家自学，帮助做一些家务劳动；家庭经济条件较差的刑满释放人员，可以通过街道或者居委会做临时工作，或者个体劳动，也可以等待适当的就业机会。当然有些刑满释放人员回归社会后就可能直接就业，但单位条件差、工作不满意等情况也时有发生。这就需要社会工作者向刑满释放人员进行心理辅导，让他们知道就业问题应当从实际出发，不应该挑剔，条件差的可以先就业，无论什么单位、做什么工作，只要做好了，同样能够实现社会价值和自身价值，正所谓“三百六十行，行行出状元”。

（二）物质帮助

刑满释放人员在出狱后面临着物质条件的匮乏，甚至无家可归等困境，因而迫切需要社会工作者提供支持和帮助。

1. 提供住宿场所

一些刑满释放人员出狱后，被家人拒之门外，无家可归甚至还会被社会所遗弃。为帮助解决上述刑释人员的安身问题，社会工作者同时提供监督与辅导服务，来帮助他们顺利完成由监狱向开放社会的过渡。在美国，社会工作者不仅为其提供住所，还有专业的工作人员照料他们，详尽顾及他们的生活需求。

2. 提供就学、就业辅导

如今，中国社会因为过于膨胀的劳动力市场与市场经济发展所能提供工作岗位之间的无法平衡，使得每一个在业和准备就业的人员都面临着巨大的压力。即便是受过高等教育的大学应届毕业生们在竞争激烈的市场中也面临着失业的威胁，更何况是受过刑罚处罚、文化素质偏低的刑满释放人员。用人单位有广泛的选择权，完全可以避免录用刑满释放人员。社会大众普遍认为，如果过于放松对犯罪人的惩罚，就降低了刑罚的震慑力。而事实上，假设惩罚犯罪人的措施过轻，这样既不利于他们的思想改造，也会让他们看轻其行为的社会危害性，不利于社会的稳定和法律秩序的维护。以上问题导致他们在就学、就业过程中屡遭失败。而有了社会工作者的参与，他们为那些想继续深造的刑满释放人员进行职业技能培训，能够有效地帮助他们养成工作与学习的良好意识。

3. 提供生活辅导和医疗保健转介服务

在现实生活中，大多数的刑满释放人员都有不良的生活习惯，这是导致他们犯罪的重要因素，同时也妨碍他们顺利再社会化，更有可能使他们重新走上犯罪的道路。社会工作者的责任中包含了增强其对各种情境的适应能力和医疗保健转介服务，以帮助他们养成良好的生活习惯。

4. 提供物质帮助

物质帮助权是公民因特定原因不能通过其他正当途径获得必要的物质生活手段时，从国家和社会获得生活保障、享受社会福利的一种权利。刑满释放人员往往缺乏物质条件，对其日常生活、工作造成障碍，为了能尽快帮助他们建立起正常的生活、工作秩序，社会工作者应挖掘和利用社会资源对其进行物质援助。

第四节 社会工作在社区矫正中的角色与作用

一、社区矫正的概念、特点及理论基础

(一) 概念

矫正又称为矫治,原是医学上的概念,是指医生通过诊疗后,使用手术或药物治疗,使身体部位的形状或机能方面发生畸形的患者得到康复,以重新过上和正常人一样的生活的过程。矫正被引入社会领域后,在刑事司法领域专指国家司法机关及其工作人员通过各种措施和手段,使犯罪者或具有犯罪倾向的人员得到思想上、心理上和行为上的矫正治疗,从而重新融入社会,成为其正常成员的过程。

实际上,社区矫正是来自国外的概念,在美国、英国、法国、加拿大等国家,尽管概念不同,但社区矫治已成为替代刑法执行的重要手段。2003年,我国最高人民法院、最高人民检察院、公安部和司法部联合下发了《关于开展社区矫正试点工作的通知》,将社区矫正的概念定义为:"社区矫正是与监禁矫正相对的行刑方式,是指将符合社区矫正条件的罪犯置于社区内,由专门的国家机关在相关社会团体和民间组织以及社会志愿者的协助下,在判决、裁定和决定确定的期限内,矫正其犯罪心理和行为恶习,并促进其顺利回归社会的非监禁刑罚执行活动。"这一概念从社区矫正的主体、性质、工作目标及内容等方面作出说明。

(二) 特点

社区矫正突破传统的报应式的刑事法治模式,而以恢复性司

法理念为基础，采用非行刑化、非监禁化的措施矫正违法犯罪者，其特点有以下几点：

一是矫正对象特定化。社区矫正的对象是违法犯罪后被判刑、收容但不适用监禁等设施内矫正的违法犯罪人员。一般来讲，社区矫正适用的对象是那些违法犯罪情节轻微、对社会危害不大的犯罪人员。

二是矫正性质具有刑事制裁性。社区矫正与监狱矫正（即设施内的矫正）都是刑事制裁的措施，都是经国家审判机关依法定程序判决后所采取的刑事执行措施，它是行为人实施违法活动后的犯罪后果。二者不同之处在于，矫正的地点是在社会还是设施内实施。

三是执行措施的非监禁化。前面已经提到，社区矫正与监狱矫正都是刑事制裁的措施，社区矫正是将违法人员在社区环境内进行社会化再改造，并不脱离正常的社会生活。与设施内矫正相比，一方面，被矫正者虽然人身自由受到一定程度的限制，但仍具有更大的自由度；另一方面，保持健全的家庭生活在很大程度上满足了被矫正者的情感需要，有助于塑造健全的公民人格。

四是社区矫正的社区参与性。违法犯罪人员在社区实施矫正工作，使矫正对象与社会生活产生密切联系，能够体现相互互动的过程：一方面是指犯罪人积极参与所在社区的各种有意义的活动；另一方面是指社区工作人员广泛利用社区资源开展社区矫正。

（三）社区矫正的理论基础

在如何对待犯罪人员的问题上，形成了两个重要的理论学派，即刑事古典学派和刑事近代学派。前者以贝卡里亚、费尔巴哈、康德等人为代表，主张报应刑，认为刑法的本质在于对犯罪的报应，表明刑法是国家对犯罪这种恶害行为的反对和否定。后者以龙柏罗梭、菲利、李斯特等人为代表，主张目的刑，认为刑法的价值不在于报应犯罪，而是一种保护、防卫社会的手段，同时希望借助刑法教育犯罪人员，使其能够重新回归社会。

其实，矫正教育的理论经过复归社会理论与教育刑理论的影响后，最终才形成了刑法人道化思想。复归社会理论主要流行于19世纪下半期和20世纪上半期，该理论认为所有罪犯都是可复归的。教育刑理论源于李斯特所主张的教育刑，该理论认为对于违法犯罪人员应当加强教育和矫正的力度，达到使其弃恶从善、重新做人的目的。在世界各国，刑罚人道思想已经成为主流，是指在刑罚执行过程中，把犯罪人员当做人来对待，充分尊重他们的人格尊严。

二、社会工作的主要内容

社区矫正中提供的社会工作服务，是指以社区为基础的矫正、治疗罪犯的措施，包括缓刑、假释及各种重返社会的制度。社区矫正是矫治社会工作的最主要的工作领域，矫治社会工作者在社会处遇中主要提供以下服务。

（一）缓刑、假释、监外执行人员的观护

缓刑称暂缓量刑，也称为缓量刑，是指对触犯刑律，经法定程序确认已构成犯罪、应受刑罚处罚的行为人，先行宣告定罪，暂不予以量刑，由特定的考察机构在一定的考验期限内对罪犯进行考察，并根据罪犯在考验期间内的表现，依法决定是否适用具体刑罚的一种制度。假释，是对被判处有期徒刑、无期徒刑的犯罪分子，在执行一定刑期之后，因其遵守监规，接受教育和改造，确有悔改表现，不致再危害社会，而附条件地将其予以提前释放的制度。监

外执行,是指被判处有期徒刑或者拘役的罪犯,由于患有严重疾病需要保外就医,或者妇女怀孕或正在哺乳自己的婴儿,不适宜在监狱或其他劳动改造场所执行刑罚,可暂由罪犯原居住地的公安派出所执行,并由罪犯原属的基层组织或者所在单位协助监督的一种特殊的刑罚执行方法。依据《最高人民法院最高人民检察院公安部司法部关于开展社区矫正试点工作的通知》的规定,这几种社区矫正是我国目前试行的重点内容。上述社区矫正中,犯罪人员不仅要遵守及时汇报工作、生活和居住情况,未经批准不得离开居住地等法律法规的规定,还必须接受社会工作者提供的矫正服务,接受辅导,保持良好的品行。

(二) 未成年人员的观护

由于未成年人犯罪与成人犯罪有着显著的区别,因而在责任认定、刑罚执行模式上都有所不同。一般来讲,如果犯罪人员是未成年人,那么在执行刑罚时应当首先考虑的是社区矫正,而非设施内的矫正。在美国,有关未成年人犯的社区矫正制度越发成熟,转处已经成为处理未成年人犯的有效策略,社会机构、可以替代学校的机构、青年服务局等都是运用最为广泛的中转机构。另外,许多州一直热衷于非居住方案,在这种方案中,未成年人犯白天参加矫正活动,晚上回家里居住。这些走向社会的方案对未成年人犯来讲是值得广泛推广的,为未成年人犯提供了自我认识和自力更生的机会。

(三) 吸毒人员的观护

对于吸毒人员,世界各国都对成瘾者采取相应的强制戒毒和治疗措施。在我国,根据《戒毒条例》(国务院令第 597 号),戒毒工作坚持以人为本、科学戒毒、综合矫治、关怀救助的原则,采取自愿戒毒、社区戒毒、强制隔离戒毒、社区康复等多种措施，建立戒毒治疗、康复指导、救助服务兼备的工作体系。县级以上地方人民政府公安机关负责对涉嫌吸毒人员进行检测，对吸毒人员进行登记并依法实行动态管控，依法责令社区戒毒、决定强制隔离戒毒、责令社区康复，管理公安机关的强制隔离戒毒场所、戒毒康复场所，对社区戒毒、社区康复工作提供指导和支持。根据《中华人民共和国禁毒法》及《公安机关强制隔离戒毒所管理办法》（公安部令第117号）的规定，对怀孕或者正在哺乳自己不满一周岁婴儿的妇女，强制隔离戒毒所应当通知强制隔离戒毒决定机关依法变更为社区戒毒；对戒毒人员不满十六周岁且强制隔离戒毒可能影响其学业的，强制隔离戒毒所可以建议强制隔离戒毒决定机关依法变更为社区戒毒。以上情况由负责社区戒毒工作的城市街道办事处、乡镇人民政府加强帮助、教育和监督，督促落实社区戒毒措施；社会工作者应当在这一过程中为戒毒者提供心理辅导，帮助他们积极地解决生活、工作上的具体困难，有效地降低复吸率。

三、社区矫正的工作介入

矫正社会工作介入社区矫正能够取得被矫正者的信任，有助于顺利完成矫正工作。社区矫正工作者将被矫正者视为能动的主体，促使其尊重自己，反思自身的不足，面对自身的不足，努力适应社会变化，加速其再社会化。通过社会工作的介入，社会工作者可以调动社区居民的帮扶热情，清除其对矫正对象鄙夷、排斥的刻板印象，营造社区互助氛围，达到“去标签”的理想效果。

（一）专业化的工作理念与工作技能

在国外，社区矫正工作者作为一项专门的职业技能，他们不仅拥有专业的理念，而且在提供服务时采用专业的方法。而在我国，由于将社区矫正视为惩罚犯罪人员的执行措施，这在很大程度上决定了社区矫正工作者不仅充当司法机关的执法人员，还承担着部分社会职能。从现行相关规定来看，我国社区矫正工作者主要包括原监狱干警、原学校教育工作者、现街道司法工作者、社会招聘的工作人员等。他们的职能有着明确的分工，监狱干警作为社区矫正工作者的主要职责是负责刑事执法，其他的社会工作者被定位为社工，主要职责是负责社会工作的管理和服务。

矫正工作者为犯罪人员提供矫正服务时，不能单纯地就事论事、改变认知、浮于表象，否则很难从根本上解决被矫正者的行为认知，不能达到促使被矫正者顺利回归社会、恢复正常社会成员日常生活的目的。矫正工作者应当利用自身的专业知识和技能，与被矫正者建立平等的矫正关系，尊重被矫正者，获得他们的信任和支持。社会工作者应具有专业的工作理念，采用个案辅导方法，了解被矫正者所处的不利环境，有针对性地提出矫正方案，为被矫正者情绪、认知、行为、人际关系等方面的诸多不足或缺陷提供帮助，从个体、家庭、社区到社会系统化地解决案主(矫正对象)所面临的问题。

(二) 协调政府与非政府部门之间的关系

社区矫正制度是我国司法体系改革的创新之举，它体现了社会的进步，展现了对人的价值、尊严的尊重。在我国，社区矫正带有浓厚的行政色彩，由政府部门提出，政府部门设计和举办，最后由政府部门实施，大多数矫正工作者都是相关部门的工作人员，而仅有部分来自社会招募。这就决定了我国社区矫正制度的特殊性，要求社会工作必须协调好政府部门与非政府部门之间的关系。一方面，非政府部门能够有效发挥自身的长处，在比较敏感的领域有较长的服务历史和丰富的服务经验,善于动员民众对公益事业的政治支持,其生产成本相对于政府的生产成本也较低。另一方面,将一部分由政府部门主导的社区矫正工作转移给非政府部门,可以调动非政府部门从事社区矫正工作的积极性,同时矫正服务的质量也有很大的提升。

矫正社会工作者在协调政府与非政府部门之间的关系时,需要进一步完善社区矫正机制和体制,厘清现有社区矫正各部门之间的职能划分,明确各部门职权,在实现公检法相互协调的基础上,由非政府部门进行具体的操作实施。政府部门涉足社区矫正工作更多的是为矫正工作者提供多元化、系统化的矫治服务,实施对非政府部门矫正工作效果的监督与评估。允许非政府部门进入矫正工作领域,提供服务,将矫治社会工作正式接纳为社区矫正制度规范和工作队伍的有机组成部分,使社会工作在社区矫正工作中取得正式的地位,发挥专业方法的优势,能够促进社会的公平正义,从而为社会工作在中国的健康发展创设条件。

(三)宣传和动员社会成员积极参与社会工作

社区矫正改变了监狱矫正的刑罚执行模式,它为未成年犯、老弱病残以及犯罪情节轻微、社会危害不大的初犯和过失犯等犯罪人员提供了宽容的社会空间,使犯罪人员获得了他人对自己的尊重以及逐步适应社会的生活方式。然而,我国社区矫正的普及度并不高,社会成员对社区矫正工作还存在很多误解和担心,矫正社会工作对犯罪人员的矫正效果持怀疑态度,他们对犯罪人员所形成的刻板形象一时难以消除,而这种印象又为犯罪人员的再社会化设置了障碍。为了提升社会成员对社区矫正工作的理解,消除社会成员对犯罪人员的负面印象,需要矫正工作者在开展社区矫正工作的同时,加大对矫正社会工作的宣传力度,通过报纸、广播、电视、互联网、讲座、论坛、宣传单等多种途径和方式，使社会成员了解矫治社会工作的价值理念，接受社会工作的工作方法，辟除对犯罪人员的传统认知，接纳社区中的矫正对象，为矫正工作的顺利开展营造良好的社会氛围。充分利用这些途径和方式宣传后，社会成员不但成为被矫正者、帮助者和支持者，而且能够改变被矫正者的外在形象，最终达到预防犯罪的效果。

四、社会工作介入社区矫正的价值

社区矫正作为与监狱矫正对应的刑罚执行措施，体现的是一种宽容精神和对人性的关怀。但其作为刑罚替代性措施，究竟能给社会带来一些什么作用并且又会产生哪些影响，这是社会工作介入社区矫正的前提条件。在过去短短几十年的时间里，社区矫正已经取得了很大的发展，主要是由于在推行社区矫正的过程中采取了人道主义的价值理念，社会工作者们运用社工的专业知识和方法帮助矫正对象获取基本需求，满足他们的情感需要，使他们能在精神上获得更多的人性关怀，早日融入主流社会，过上正常人的生活。

（一）体现宽容精神

宽容是人道主义的重要标志，也体现出一个国家和社会对待违法犯罪人员的态度。社会工作渐渐融入社区矫正，显示了国家对危害他人及社会的违法人员并不是完全放弃，而是让他们重拾机会和希望，使他们在相对宽容的社会环境中感受到别人对自己的关怀和关切，让他们理解社会不会抛弃自己，从而勇敢地面对自己的生活。

在我国，将社会工作积极引入社区矫正符合我们宽严相济的刑罚理念。为了使人民法院在刑事审判工作中更好地贯彻落实宽严相济的刑事政策,最高人民法院于2010年发布了《关于贯彻宽严相济刑事政策的若干意见》,强调了宽严并用,反对偏轻偏重,并强调法律效果和社会效果的有机统一。宽严相济政策作为中国的基本刑事政策,其目的不仅仅在于为刑事司法活动提供明确的政策标准和界限,规范司法行为,更深远的目的在于最大限度地缓和社会矛盾,化消极因素为积极因素,进而促进社会的和谐稳定。

（二）体现人性关爱的理念

虽然被矫正者都是服刑人员,但他们和社会上其他正常人一样,拥有自己的情感需要,这是社会工作介入社区矫正的重大突破口。在欧美发达国家,社会工作者不仅关心被矫正者的衣食住行,而且更关心被矫正者的心理活动和情感。事实上,由于被矫正者是服刑人员,其自身和家人常常会受到来自他人的不解与看轻,情感需要是最迫切的。这时候,社会工作者就需要对症下药,积极解决其内心顾虑。

（三）有助于顺利完成刑罚,促使被矫正者顺利回归社会

社会工作介入社区矫正最根本的目的是使矫正对象能够顺利回归主流社会,实现再社会化,使其最大限度地在正常社会中生活。一方面,监禁矫正采用被矫正者与社会分离的方法,使被矫正者在封闭式的环境内生活,这常常导致被矫正者之间彼此传习犯罪技巧和行为恶习。但社区矫正使被矫正者在社会环境下生活,社会工作者能够对其进行正规的引导。另一方面,社会工作者能够运用专业的知识和技能,帮助被矫正者面对自身的问题,改变不良习惯,加上有力的社会监督,可以较好地矫正罪犯的反社会人格。因而,社会工作介入社区矫正不但能使违法犯罪人员顺利完

成刑罚，还能促使被矫正者顺利再社会化。

（四）有利于提高刑罚执行的效益

效益作为社会运行和发展水平的客观比值，是人们在各种实践活动中所实现的效能的集中反映，也是社会孜孜以求的矫正目标之一。刑罚执行中的效益是指，通过最小的刑罚执行成本取得最佳的社会效果。由于关押人员过多，已经给许多国家的财政带来巨大压力。众所周知，监狱矫正的成本是社区矫正的几倍甚至十几倍。社区矫正的推广，利用社工矫正违法犯罪情节轻微、危害不大的犯罪人员，能够缓解监狱矫正者人数上升的压力，也使得国家在财政方面的成本支出大大降低。

方　永

第三章　矫正工作中所采用的社会工作价值与理念

“社会工作是一个以价值为本的专业。它不仅是做事情的一种方式，而且是关于做什么事情的准则。”[①]理念不仅是代表社会工作者的庄严的偏爱，而且也是社会工作方法所产生的源泉[②]。社区矫正作为一种非监禁性刑罚执行方式，之所以能在现代社会被联合国及世界各国普遍接受和采纳，是因为在其背后包含了若干深层合理的基本价值理念。社区矫正实践中，工作人员要有强烈的工作理念，时刻提醒自己坚持社会工作的理念，从理念到态度到方法都要符合社会工作的价值追求，才能使矫正工作目标明确、措施得力、方法到位。

第一节　社会工作价值概述

一、社会工作价值在社会工作中的地位

社会工作是与价值密切相连的工作之一，关于社会工作价值

① 王思斌：《社会工作概论》，高等教育出版社 2001 年版，第 41 页。
② 同上。

对社会工作的意义，可以从以下几个方面加以说明。

（一）社会工作的产生与发展

从社会工作的产生与发展历史来看，随着工业化进程的推进，社会弱势群体逐渐增多，他们迫切需要来自社会的帮助。在这种背景下，社会工作应运而生。它一开始就是福利事业的一部分，福利制度和价值又是不可分离的。早期的社会工作不是现代意义的社会工作，只是零星地展开。怜悯是当时社会工作者所具有的价值理念，他们认为，扶持和帮助弱者并非社会工作的本质，也非社会的责任，而是将其视为富人对穷人的施舍。现代意义的社会工作的价值理念发生了根本转变，把对弱者的帮扶和救助视为政府和社会义不容辞的责任与保证社会稳定和谐的必要举措。

（二）价值与社会关系的总体关系

从价值与社会关系的总体关系来看，社会工作学者高登斯坦指出："价值被认为是社会工作定义的基础，它们同时被看做是它唯一的基础或不可缺少的基础之一，它们还被认为是社会工作技术的源泉，是对某些人进入某种职业的动机和社会工作者与案主关系互动的特征、关系的解释，总之，在社会工作的机构中，价值被置于重要的战略地位。"①列维也指出："社会工作是一个以价值为本的专业。它不仅是做事情的一种方式，而且是关于做什么事情是有价值的和它应该如何去做的准则。对于人们，它充满着理想主义的抱负和关于人们应该如何被对待的理想主义理念。"②

① 李迎生：《社会工作概论》，中国人民大学出版社 2010 年版，第 67 页。
② 同上。

（三）价值与社会工作者的关系

从价值与社会工作者的关系看，价值是一个成熟的社会工作者生命意义的重要组成部分乃至全部。高登斯坦把社会工作者称为“价值注满的人”。作为一个理想的社会工作者，必须将社会工作价值内化为自身的信念，无论在心理还是行为上都顺应这种“潜意识”的支配，并将其作为工作行为的灯塔，引导社会工作的顺利开展。虽然价值目标有度，但是实现价值目标的方式和方法却是无量的，前提便是社会工作者秉持社会工作的价值理念。

（四）价值与社会工作方法的关系

从价值与社会工作方法的关系来看，每个社会工作者在从事社会工作的实践中，肯定会找到某种价值实现的方式或方法。价值对社会工作方法或方式的选择与运用有着重要影响。社会工作方法或方式需要价值的引导或制约，不受价值指引的方法或方式是盲从的，不利于社会工作目标的实现。同时，价值与社会工作方法或方式又存在互动关系。实现一定的价值可以灵活采取一种或多种方法、方式；没有方法、方式支撑的价值体系是空洞的。

二、西方社会工作价值体系

西方社会工作价值体系大致可以划分为三种取向。

（一）从个人角度讨论社会工作的价值

泰彻将社会工作的基本价值概括为：每一个人都有作为个人的尊严和价值；每一个人都有应该受到尊敬和得到周到的对待；每一个人都应该参与影响自身的决策；每一个人都应该自由发展自

己的能力和天赋；每一个人都应该公平地分享对物品和服务的控制；对实现理性行为所必需的信息，每一个人都应该具有完全和自由获得的权利。列维的表述则是：每一个人都应享有社会福利；每一个人都要有其尊严等等①。

（二）从社会的角度讨论社会工作的价值

这种价值观的持有者比较罕见，主要有戈登的归纳：个人应受到社会的关怀；每个人对他人都负有社会责任；社会有责任消除个人自我实现的障碍，以帮助个人自我实现。这种价值取向主要是从社会角度出发，强调社会责任，注重社会对个人的服务。

（三）从个人与社会相结合的角度讨论社会工作的价值

比斯台克认为社会工作的基本价值包括：一是人的责任。人有与生俱来的内在动力和责任，以发挥其潜能，实现社会功能，完成自我实现。二是社会的责任。社会有责任建立和维持公正、和平与秩序，并且创造和自我实现有关的条件与资源，以帮助个人自我实现等。柏伊姆将社会工作所奉行的基本价值归纳为：第一，每个人都有自我实现的权利，也有寻求达到此项目标的能力。社会工作珍视每个人自我实现的潜能，维护其达到自我成就的权利，努力配合社会状况，应用社会资源促使其实现自我成就。第二，社会有义务协助个人发挥其潜能，也有权利利用其成员的贡献使社会本身更富足、更充实。个人与社会的关系是相互的：个人有权利与义务去实现自我，社会也有权利与义务要求并协助个人发挥潜能。当个人的能力得到社会的激励与诱导而竭力发挥时，社会

① 转引自李迎生：《社会工作概论》，中国人民大学出版社 2010 年版，第 73 页。

便因而更富足、更充实等[①]。

应该说，以上三种价值取向的划分都是相对的。西方文化更倾向于体现个人价值，社会工作价值体系中也更多强调和注重个人基本价值，故最终落脚点都放在重视个人的尊严与自由。

三、我国社会工作价值体系

我国的社会工作价值在西方价值基础上产生。西方的价值体系建立在西方的价值观基础之上，而东西方的价值观与其存在较大差异。社会工作价值体系的构建是有效开展社会工作的基础性、前提性工作之一。因此，要做到社会工作价值体系的本土化，必须构建中国社会工作的价值体系。

（一）我国传统社会的福利思想

我国传统文化特别是社会思想中关于社会救助、社会福利思想的内涵十分丰富，这些思想也是构建我国社会工作价值的源泉。早在周朝就有体现民本主义的社会福利思想。例如，《周礼》规定由政府出资进行社会救助，其中最典型的是作为一项普遍实行的社会救助制度的“保息六政”——涉及幼儿救助、老人救助、残疾人救助、疾病救助等方面，并从爱幼、养老、济贫、救灾、医疗、安富六个方面对社会福利作了比较完整的描述[②]。儒家、道家、法家思想对社会福利问题也都有所涉及。例如，孔子的“仁爱”思想、墨子的“兼爱”思想，以及孟子的“老吾老以及人之老，幼吾幼以及人之

① 转引自李迎生：《社会工作概论》，中国人民大学出版社 2010 年版，第 71—72 页。

② 李晓凤：《社会工作——原理·方法·实务》，武汉大学出版社 2008 年版，第 91 页。

幼”、范仲淹的“先天下之忧而忧，后天下之乐而乐”等，都含有“爱人”“助人”“人的责任”等现代社会工作所追求的理念，这些都是我们应当加以充分发掘的[①]。同时，佛家思想有关社会福利问题的论述对我国社会福利思想也有重要影响。佛家鼓励人人行善济贫而勿行恶，强调众生亲近民众，笃行善举而利众生等。显然，这种慈善观与博爱观具有强烈的利他主义特点。

（二）我国当代社会福利思想

改革开放以来，我国的社会思潮也发生着变化，我们的政府及民众都树立了新理念、新意识、新观念。政府首先更新执政理念，始终代表中国先进文化的前进方向，代表中国最广大人民的根本利益，以人为本，在科学发展观、构建和谐社会的战略方针的引导下，推行服务性政府建设，全力打造“小政府、大社会”，并积极探索“社会福利社会化”的改革途径。目前，我国的社会福利制度越来越重视“公平原则”，无论是经济发展还是教育问题都进一步关注弱势群体的利益，强调个人的发展，以个人的全面发展带动社会的全局发展。

（三）我国社会工作价值体系的建构

通过我国传统社会工作实践理念的积累和对西方社会工作价值精华的借鉴，我们要积极探索构建我国社会工作价值体系。

一是社会工作的核心价值。社会工作的本质特征是服务社会，以利他人。这也是社会工作的核心价值。社会工作的价值通过社会工作者的工作得以体现，因此，一个合格乃至优秀的社会工作者的工作价值可以阐释社会工作的价值。一个成熟的社会工作

---

① 李迎生：《社会工作概论》，中国人民大学出版社 2010 年版，第 81 页。

者必须重视职业道德建设,爱岗敬业、接纳个别、尊重案主、信任案主、平等对待,以协助案主实现社会化的矫正。

二是社会工作的社会价值。在社会工作中,社会价值是高高在上的,它对其他价值而言处于指导和决定的地位,是社会工作价值体系的基础层次[①]。社会的主流价值是开放的、与时俱进的,而并非封闭和一成不变的。在当今市场经济条件下,与市场经济文化相容的价值观一般包括自由、平等、公正、诚实守信、竞争等理念。夏学銮教授认为,平等、信誉、独立、礼貌、报复、勤奋和竞争这几个方面的价值理念在一定程度上反映了当前中国社会的主流文化价值观,因此可以成为中国社会工作的价值体系基础的组成部分[②]。

三是社会工作中个人价值和社会价值的协调与统一。我国作为一个社会主义国家,从根本上来说,个人价值和社会价值是统一的;但有时也存在着矛盾、摩擦乃至冲突,需要社会工作者从中加以协调、疏解直至消除,使之重新统一起来。

在社会主义条件下,个人价值和社会价值的统一表现为:个人的存在和发展是社会存在和发展的前提,社会的和谐稳定则为个人成长和自我实现提供良好的外部环境;个人健康、幸福、教育良好是社会所追求的基本目标;社会帮助个人解决生存、发展所面临的问题是社会良好性运行、协调发展的必要条件;等等。

当然,西方社会工作价值冲突的一些表现,在社会主义条件下也会不同程度地存在。具体来说,个人价值与社会价值的矛盾、冲突表现为:个人眼前利益与社会长远利益的矛盾;个人局部利益

---

① 李晓凤:《社会工作——原理·方法·实务》,武汉大学出版社 2008 年版,第 94 页。

② 同上书,第 95 页。

与社会利益的矛盾;个人需求的无限性与社会所能提供资源的有限性的矛盾;个人自由与社会控制的矛盾;个人权利与社会责任的矛盾;个人自我决定与社会协调的矛盾;等等。随着社会生产力的进一步发展和社会工作体系的不断完善,这种矛盾、冲突将进一步走向协调与统一。

第二节 社会工作理念概述

任何社会工作的开展都是社会工作者在一定的理念基础上进行的,可以说,社会工作理念是社会工作实践的基本前提和操作指南。它不仅规范了社会工作的目标和意义,也规范了社会工作的基本技巧和方法,以及社会工作机构、社会工作者的行为和态度[①]。因此,社会工作理念对于社会工作者来说是其开展各项服务工作的灵魂和统帅。

一、以人为本的社会工作理念

以人为本是社会工作的理念基础。"人性""人性化"作为人文精神、人文关怀的根本要义,构成了马克思主义哲学的一个根本性维度[②]。社会工作理念主张,没有一个人生下来就会犯错,简单地、粗暴地惩罚,肯定无益于问题从根本上解决,重要的是给予案主充分的关注,关注其内心的感受,关注其本人想法,以人为本。以人为本要求不以个人的主观看法定性案主,而是将案主作为一

① 李迎生:《社会工作概论》,中国人民出版社 2010 年版,第 64 页。
② 转引自张晶:《走向启蒙——基于监狱·矫正的视角》,法律出版社 2008 年版,第 150 页。

个独特的个体，时刻保持一种相信、接受和尊重对方的人格的态度。社会工作强调每个人都有与生俱来的价值和尊严。因此，不管被矫正对象实施了多么恶性的犯罪行为，社会工作者都要理解并接受案主作为一个人的价值与人格的发展潜能，任何个体做出这样那样的行为都有其深刻的历史原因和现实原因，都应该尊重其人格。透过尊重，唤醒案主的自尊，激发他重新审视自己，肯定自己的价值，从而恢复自信。社会工作者以人为本的工作理念可以为案主营造一个温暖、轻松、自由的环境，使其消除心理戒备，愿意与工作者建立起信任、和谐的关系，从而有利于开展下一步的社会工作。只有社会工作者坚持以人为本，恪尽职守，践行敬业、真诚、尊敬人、扶持人的专业价值意识和价值理念，案主才会积极配合社会工作。否则，将影响社会工作者与案主之间良好互信关系的确立，导致案主虚情假意、消极应付、逆反抵抗，难以收到预期的效果。

社会工作者秉持以人为本的工作理念与社会工作专业倡导的尊重和接纳案主原则相契合。尊重，即要求社会工作者尊重案主的尊严和人格，包括对案主合法、合理自主决定的尊重；接纳，是指社会工作者客观、真实地理解案主，在尊重的基础上对待和接受案主。就接纳的实质精神来看，是尊重和接纳案主个人，而不管其是什么样的人或做过什么样的事，甚至案主有不适法的缺点、偏激的品质、负面的影响、负向的态度和行为等。同时，接纳也意味着社会工作者要忍受这些不同类型、不确定的个人因素，冷静处理工作。但是，接纳不等于认同。社会工作者要在接纳的基础上，理智分析问题，通过沟通工作，化解案主的内心矛盾，使其重新走向阳光生活。接纳对于社会工作者和案主的功能是双向的。一方面，接纳能帮助社会工作者真正了解、认识案主，保证工作的针对性开展。另一方面，接纳能帮助案主走出自己设计的“心理框格”，突破心理防线，充分认识自我、表达自我，乐观接受帮助和治疗，从而能够改变自身固有的偏见。不过，由于社会工作者不能接纳案主或以自我为中心以及个人的偏见等，会形成工作者接纳的障碍，因此，社会工作者应努力克服这些障碍，以促使自己不断成长[①]。接纳是社会工作在矫正工作中的基本价值理念，只要进入社会工作领域，受助者将得到同样的待遇。社会工作者会从矫正对象自身的认知、情绪行为、人际关系等方面存在的不足或缺陷入手，调动社会资源，运用小组、个案、社区三大社会工作专业方法帮助案主增能，尽快恢复社会功能，融入生活。

二、助人自助的社会工作理念

助人自助是社会工作者最基本的价值观和根本魅力所在。助人自助作为矫正社会工作的基本价值理念，提倡关心人、尊重人、以人为中心的世界观，深信人性具有高度的可塑性和丰富的“潜藏”，只要给予机会，定能重新回归主流社会。社会工作的助人自助，是指期望通过具有专业知识、技能的人的帮助，使案主增强其独立性，在日后遇到类似的生活挫折和困难时，可以独立自主地加以解决。社会工作过程中并非单纯地为案主提供物质帮助，而是致力于案主自信的恢复，促进其自我发现、自我实现，从而帮助他们重新走上社会正轨。所以，社会工作者助人的过程更是一种对案主心灵支持的过程，可概括为：与其授人以鱼，不如授人以渔。助人自助以尊重、真诚为前提。尊重是沟通的前提，正因为具有这样的工作理念，社会工作者才能在助人过程中游刃有余。所以，诸

① 李晓凤：《社会工作——原理·方法·实务》，武汉大学出版社 2008 年版，第 86 页。

如源于西方的“何必硬要教会猪唱歌？把它逗恼了，还会被咬！”及来自中国传统的“朽木不可雕、孺子不可教”的思想应被社会工作者加以否定。相反，应该本着“有教无类”的精神，坚信案主的创造性及自决能力，坚信自身的感召力及案主的领悟力，帮助案主回归社会主流。

三、案主自决的社会工作理念

所谓案主自决，指在社会工作实务活动的过程中，案主有权利自由选择自己的需要和权利；社会工作者有义务充分地尊重案主的权利与选择，而不能将工作者自己的意志强加于案主[①]。迈克·赫姆(Michael Home)认为：“社会工作者应当鼓励和促进案主作出自己的决定并按照自己的标准去生活的能力。社会工作者不应当欺骗或驱使案主进入一个违背他的真实意愿的活动过程。”[②]可见，案主自决要求社会工作者在案主拥有自决的意志和能力、自决的方向和后果对社会及他人绝对无害的情况下尊重其个人选择和决定。这里所说的“自决”不但包括个体意志自由方面的自决，还包括实际行为方面的自决。要求社会工作者在工作中，应当充分尊重案主，不限制案主，不干涉案主，避免过度影响案主，而真正赋权于案主自己作出决定，尽一切努力去扩增案主自决的可能性，以保障案主权益。

案主自决是社会工作实践中的一项核心理念，充分体现了社会工作者对案主个人价值、潜能和主观能动性的尊重，其精神实质与西方文化中的个人主义价值观有密切的关系，强调对案主权益

---

① 转引自戴香智、侯国风：《“案主自决”的局限及其实践选择》，《湖南医科大学学报(社会科学版)》2009 年第 5 期。

② 同上。

的保障[①]。在助人过程中，社会工作者必须面对不同的案主，而这些案主都有自己独特的个人价值观体系。同时，案主所秉持的价值观还会影响其态度、想法和行为。不仅如此，有时候，案主的价值观体系还会同其父母、学校、社会的价值观体系产生冲突。例如，当社会工作者面对的矫正对象是未成年人时，其价值观常常表现为独立或自主，但其父母则可能想控制、支配或操纵案主。罪犯所秉持的价值观常常是侵犯常规的社会价值观，实施的是反社会的行为。作为一名有经验、成熟的社会工作者，面对案主的不同价值观，应理解价值观的多样性源于不同的性别、种族、阶级、年龄、文化、成长环境的影响，因此，每位案主的主观感受和价值观也是独特的。对此，社会工作者可以运用接纳的理念，在尊重每个个体的差异性的同时，协助案主认清他们的价值观，鼓励案主主动表达，协助其舒缓压力，逐渐让他们认识自身潜能，端正思想，慢慢成长。

在社会实践中，社会工作者坚持案主自决的基本理念在很大程度上可以通过对案主遇到的问题提出解决的方案或建议来实现，但也并不是给予案主自决以绝对的优先权，不等于社会工作者可以袖手旁观、不闻不问，而是要留意矫正对象点点滴滴的进步，积极鼓励，关注和肯定案主的正确选择，认同他的正面表现，表彰他的积极言行。社会工作者既要尊重案主自决，又要适时地提醒案主注意涉及自身、他人、社会等各方面利益的问题。当然，社会工作人员的专业知识、技巧仅表现在协助案主发现问题所在、发掘解决问题的对策方法等方面，而并不是用来指导案主作出最终选择，以致取代案主的自决地位。社会工作人员的建议仅仅是案主

---

① 王建：《社会工作"案主自决"原则在中国本土实践中的困境》，《社会工作》2010年第3期。

自决时的参考材料，而并非开给案主的良药处方。

我国作为一个历史悠久和文化底蕴深厚的国家，固有的本土文化提倡儒家思想、集体主义，儒家思想强调的“仁者人也”“仁者爱人”，这里的“人”与西方“以人为本”中的“人”的概念有所不同。前者指宗法人伦，核心要点是亲属、血缘、人伦关系，后者强调作为个体的人。这是由中西文化的差异性决定的，中国传统理念一直强调“三纲五常”的伦理等级，个人要服从家长，个人要配合家庭或集体利益，从而忽视了个人利益与权利。案主自觉原则作为西方文化的产物，在中国的本土化过程中难免存在一些问题，但其思想并非和我国的具体情况完全对立而没有契合点。首先，时代在进步，社会在发展，我国国民的权利意识逐渐觉醒，主体性逐渐增强。关于人的“尊严”“主体性”“权利”等基本问题的讨论越来越多，公众的法治意识日益增强。其次，随着对儒家传统文化和集体主义的进一步深入研究，更多关于人的“尊严”和“主体性”等的观点将会被发掘、探讨，从中国传统文化中找到案主自决理念的思想基础。再次，伴随着“以人为本”“和谐社会”“科学发展观”以及“中国梦”的提出与实践，我国社会将从更加宽广的视野推动人的全面发展，人与社会的和谐必将到来。

第三节　社会工作价值与理念运用于社区矫正的依据

一、理论依据

在文化知识的发展日趋多元化、细化的今天，两种不同理念能彼此联系、有机融合在一起，主要是它们本身之间存在某种统一性。社会工作的理念之所以能够运用于社区矫正中，关键是在于社区矫正与社会工作之间具有内在的统一性，如目标、性质、功能等，其中性质的统一性是最根本的。因此，这里着重讨论社区矫正与社会工作在性质上的统一性及社区矫正的目标。

（一）国外社区矫正的性质分析

从国外的法律研究来看，社区矫正本身表明了其是监禁制度改革与发展的结晶，但对于社区矫正的法律属性存在极大的争议。在英国，社区矫正是一种刑罚方法和措施，是一种与剥夺自由刑及监狱矫正制度不同的在社区中开展的替代性措施[①]，是一种不剥夺被矫正对象自由的刑罚执行模式。我国学者刘强在对美国社区矫正的理论与实务进行研讨后认为，社区矫正在美国的法律性质是刑事执法活动。从目前美国的社区矫正项目来看，包括了审前转处、各种类型的缓刑和假释、社区劳役、家庭监禁、电子监控、中途训练所、日报告中心以及罚款、赔偿等项目，其内容涵盖了刑事诉讼的全过程，包括审前、审中和审后各环节的社区矫正措施与方案，其性质不仅是非监禁刑的刑罚执行，而且也包括了各种非监禁措施的落实及矫正项目的实施[②]。由于英美两国历史文化有着相通之处，而且两国的社会治安、不成文法传统也有相似之处，即形成了我们通常所说的英美法系。据此，英美法系对社区矫正性质的定位也具有相似之处。大陆法系国家对社区矫正的定位与英美法系国家对社区矫正的定性有所区别。大陆法系的社区矫正以缓刑和假释为主。对被裁定为缓刑和假释的犯罪人的考察、监督、指导和援助，由司法机关决定并由社区矫正机构执行，成为一种独立

① 王运生、严军兴：《英国刑事司法与替刑制度》，中国法制出版社 1999 年版，第 108 页。

② 王顺安：《社区矫正研究》，山东人民出版社 2008 年版，第 27 页。

的社会内处遇措施，这种措施在德国被称为“行为监禁”，在日本被称为“保护观察”，而在我国台湾地区则被称为“保护管束”[①]。大陆法系国家对社区矫正最普遍的认同为“保安处分”。

（二）国内社区矫正的性质分析

目前，我国学术界对于社区矫正和社会工作关系的理解主要有三种代表性观点。

第一种观点认为，“社区矫正不是一种社会工作”[②]。其根据在于突出强调社区矫正作为一种刑罚执行方式的本质。这种观点认为，社区矫正作为一种严肃的刑罚执行方式，它的首要特点是刚性的强制性惩罚，这与以“以人为本”“案主自决”“助人自助”为理念的社会工作相矛盾，据此否认社会工作与社区矫正在性质上的一致性。这一观点在司法理论研究者和实践者中相对比较流行。

第二种观点认为，“社区矫正是一种社会工作”[③]。其理由在于充分肯定社区矫正作为一种运用专业方法通过改善环境去帮助处于困难中的人，这种方式对帮助罪犯“康复”具有积极意义。这种观点的直接出发点在于认同社区矫正和社会工作一样致力于帮助作为弱势群体的罪犯，并将这种帮助作为一种责任和义务，据此，将社区矫正看做是社会工作涵盖的内容之一。这一观点在侧重社会学与社会工作理论的研究者和实践者中比较流行。

第三种观点认为，“社区矫正是专门机关工作与社会工作的结合体”[④]。这是对前两种观点的综合，既强调社区矫正是一种刑罚

---

① 王顺安：《社区矫正研究》，山东人民出版社 2008 年版，第 28 页。

② 刘强：《中外社区矫正之区别及比较》，《中国司法》2004 年第 4 期。

③ 王志亮、王俊莉：《关于我国社区矫正制度的思考》，《中国司法》2004 年第 1 期。

④ 廖斌、何显兵：《社区建设与犯罪防控》，《西南科技大学学报（哲学社会科学版）》2004 年第 1 期。

执行方式，又肯定它作为一种犯罪心理和行为矫正方式的本质。这种观点既承认两者存在一定的区别，又肯定两者在性质上具有统一性。

我们倾向于赞同第三种观点，认为社区矫正具有双重性质，它是司法机关工作与社会工作的结合体，社区矫正与社会工作在性质上具有统一性。无论是将社区矫正简单等同于社会工作，还是否认社区矫正与社会工作在性质上的统一性，都是片面的。前者削弱甚至抹杀了社区矫正作为刑罚执行方式的惩罚功能，有失乃至违背司法制度的公正性；后者则可能会对社会工作介入社区矫正设置心理障碍，影响社会工作专业理念、方法、技术的运用与融合。

毫无疑问，社区矫正作为刑罚执行制度改革的产物，与一般的社会团体或者群众组织有着本质的区别。但是，社区矫正不仅仅是一种与传统监狱刑罚相对的刑罚执行方式，而且还是一种将罪犯置于开放的社区中，旨在改变其不良心理和负向行为，从社会角度出发来帮助违法犯罪分子重新融入社会的矫正活动。因而它具有刑罚执行和社区矫正的双重性质。从矫正这一性质来看，社区矫正与社会工作的性质具有一致性，都是一种旨在帮助服刑人员的助人服务活动。两者的帮助对象都是存在社会化缺陷和人格不健全的急需帮助的弱势群体。所以，它们至少都具有一个根本的、共同的目标，即通过矫正工作，协助服刑人员恢复自己的社会功能，从根本上矫正其犯罪意识和犯罪行为，从而真正回归社会，实现社会的稳定。从这个意义而言，社会工作与社区矫正是统一的。

（三）社区矫正的实践目标分析

怎样从社区矫正的性质出发来探索社区矫正的根本目标，有必要引起我们的高度重视。从美国、英国、澳大利亚的法律规定来看，社区矫正的目的主要有三个：一是保护公民安全；二是帮助罪犯重返社会；三是更有效地运用资金，减少行刑成本①。以上三个目标分别是从政治目标、刑事执法目标和客观经济目标进行概括的。在我国开展社区矫正试点工作的起步阶段，最高人民法院、最高人民检察院、公安部、司法部就发布了《关于开展社区矫正试点工作的通知》，确立了试点工作的目的与要求，即"积极探索对罪行较轻的罪犯进行社区矫正，推进中国特色的刑罚执行制度改革，从根本上提高对罪犯的教育改造质量，预防和减少重新犯罪，实现国家的长治久安"。这一规定从政治目的和体制改革目的对社区矫正目标作了高度概括。作为社区矫正试点的北京市相关部门认为，社区矫正的直接目的是通过社区矫正组织进行的社会化教育，使罪犯适应并顺利回归社会；社区矫正的间接目的是增强社区公民的法律和社会责任感；社区矫正的根本目的是预防犯罪，维护社会稳定，实现国家的长治久安②。我们认为，确定社区矫正的目标必须明确四条原则。第一，有利于社会稳定的原则。社会稳定是社会经济、文化发展进步的前提，社会大局的稳定要靠作为社区的局部稳定来支撑。因此实施社区矫正必须有利于社会的稳定。同时，社区矫正的实施效果还直接影响了社区甚至是社会的稳定，为此，确保社会稳定是社区矫正目标确立必须考虑的首要因素。第二，有利于公众安全的原则。社区矫正对于罪犯来说，是一种以人为本的改造方式，是我国刑法制度的一次重大改革，但是社区矫正的开展必须要以社会公众的安全为前提。要充分衡量广大公众与被矫正对象的权利和利益，以不损害公众的家园安全感为条件，合

① 王顺安：《社区矫正研究》，山东人民出版社 2008 年版，第 162 页。
② 同上书，第 163 页。

理合法地开展社区矫正工作。第三，有利于预防和减少犯罪的原则。社区矫正之所以被世界众多国家及联合国接受，并成为刑罚执行改革及发展的趋势，原因就在于社区矫正相对于监督的封闭式改造更有利于罪犯的改造和回归社会、适应社会，以降低犯罪率。第四，与社区矫正相一致的原则。社区是社区矫正的平台，是社区矫正的根基所在，因而在确定社区矫正的目标时，必须考虑社区的特性[①]。社区具有监狱无法比拟的优越性，如开放性、自由性、平等性等，据此，确定社区矫正的目标时就必须考虑社区的这些特性。

综上所述，社区矫正的根本目标很容易排除监督管制。虽然社区矫正作为刑罚的执行方式，免不了要对被矫正对象实行监督管理，但是，如果因此将社区矫正的根本目标定位于对被矫正对象实施监管就会形成误解。首先，监管是刚性的、封闭性的、对立的，这完全偏离了社区的开放性、自由性、平等性，与以人为本的价值观相违背。其次，监管具有间断性。社区矫正工作人员的工作对象往往不只是一个人，而是要针对一群人，因此不可能一直追随着某个被矫正对象进行活动、开展工作。期间肯定具有一定的流动性，如果社区工作的目标是实现对被矫正对象的监管，那么后果可想而知，一旦被矫正对象脱离监管，那么将大大削弱矫正效益，社区矫正也因此失去制度设置的真正意义。何况，任何一个被矫正对象总会矫正期满得以释放，监管就不可能再继续。最后，如果以监管作为社区矫正的根本目标，将被矫正对象的一言一行都掌控起来，而不注重被矫正对象社会功能的培养，导致未能从根本上实现对诱导其犯罪的真正原因的解决，那么被矫正对象获释后，再次

① 章昱、费梅苹：《社区矫正实务过程分析》，华东理工大学出版社2008年版，第24页。

犯罪的危险性依然存在，并将随时危害公众安全。诸多研究和实践均已证实这一点。正是基于此，美国学者巴特勒指出，矫正的任务包括在罪犯与社会之间建立起一种密切的关系，以使罪犯恢复与社会、家庭的联系①。

社区矫正的根本目标是保证被矫正对象回归社会。在西方国家称之为"康复"。所谓回归社会，是指把被矫正对象放在社区，通过培养他们发现问题、解决问题的能力，让被矫正对象感受社会的发展，获得有关社会、生活、工作的信息，以形成新的生存和生活方式，让他们能够像社会中的正常人一样生活、工作，促使他们尽可能减少与社会的隔阂。也就是说，当被矫正对象离开矫正工作者也能照样正常生活，而不影响社区生活和社会稳定。之所以说把促进被矫正对象回归社会作为社区矫正的根本目标，主要是基于以下几点。

其一，只有被矫正对象回归社会，才能从根本上解决被矫正对象重新犯罪的根源。从这一层面上看，社区矫正符合了社区稳定、公众安全和预防犯罪的原则。也只有被矫正对象回归社会的情况下，才能保证其思想观念、行为方式、人际交往等与社会正常人一样。这就从根本上消除了重新犯罪的诱因，减少犯罪的发生。

其二，促使被矫正对象社会化与社区的特性相一致。社区具有开放性、平等性和自由性，这些特性为被矫正对象的观念转变营造了良好的氛围；社区公众的接纳与宽容的态度为被矫正对象塑造良好的社会形象树立了典型，只有这种人道的待遇，才能感化被矫正对象的心态，端正思想，好好做人。

其三，促使被矫正对象回归社会，也使得社区矫正实现了刑罚

---

① 张婧：《监狱矫正机能之观察与省思》，中国人民公安大学出版社 2010 年版，第 95 页。

执行与矫正的整合。社区矫正具有双重性，不但具有刑罚执行的严肃性，而且具有社会工作的服务性。刑罚执行的严肃性要求矫正社会工作者依照法律规定，运用相关方法帮助被矫正对象积极改造；社会工作的服务性要求矫正社会工作者积极协助罪犯挖掘潜力，顺利回归社会。相对于以前监狱封闭式的刑罚执行方式，社区矫正是刑罚制度改革的一次质的超越。回归社会要求被矫正对象具有社会适应能力，社会适应能力使被矫正对象具有合法的生活技能。因为，稳定的工作及收入对罪犯刑满释放人员的影响是巨大的。法律将犯罪分子放在社区矫正并非国家责任的全部，实际上这正意味着国家责任义务的开始。尽管国家应当惩罚犯罪，但同时也必须将其作为人来加以保护，使被矫正对象像其他公民一样具有自由和能力培养的机会。对此，国家负有不可推卸的责任。

二、实践依据

随着人类文明的不断进步，人们逐渐认识到以前的刑罚过于残忍、缺乏人性，刑罚的目的旨在防止人们实施犯罪，而不是进行社会报复，预防犯罪比惩罚犯罪更重要，而且"惩罚也只有在有助于预防犯罪的前提下才是正当的"①。自从刑罚进入"矫正时代"以来，行刑理念开始强调对罪犯的教育和改造，因此，如何实现对罪犯的教育和改造目的就成为刑罚必须予以重视的问题。刑罚理念的这一转变使社区矫正工作者有了新的变化，即除了传统的负责监管和惩罚犯罪的司法工作人员外，还出现了旨在帮助和改造

---

① [美] 克莱门斯·巴特勒斯：《矫正导论》，孙晓雳、张述元、吴培栋译，中国人民公安大学出版社 1991 年版，第 9 页。

罪犯的社会工作人员。这些新出现的工作人员主要就是心理学或精神病学家以及志愿者队伍。刑罚理念的转变和犯罪改造的需要为以“助人”为导向的社会工作进入司法领域创造了条件,并直接孕育了现代社会工作的一个分支——社区矫正社会工作。

在社区矫正产生以前,监狱一直是执行刑罚的主要场所,也是矫正社会工作的主要环境。然而,矫正社会工作在监狱内开展到底能起多大的作用,一直受到社会的质疑。在对监狱矫正的成功性进行考察时,詹姆斯·Q·威尔逊甚至得出结论,使用哪种方法使罪犯获得新生都没有多大差别:不管是职业训练还是学术教育,社会工作者或精神病学家所用的药方,或者是宽厚的监管制度,没有一种方法是非常成功的。他指出,因为在他们的监狱中所盛行的强制性和态度冷漠的环境下,使不情愿的个人发生变化是不可能的,所以,使罪犯获得新生的计划没有奏效,改变条件可能也没有用①。20 世纪初期以后,矫正社会工作最终把视野投向了监狱外。现代社会社区的蓬勃发展,为刑罚场所提供了最佳选择,社区矫正应运而生。以美国为例,根据 2001 年 12 月 31 日的统计,缓刑犯为 383.953 2 万人,假释犯为 71.552 7 万人,两项合计为456.505 9 万人;同一天美国被监禁的犯人总数和为 138.189 2 万人,被监禁的犯人数总数仅为缓刑和假释犯人总数和的 30.27%。这也就是说,被监禁的犯人总数不到社区矫正犯人总数的 1/3②。可见美国的社区矫正在美国的司法矫正体系中占据主要地位。

20 世纪 60 年代以来,随着社会问题的日益严重,解决社会问题的需求不断增大,社会工作又获得了新的突破。这一时期社会

---

① 参见 James Q. Wilson, *The Moral Sense*, New York: Free Press, 1993。

② 吴宗宪:《关于社区矫正若干问题思考》,《中国司法》2004 年第 7 期。

工作主要呈现出两大特征：一是在坚持以往直接服务的同时，以间接服务为主的社会工作也得到了发展，从而使社会工作具有整体性、综合性和建构性的特点；二是社会工作理念发生了新的变化，从以往注重事后补救和治疗转向以事先预防为重点。社区矫正需要的正是一种宏观的、整体的，可以指导整个矫正工作规范化、专业化的工作模式，包括帮助被矫正对象就业、就学等。社会工作拥有一整套行之有效的工作理念，除了可直接用于被矫正对象调整心理、改造恶习外，还包含了帮助被矫正对象就业、就学等工作。可见社区矫正也是社会工作的一部分，社区矫正"选择"社会工作理念不是一种偶然。

我们以 2009 年"躲猫猫"事件考察监狱矫正的负面影响。2009 年 1 月 28 日，李荞明涉嫌因盗伐林木罪被刑事拘留，羁押期间，同监室在押人员张厚华、张涛等人以各种借口对李荞明多次用拳头、拖鞋进行殴打，致使其头部、胸部多处受伤。2 月 8 日下午 17 时许，张涛、普华永等人又以玩游戏为名，用布头将李荞明眼睛蒙上，对其进行殴打，致使其身上有两处骨折，普华永再一次猛烈拳击后，致使李荞明撞墙倒地昏迷，经送医院抢救无效，李荞明于 2 月 12 日死亡。法医鉴定的结论是，李荞明系多次钝性外力打击致严重颅脑损伤死亡。也就是说，这是一起在押犯罪嫌疑人，以"躲猫猫"为名，殴打、施暴，致使李荞明身亡的事件。李荞明身亡后，张厚华、张涛、普华永等人为逃避责任和法律的制裁，编造了李荞明在游戏中不慎自己撞墙死亡的"事实"，而且订立了攻守同盟，对抗侦查。县公安机关在没有深入调查取证的情况下，公布了李荞明是在游戏中不慎死亡的情况，是极不负责任和极不慎重的。也正因为如此，县公安机关有关领导和看守所有关领导受到行政处分。同时，鉴于看守所长期存在管理混乱、不负责任、牢头狱霸的情况以及严重的渎职问题，检察机关当即对看守所有关人员以渎职罪立案侦查。虽然这是发生在看守所的事件，但也在一定程度上折射出目前监狱存在的问题。福柯曾经对阿帝加监狱有一个非常形象的描述，形容其是一架庞大的机器，把犯人投进去，然后进行加工，最后把犯人形成一模一样的产品，循环往复①。犯人怎么可能成为一种产品？福柯甚至认为是“监狱产生了罪犯”②。上述思想其实都是福柯对监狱的一种否定性评价。

无论是正面案例还是负面案例，都折射出社会工作理念在社区矫正中的重要性。社会工作同时也是一门艺术，是和人进行交流的艺术，社会工作追求的是人类普遍幸福的美好景象。实践证明，社会工作的理念能满足现代社会条件下社区矫正的需要，体现了对被矫正对象宽容、谦抑的现代人文关怀。

第四节 社区矫正引入社会工作价值与理念的意义

行刑社会化理论认为，犯罪不是罪犯与生俱来的，而是社会诸多不利因素的“交叉感染”而生成的特定环境下的产物，并非完全个人意志的选择。社会有责任帮扶他们，消除犯罪动机，使他们重新复归社会。要达到此目的，矫正社会工作者的价值和理念起着至关重要的作用。因为与被矫正对象沟通最多的是社区矫正社会工作者，他们的理念和言行将直接影响到被矫正对象，进而影响被矫正对象的矫正效果。

① 福柯：《关于阿帝加监狱的对话》，汪庆华译，载陈兴良主编：《刑事法评论》第8卷，中国政法大学出版社2001年版，第475页。

② 同上书，第461页。

一、我国现有社区矫正工作理念的现状

社区矫正试点工作开展以来虽然取得了很大成效，但也存在一些问题。社区矫正不仅仅是刑罚由监狱内转到社区内执行这样简单的场所变动，更是一种执行刑罚理念的变革。由于长期受到重刑罚思想的影响和体制的约束，目前，社区矫正工作比较重视刑罚的执行，而对犯罪人的服务和合法权益的保护不够关注。刑罚执行是通过执行国家强制处分，让犯罪人在监狱等场所通过痛苦体验，达到矫正犯罪人的主观意识和犯罪行为的目的。任何一种专业总是扎根于一定的社会历史环境并受其影响，社区矫正理念亦是如此。受我国传统的行刑理念的影响，当下社区矫正价值理念上的强制色彩过于强烈。社区矫正工作倾向于被社会乃至负责机构认同为刑罚执行方式，如加强日常管理和教育、强制或半强制矫正对象参加公益劳动成为社区矫正工作开展的主要方式。这种社区矫正理念在一定程度上设置了矫正工作者与被矫正对象双方之间不对等的地位关系，使矫正对象处于包括其他社区成员在内的监督管理视野中，无形中被施加了巨大的社会压力，妨碍被矫正对象的正常社会交往与自主性表现。

我国《刑法》第三十九条规定："被判处管制的犯罪分子，在执行期间，应当遵守下列规定：（一）遵守法律、行政法规，服从监督；（二）未经执行机关批准，不得行使言论、出版、集会、结社、旅行、示威自由的权利；（三）按照考察机关的规定报告自己的活动情况；（四）遵守考察机关关于会客的规定；（五）离开所居住的市、县或者迁居，应当报经考察机关批准。"第七十五条规定："被宣告缓刑的犯罪分子，应当遵守下列规定：（一）遵守法律、行政法规，服从监督；（二）按照考察机关的规定报告自己的活动情况；

（三）遵守考察机关关于会客的规定；（四）离开所居住的市、县或者迁居，应当报经考察机关批准。”第八十四条规定：“（一）遵守法律、行政法规，服从监督；（二）按照监督机关的规定报告自己的活动情况；（三）遵守监督机关关于会客的规定；（四）离开所居住的市、县或者迁居，应当报经监督机关批准。”很明显，按照这些规定，社区矫正人员只需要报告情况。根据调查，这一规定具体表现为每月一次思想汇报，而关于会客的规定在社区环境下基本上难以执行。在只需每月进行一次思想汇报的情况下，矫正对象平时的情况就难以掌握，至于矫正对象是否产生了新的问题、需要什么新的帮助，就更难掌握[①]。这可能弱化服刑人员的改造意识，导致其在某些特定情况下重新犯罪的概率远超过在监狱服刑。刑罚执行强调了刑罚的必要性，刑法有关对管制、缓刑、假释的规定表明了刑罚执行的社区矫正主要是惩罚性功能，缺乏对被矫正对象的人文关怀，而人文关怀正是社会工作理念强调的对于恢复被矫正对象社会功能具有重要意义的理念之一。我们认为，社会工作的“以人为本”“助人自助”“案主自决”理念可以弥补社区矫正中刑罚执行刚性化以及缺乏社会关怀等不足之处。

二、社会工作理念介入社区矫正的意义

社会工作理念的介入是社区矫正的应有之义，也是完善社区矫正制度的重要途径之一。在建国初期，我国就已经有了如缓刑、管制、假释等社区矫正制度，但在几十年中，这项制度并没有得到应有的发展，就是因为把社区矫正仅仅定位于一种刑罚的执行方

① 张昱、费梅苹：《社区矫正实务过程分析》，华东理工大学出版社 2008 年版，第 30 页。

式，缺乏社会工作理念。长期以来，我们对适用社区矫正的犯罪仅仅停留在监督管理的层面，即使是在监督管理的层面上，也存在制度不健全、措施不落实等方面的问题。在这种情况下，适用社区矫正的犯罪人员的监管基本流于形式。

（一）社会工作理念的介入是社区矫正新型行刑理念的内在要求

刑罚主张的监管理念是刚性的，这与社区的开放性、平等性不符；社会工作是以利他主义为指导，运用专业理论、以科学的技术和方法进行的助人活动。这充分说明社会工作的本质是为案主提供服务的助人活动。社区矫正工作是指将社会工作实施于矫正体系中，为罪犯或具有犯罪危险性的违法人员提供思想教育、心理辅导、行为纠正、生活照顾等，使之消除罪犯心理顾虑、修正行为模式、适应社会生活的一种福利服务。社会工作特有的价值理念提供了与刑法执行不同的切入视角和工作方式。犯罪行为是一种有悖于法律忠诚的表现。监狱改造的目标之一是通过剥夺罪犯的自由，使其亲身感受刑罚的严厉性，从而意识到法律的严肃性，培养其对法律的敬畏和忠诚。奥古斯塔认为："法律的目的是改造罪犯和预防犯罪，而不是出于复仇动因的恶意惩罚。"[①]社区矫正实践中引入"以人为本""助人自助""案主自决"等理念，使得社区矫正工作的视角区别于传统的刑罚执行。刑罚执行的一个特点就是强制性，因而即使是社区矫正也会存在刑罚执行固有的"刚性有余、柔性不足"的缺陷。这一缺陷，在实践中明显不利于促进社区矫正工作者与被矫正对象的有效互动。而社会工作理念的加入，为社

① 刘强：《美国社区矫正的理论与实务》，中国人民公安大学出版社 2000 年版，第 46 页。

区矫正注入了浓厚的人文关怀气息，通过社区矫正工作者与被矫正对象之间友好和谐关系的建立，有效地拉近两者之间的距离，促进彼此之间的互动，从而大大提高社区矫正的时效性。随着现代社区矫正理念的转变，应当将罪犯由“社会渣滓”的地位上升到人力资源的崭新高度来审视和把握，体现现代管理的理想，真正做到“以人为中心”，全面落实“以矫正人为宗旨”的社区矫正工作方针[①]。“以人为本”的社区矫正理念并不是在矫正过程中故意淡化罪犯的身份和行为恶性，而是开辟我们现代社会认识罪犯的新视域。

（二）社会工作理念是作为弱势群体的社区矫正对象的现实需要

社区矫正对象在进入社区矫正之前都是违法犯罪人员，往往是在经济、政治、社会、文化及心理各方面全面受到社会排斥的弱势群体。社区矫正是社会对其犯罪承担责任的一种方式，试图以这种轻缓的刑罚方式，为其提供帮助，以履行社会应负的义务。被矫正对象在进入社区矫正环节后，由于身份、地位、社会声望、社会适应等方面发生负向变化，在思想观念、行为、社会支持网络等方面都或多或少地存在着一定的问题。而家庭的稳定、亲人和朋友的态度对被矫正对象回归社会有重要影响。家庭、亲人和朋友的接纳、认可与帮助能协助他们建立良好的归属感，稳定情绪。相反，如果没有矫正社会工作者帮助矫正对象克服社会排斥，这些问题可能会变得更加严重，而这很有可能成为他们重新违法犯罪的重要原因。并且，监狱矫正并不能改变引起他们犯罪的社会因素。

① 张晶：《走向启蒙——基于监狱·矫正的视角》，法律出版社 2008 年版，第 79 页。

既然监狱难以承担起这样的责任，我们就必须改革创新刑罚执行方式，积极引入社区矫正。这就需要社区矫正工作者秉持社会工作理念，帮助被矫正对象树立自信心，重建他们正式和非正式的社会网络，协助他们克服被排斥的情景。

（三）社会工作理念的树立是社会矫正工作者队伍职业化建设的重要体现

建设社区矫正的职业化队伍是为了有效开展社会工作，跟上刑罚执行制度改革的步伐。矫正社会工作者必须具备相应的工作能力、知识水平、身体素质等，然而，矫正社会工作者内心的素养更是不可或缺的。社会工作理念的灌输对于社区矫正社会工作者而言至关重要。主观意识往往指引行为方向，只有树立社会工作理念，社区矫正工作者才能做到合理定位自身的工作性质与角色，真诚地为被矫正对象服务，帮助他们客服困难，重归社会。

（四）对被矫正对象危险性的控制效果，很大程度取决于社区矫正工作者价值与理念

社区是社区矫正的直接载体，是实施矫正的开放性场所，也是控制和预防犯罪的落脚点。只有社区矫正社会工作者树立正确的工作价值和理念，积极帮助被矫正对象减轻或解决他们的心理困惑和生存问题，促进被矫正对象的再社会化，才有可能降低他们的危险性，保障社区的安全，稳定社区居民的情绪。

理念对持有者的行为起着指导作用，有什么样的理念就会相应产生什么样的行为方式。社会工作理念介入社区矫正，使社区矫正凸显了人本主义精神：关心人、尊重人，深信人性具有高度的可塑性，只要给予机会，定会重新回归主流社会。社区矫正理念的

人性化使其成为一种人性化的改造方式，它尊重矫正对象作为人的生存价值，充分尊重其人格尊严，并给予相应的人文关怀，使矫正对象更好地改造成新人，尽早回归社会，获得新生。社区矫正应该积极引入社会工作理念，为现行的试点工作注入新鲜血液，增加新的活力，只有这样社区矫正才能走得更远。

第五节　社会工作理念在社区矫正工作中的应用

一、我国社区矫正折射出的基础理论

社区矫正作为世界趋同性的刑罚执行方式，其背后包含若干深层合理的基础理论。

（一）人道主义与人权观念

社区矫正方式的产生，直接发源于近代西方进步思想家对封建主义制度下罪刑擅断、滥施酷刑、监狱黑暗等种种反人道现象的批判和反思，他们提出的罪刑法定、罪刑均衡、刑法人道三大原则，奠定了文明时代刑法制度的基础理论，也奠定了现代社区矫正制度的人道主义的基本价值理念[①]。我国始终坚持以马克思列宁主义、毛泽东思想、邓小平理论及“三个代表”重要思想、科学发展观作为刑罚制度改革的指导思想，同时也始终坚持大胆吸收和借鉴人类社会创造的一切文明成果和先进经营方式、管理方法。然而，

① 范燕宁、席小华：《矫正社会工作研究（2008）》，中国人民公安大学出版社 2009年版，第 118 页。

我们反对西方人道主义者脱离社会历史的发展规律孤立地谈论人的本质、人的权利的研究视角，主张用社会的、具体的、客观的、实践的观点看待刑罚实践中的人道主义和人权问题。但与此同时，我国也大胆吸收西方刑罚人道主义的合理思想因子，主张在维护法律尊严的基础上，将我国社会主义的刑罚制度朝着人道主义方向推进。我国实行的社区矫正工作充分体现了社会主义刑罚的人道主义观念，主要表现在：我国《刑事诉讼法》第十二条规定："未经人民法院依法判决，对任何人都不得确定有罪。"第十四条规定："人民法院、人民检察院和公安机关应当保障诉讼参与人依法享有的诉讼权利。"这些规定充分体现了我国犯罪嫌疑人进入刑事诉讼程序期间，其人身权利、财产权利受到刑法和刑事诉讼法的保护。第十四条同时规定："诉讼参与人对于审判人员、检察人员和侦查人员侵犯公民诉讼权利和人身侮辱的行为，有权提出控告。"第二百一十四条规定："对于被判处有期徒刑或者拘役的罪犯，有严重疾病需要保外就医和怀孕或者正在哺乳自己婴儿的妇女，可以暂予监外执行。"表现了我国法律尊重服刑罪犯作为人的人格尊严，维护罪犯的基本人权，为罪犯在食物、居住、医疗等方面，提供基本条件和可能途径。我国《刑法》第十七条规定："因不满十六周岁不予刑事处罚的，责令其家长或者监护人加以管教；在必要的时候，也可以由政府收容教养。"第十九条规定："又聋又哑的人或者盲人犯罪，可以从轻、减轻或者免除处罚。"第七十二条规定："对于被判处拘役、三年以下有期徒刑的犯罪分子，根据犯罪分子的犯罪情节和悔罪表现，适用缓刑确实不致再危害社会的，可以宣告缓刑。"第八十一条规定："被判处有期徒刑的犯罪分子，执行原判刑期二分之一以上；被判处无期徒刑的犯罪分子，实际执行十年以上，如果认真遵守监规，接受教育改造，确有悔改表现，假释后不致再危害社会的，可以假释。如果有特殊情况，经最高人民法院核准，可以不受上述执行刑期的限制。"这些规定体现了我国慎用监禁刑，将罪刑轻、主观恶性程度不大的未成年犯、老病残犯等罪犯放到更加人性化的社区中进行改造，制定矫正方案，并充分利用社会力量给予帮教，提高对罪犯的教育改造质量，使罪犯的人格得以改造并健康发展；"在满足对罪犯应有惩罚的前提下，充分考虑在刑罚的方法和种类、刑罚量的调整以及刑罚的适用方面如何尽可能有利于罪犯重返社会，使其成为自食其力的守法公民"①。

（二）关于人与社会相互关系的理论

马克思主义在研究人与社会关系问题时，一贯认为人及人的意识是自然与社会长期发展的产物，人的存在具有现实性，人是自然属性和社会属性的统一，但"人的本质不是单个人固有的抽象物，在其现实性上，是一切社会关系的总和"②。社会属性是人的本质属性。人与社会是相互影响、相互依存、相互作用的。社会存在决定人的意识，对于人的意识的产生、存在和发展，具有决定性作用。人的意识具有主观能动性，可以在外部客观环境的作用下进行主体创造。人不仅可以认识和改造客观世界，而且可以通过自身和周围环境来认识、影响甚至改造他人的主观世界。马克思主义还认为，人的发展与社会的发展是相互作用、互为前提、相辅相成的，只有每个作为个体的人得以自由、全面发展，整个社会才能更好地进步和发展；反之，社会的全面进步和发展也必然会给作为社会组成部分的每个成员的进步和发展提供良好的社会生存发

---

① 刘强：《社会稳定与刑罚改革的人权刑法观思考》，《河南司法警官职业学院学报》2003 年第 2 期。

② 转引自范燕宁、席小华：《矫正社会工作研究（2008）》，中国人民公安大学出版社 2009 年版，第 119 页。

展条件和空间。马克思主义关于人与社会相互联系的认识，不仅为当前我国开展社区矫正工作提供了科学的世界观和方法论指导，而且也在现代哲学、社会学、法学等基础学科理论的发展中得以补充、丰富和检验。

（三）对于犯罪原因的社会化理解

社区矫正理论与实践的发展受到现代犯罪学、心理学对于犯罪原因分析理论的重要影响。18 世纪的古典学派把个人意志自由选择作为对犯罪原因的分析依据。19 世纪的实证学派将人的犯罪心理和犯罪行为的原因，归纳为人的生理的、心理的、社会的多种因素相互作用的结果，并认为随着社会的发展和社会化程度的加深，犯罪的社会因素更加凸显。“这种研究的结果导致犯罪的实证学派对刑法和刑罚制度产生更多的影响，其表现是刑罚趋于轻缓，在适用刑罚时，注重对犯罪人的矫正，有利于罪犯对社会的回归。”①20 世纪 60 年代，犯罪学领域出现的“标签理论”认为，违规者一旦被贴上罪犯的标签，就会在心灵上烙下耻辱观念并根深蒂固，从而产生“自我降格”的心理，进而顺应社会的负向评价，甚至将出现某种难以改变的恶性行为方式。标签理论的代表人物莱马特更是一针见血地指出：“犯罪是社会或旁观者所赋予之定义，是社会的反应导致了犯罪而不是犯罪导致对社会的反应。将罪犯判刑入狱无疑是最深刻的‘标签化’过程，代之以社区矫正措施可以减少因这种‘标签化’带来的副作用。”②现代犯罪学理论表明，人的心理和行为会受到社会因素的影响。犯罪不是犯罪人与生俱

① 刘强：《国外和我国港台地区“社区矫正”法律规范的殷鉴》，《探索与争鸣》2003 年第 10 期。

② 转引自冯卫国：《行刑社会化研究——开放社会中的刑罚趋向》，北京大学出版社 2003 年版，第 179 页。

来的行为，也不是单纯由个人主观因素决定的行为，而是由多种社会因素交互作用诱发的不良行为。因此，社会有责任和义务通过对罪犯施以一定的帮教措施，协助罪犯消除犯罪动机和能力，使其恢复积极乐观的人生态度，重新融入社会。

（四）社会化与再社会化理论

所谓社会化，就是由自然人到社会人的转变过程，每个人只有经过社会化才能使外在的社会行为规范、行为准则内化为自身的行为标准。社会化是人类特有的行为，社会化让每个人懂得社会规范，明确生活目标，适应社会，因此，只有在人类社会中才能实现。从人格发展和社会互动角度定义，社会化是指一个人获得自己的人格和学会参与社会的方法而与社会互动的过程，即按照社会中其他一般人的期待来调整自己的行为模式。从文化的角度定义，社会化是指社会对个人的文化教化和个人对社会主动选择与能动调适的统一过程。每一个人都是通过与他人和社会的相互影响、相互作用逐渐成长的。人在成长过程中，不断地学习接受社会的各种知识、技能，包括社会的行为规范、准则，并把这些内化、积累为个人的素质和品格，作为指引行为趋向的内动力。社会化不但是个人的生存方式和生存基础，也是整个社会文化得以延续、社会结构得以稳步创新的基础。作为社会成员的每个人都是以社会化的方式在社会中活动，个人的成长进步与其社会化过程息息相关：社会化越好，成长进步就越快；反之，一旦人的社会化过程偏离轨道，就会使人的成长受阻。

人的社会化过程可以分为初始社会化和再社会化过程。所谓初始社会化，是指每一个人从婴儿成长为青少年再到成人的过程。所谓再社会化，又分为广义和狭义两种情况。广义的再社会化，是指一种带有主动、提高、升华性质的社会化，即经过基本社会化过程的成年人为了适应社会变化发展的需要来重新定义或创造某种社会生活角色，通过不断地学习新知识、掌握新技能，以达到自我完善、自我发展的过程。狭义的再社会化带有补救和改造性质，是指一些在初始社会化过程中失败的个体，迫于生存的需要及外部社会的压力，而不得不主动地或被迫地进行重新社会化过程。一般而言，狭义的再社会化的对象往往是在社会生活中有某种人格缺陷或越轨行为的个人[①]。再社会化对个人及整个社会的发展具有深远影响。从社会化与再社会化的视角分析，当前我国试行的社区矫正制度的本质，就是充分利用丰富的社区资源，发挥社区刑罚的矫正功能，促使罪犯去恶就善、回归社会、适应社会。再社会化过程在传统方式上往往表现为一种强烈的改造过程，需要专门的、强制性的机构采用强制性的手法从外部加以实施（如监狱）。然而，随着社会各方面的不断进步和发展，在国际行刑社会化浪潮的推动下，罪犯在社区进行再社会化的必要性得到越来越多的体现。

（五）行刑社会化理论

所谓行刑社会化，是指“为了避免和克服监禁刑存在的某些弊端，使刑事执行服务于罪犯再社会化的目标，而应慎用监禁的罪犯，应使其尽可能多地接触社会，并使社会最大限度地参与罪犯矫正事业，从而使刑事执行与社会发展保持同步，为罪犯顺利回归社会创造有利条件”[②]。

进入现代社会以来，尽管监狱行刑方式在世界范围内已经发

---

① 范燕宁、席小华：《矫正社会工作研究(2008)》，中国人民公安大学出版社 2009 年版，第 121 页。

② 冯卫国：《行刑社会化研究——开放社会中的刑罚趋向》，北京大学出版社 2003 年版，第 42 页。

生了重大变革，但监禁刑将罪犯在与社会隔离的环境中进行改造，这一方式明显削弱了罪犯的再社会化效果。我国监狱布局普遍远离城市，监狱管理一贯沿袭传统的封闭模式，使罪犯远离正常社会，与社会关系脱离，不能及时了解社会生活的巨大变化。由于监狱内部的教育矫正方式偏于简单，只是习惯性地对罪犯强调纪律、强制劳动、组织学习，只要服刑人员表面服从，便不需要教育，更谈不上心理治愈。这种“安全管理的目标”严重制约了我国罪犯矫正的社会效益。以我国目前的监狱改造总体情况来看，我国的行刑工作尤其是监狱矫正的社会化程度还处在较低的水平，同一些行刑法治化程度比较高的国家相比还有较大差距。有学者从罪犯释放回归社会的角度出发，认为：“将一个人数年之久关押在高度警戒的监狱里，告诉他每天睡觉、起床的时间和每日每分钟应做的事，然后再将其抛向街头并指望他成为一名模范公民，这是不可思议的！”[①]因此，慎用监禁刑，尽可能把罪犯放到正常的社会环境中，接受普众式教育和专业社会工作者提供的帮助改造，以社会化行刑代替粗放性、封闭性的监禁行刑，已经成为世界行刑改革发展的基本趋势。社区矫正作为一种相对自由和开放的刑罚执行方式，不仅可以避免与世隔绝的监狱刑罚执行方式所带来的各种缺陷，而且体现了以人为本的行刑原则。目前，我国刑法和刑事诉讼法对罪犯区别对待，将人身危险性较低、不致再危害社会的罪犯放在社区进行教育矫正，有效杜绝了监禁环境下罪犯之间的不良交叉影响。将罪犯矫正场所“改弦更张”，有益于感化、帮教并激励罪犯培养积极乐观的人生态度，避免服刑过程中带来附随性消极后果。

---

① ［美］克莱门斯·巴特勒斯：《矫正导论》，孙晓雳等译，中国人民公安大学出版社1991年版，第130页。

二、社会工作价值理念在社区矫正工作中的应用

在社区矫正实践中，社会工作理念的运用关键要把握两点：一是遵循什么样的工作理念开展社区矫正工作；二是对理念困境的处理。当我们坚守通过社区矫正工作的开展能够帮助被矫正对象顺利回归社会的目标时，就必须将“以人为本”“助人自助”“案主自决”等社会工作理念运用于社区矫正实践层面。传统的矫正工作偏重于矫正官的主导性，而忽视了被矫正对象的自主性；偏重于矫正的一般化，而忽视了矫正的社会性；偏重于矫正的灌输，而忽视了矫正的服务性等。这些都迫切需要引进和运用社会工作的理念，汲取其核心内容，从而转变社区矫正的现状。

（一）“以人为本”理念的应用

“以人为本”理念在社区矫正中的应用，保证了矫正社会工作者与被矫正对象的平等与尊重。仇视犯罪，可以预防和减少罪犯；而仇视罪犯，则一定会增加犯罪。罪犯不仅仅是肉体的存在，还是一个精神化的人。因此，社区矫正社会工作者对待被矫正对象需要善心和爱心。不论被矫正对象的心理、情感、行为模式如何，矫正社会工作者都要改变对犯罪人的认识和态度，相信、接受、信任被矫正对象，与其建立良好的交流与互动关系。人文关怀的缺失是社区矫正实效难以达到的根本原因，其表现在“三个脱离”：脱离生活、脱离实际、脱离人生[1]。社区矫正因为缺乏人文关怀，得不到社会的认同与接受，因而导致培养社区矫正理念发展土壤的

---

[1] 陈奇娟：《社会工作的价值理念与工作方法在思想政治教育工作中的运用》，《社会工作理论探讨》2010 年第 5 期。

缺失，失去了社区矫正理念实现的可能性和必然性。“以人为本”理念应用到社区矫正中，就是指在社区矫正过程中提倡这种人文主义和人文关怀，理解被矫正对象的实际状况，秉持“每个人都有缺点，同时每个人希望改变也能改变”的观点，把矫正案主看做是一个独立的个体，信任、接受、尊重他，在接纳、尊重的基础上根据实际情况开展工作。

我国实行的社区矫正工作充分体现了社会主义的刑罚人道主义观念，主要表现在：在罪犯进入刑事诉讼程序和服刑期间，保障其人身权利、财产权利受到刑法保护；尊重罪犯作为人的人格尊严，维护罪犯的基本人权；为罪犯在食物、居住、医疗、卫生、就业等方面，提供基本条件和可能途径；慎用监禁刑，将罪刑轻、主观恶性不大的未成年犯、老病残犯、过失犯、职务犯等罪犯放到更加人性化的社区中进行改造；针对每名社区服刑人员的犯罪原因、思想状况、社会关系、犯罪类型、心理特征等方面的具体情况制定矫正个案，并充分利用社会力量对其进行帮教，提高对罪犯的教育改造质量，使罪犯的人格得到改造并健康发展，实现其作为人的价值；在满足对罪犯应有惩罚的方法和种类、刑罚量的调整以及刑罚的适用方面尽可能有利于罪犯重返社会，使其成为自食其力的守法公民。

（二）“助人自助”理念的应用

“助人自助”理念在社区矫正中的应用，实现了被矫正对象自身能力的提升。助人与自助相结合也是社区矫正的本质所决定的。要解决引发或可能引发犯罪的问题不是由社区矫正社会工作者所能直接决定的，而是通过和被矫正对象一起寻求改善或消除问题根源的途径和方法，使被矫正对象自主决定并按社区矫正方案自觉行动，促进其身心健康，改变不良行为。社区矫正的重点不是惩罚，而是矫正，是教育和唤醒。在罪犯遇到困难的时候伸出援助之手，应敞开关怀之心，相信他们，接纳他们，协助他们走过人生的艰难之旅。这就是社会工作理念一贯强调的“助人自助”。通过改变被矫正对象的心态及信念，令其觉得自己是一个意识独立的主体，从而有能力发现自身问题所在，并找出原因，及时解决问题。在矫正社会过程中，矫正社会工作者可以设计项目，让被矫正主体参与其中，通过项目活动，令被矫正对象寻回主体角色，启发被矫正对象通过自身意志慢慢学习人际发展的技巧，排除阻力重建良好人际关系等。可以预见，将“助人自助”社会工作理念引入社区矫正工作，要求社区矫正社会工作者应该在被矫正对象自决自愿的基础上，通过提供相应的资源、方法和技术，深入挖掘被矫正对象的潜力，治疗其心理疾病，改善其生活环境，改变其生活态度，强化其社会生活适应能力。

（三）“案主自决”理念的应用

“案主自决”理念在社区矫正中的应用，实现了被矫正对象被动化向主动化、能动化的转化。自决即自我决定。德国现代存在主义哲学主要代表人雅斯贝尔斯曾指出，真正的教育应该是“人与人的主体间的灵与肉的交流活动”[①]。这说明在社区矫正教育过程中，矫正者应该将被矫正者作为具有主体性的精神实体进行交往。只有在这种真诚的交往沟通中，矫正才具有促使被矫正对象精神成长的意义。传统的矫正模式下工作者与矫正对象之间具有明显的管理与被管理、教育与被教育、改造与被改造的关系，惯用的“我说你听”“我打你通”，很容易形成矫正工作者替矫正对象作

---

① 陈奇娟：《社会工作的价值理念与工作方法在思想政治教育工作中的运用》，《社会工作理论探讨》2010 年第 5 期。

出决定、全权代理、大包大揽的局面，导致被矫正对象在社区矫正过程中缺乏应有的自决权而过度依赖社区矫正工作者的不良后果。社区矫正社会工作者对被矫正对象生活的过度干预会造成如下不良影响。第一，过度干预被矫正对象的生活，可能使被矫正对象随时要面临提醒自己是“被矫正对象”的特殊身份，影响其参与社会生活的积极性，甚至可能造成被矫正对象对自身特殊身份的定性思维，出现更加严重的自卑心理及不良情绪而形成反社会心理。第二，过于干预被矫正对象的生活，可能给被矫正对象带来“标签效应”。改造社区环境无形中施加压力于被矫正对象，容易让被矫正对象觉得自己受社区居民的歧视，感觉自己是局外人，造成被矫正对象与社区的严重隔阂，这不仅有悖于社区矫正的本意，也将给被矫正对象再社会化带来巨大的阻力，最终造成被矫正对象自暴自弃，放弃重新做人的信念和机会。第三，过度干预被矫正对象的生活，可能给矫正社会工作者侵犯被矫正对象的各种合法权益带来便利，引发职务滥用和其他腐败行为。还可能影响努力建立起来的专业关系，造成信任危机，从而成为引起被矫正对象不良情绪甚至是反社会情绪的导火索。因此，要预防以上各种不和谐局面的出现，有必要借鉴、引用社会工作“案主自决”的工作理念，要求社区矫正社会工作者充分尊重被矫正对象的主体能动性，在具体的内容、方法、方式上尊重被矫正对象的自我选择权。归根到底，矫正对象的命运掌握在自己手里，认罪伏法、积极悔改，可以促进个人改造、家庭安宁；不思悔改、坚持错误，必然造成个人前途断送、家人痛心疾首。这中间，矫正工作者承担的是支持、帮助和辅助的角色，不可越俎代庖、全权代理。

自我决定不是简单的自己决定方向，它涉及被矫正对象自由意志的全能和自由的实现，社区矫正社会工作者认可的自我决定是"案主自由地做出他们自己的选择和决定的权利及需要"[1]。他们有权利决定自己的未来,决定自己的选择,决定付出代价和承担责任。当然,社区矫正社会工作者必须评估被矫正对象的自决能力,以此为参数帮助他们采取建设性的行动。可见,除非法律法规限制,或者被矫正对象的行为可能侵犯了他人权利,或者被矫正对象生理上、心理上缺乏决定的能力,一般来说,社区矫正社会工作者应给予其最大的自由选择权。同时,维护被矫正对象的自决权并不等于不闻不问、任其发展。被矫正对象无论其人身危险性如何、犯罪行为的恶性程度如何,都具有一定程度上的心理障碍,需要矫正社会工作者不同程度地协助、关心和教育。如果社区矫正社会工作者对被矫正对象放任自流,将可能引起如下弊端:第一,被矫正对象不能得到应有的帮助和保护,令其在面临生活困境时极易再次走上犯罪道路;第二,被矫正对象不能得到应有的教育和监督,令其不能成功完成再社会化的过程,反社会意识没有消灭,同时极易因为不良社会交往和面临犯罪诱因时重新犯罪,影响改造效果;第三,被矫正对象不能得到适当的监督、控制,部分被矫正对象可能给社区带来巨大的危险,引发社区居民的恐慌,从而使社区矫正面临合法性与合理性生存危机;第四,矫正工作者对被矫正对象放任自流,将会极大影响公民对于刑罚的疑问,可能使政府面临严重的信任危机[2]。因此,我们要满怀信心地给予矫正对象相应的关注,及时探视,并给予积极的鼓励和支持,践行社区矫正对象自决的科学理念。

只有社区矫正制度给予社会工作介入的空间,才有社会工作

---

① 姚振强:《从"助人自助"看社会工作实务开展的文化背景问题》,《社会工作理论探索》2009年第6期。

② 刘志伟、何荣功、周国良:《社区矫正专题整理》,中国人民公安大学出版社2010年版,第79页。

对其提供“支持和帮助”的可能；只有给予的空间越大，提供的“支持和帮助”的力度才能越大。我们需要以仁慈、耐心和智慧来面对被矫正对象，这为我国的罪犯改造模式融入了更多的“安定和福祉”色彩。

（四）其他理念的应用

在社区矫正工作中，为了更好地运用社会工作理念开展工作，除了应当遵守依法矫正的基本原则外，还应该坚持自己的一般原则。北京市在社区矫正试点工作中提出了“改革创新、以人为本、社会参与、维护稳定”十六字基本原则。上海市在社区矫正试点工作中则提出了以下五个原则：坚持分工协作、形成合力原则；坚持政治效果、法律效果和社会效果相统一原则；坚持解放思想、实事求是原则；坚持改革创新原则；坚持社区矫治与狱内矫治相结合原则。这两个地方对社区矫正工作原则的规定更多的是提出工作准则，强调创新，但从社区矫正工作的本质而言，这些原则都没有明确解释清楚。我们认为，社区矫正社会工作坚持以下原则更能体现出其工作理念和价值。

一是因人施教原则。正所谓“教无定法，因材施教”，社区矫正工作也一样，矫正社会工作者要从被矫正对象的实际出发，根据个体的特性，制定和落实矫正方案和措施，开展针对性的社区矫正工作。

二是分类矫正原则。分类矫正原则是指根据不同类型社区矫正对象的特点，深挖犯罪根源，分析犯罪危害，促使罪犯改变犯罪思想，矫正犯罪恶行。

三是以理服人原则。以理服人要求矫正社会工作者在矫正过程中，跟被矫正对象摆事实、讲道理，耐心地与其沟通交流，解决其思想问题，使被矫正对象了解犯罪行为是不良价值观的延伸，从而心悦诚服地接受矫正。

四是循序渐进原则。社区矫正工作的目的是通过矫正促使被矫正对象顺利回归社会。从罪犯到回归,不能一蹴即成,而必须坚持由点到面、注重质量,有计划、有步骤地逐步推进。让被矫正者在思想上认识错误,提升认识水平,挖掘潜能以适应社会新生活。

五是创新原则。社区矫正工作是一项创造性的工作,但从我国现阶段来看,社区矫正工作还面临诸多困难。因此,有关部门及社会工作者在实践过程中要增强主动性和创造性,坚持积极的工作态度,以与时俱进的精神,在总结过去经验教训的基础上,坚持以矫正质量为核心,积极探索实践工作,进一步为社区矫正的顺利开展和被矫正对象的顺利回归社会提供制度及机制保障。

对刑罚改革的社区矫正价值与理念的积极探索和构建,仍需要不断深入地梳理和研究,更需要实践经验的积累,才能获得证实。社会工作理念的积极参与,对于宽容和谅解罪犯,为其消除隔阂、重新融入社会提供了有利的客观环境。

章志图

第四章　针对青少年的社会矫正工作

针对青少年的社会矫正工作，是我国青少年犯罪行为防控的重要内容。众所周知，初犯年龄越小，再犯的可能性越大。我国是青少年违法犯罪率较高的国家，大量的青少年违法犯罪行为人为我国犯罪治理工作带来巨大压力。近年来，针对青少年违法犯罪行为、身心健康等特点，我国理论与实务界开展了一系列的实证研究，在社区矫正、重点青少年教育帮助与预防犯罪等方面，大胆创新、多措并举，取得了良好的社会效果。本章以梳理我国青少年违法犯罪状况为逻辑起点，对我国青少年犯社会矫正工作模式进行辩证分析，进而提出关于青少年社区矫正社会化工作的对策、建议与设想。

第一节　当前我国青少年犯罪状况与社区矫正效果制约因素分析

正确认识我国青少年违法犯罪的基本状况，是做好青少年社会矫正的首要一步。在这里，我们结合两次相对比较权威、比较全面系统的实证研究，对我国青少年犯罪状况进行基本梳理。

2010年8月10日—11月28日，在中央综治委预防办、有关省级团委和未成年犯管教所支持下，中国预防青少年犯罪研究会在2009年调查基础上组织三个调研组，分别赴北京、天津、黑龙江、河南、山东、浙江、江苏、陕西、湖南、云南10个省、直辖市的未成年犯管教所、女子监狱，通过召开座谈会、发放调查问卷、一对一个案访谈、实地考察等形式，对未成年人犯罪情况进行了比较深入的了解。

2011年8—11月，为深入了解我国青少年重新犯罪的状况及特点，进一步加强青少年重新犯罪预防工作，提出有针对性的对策建议，团中央权益部(中央综治委预防办)与中国青少年研究中心合作开展了“预防青少年重新犯罪的路径和模式”课题研究。课题组先后赴广东、江苏、河南、湖北、四川5个省，对青少年重新犯罪问题进行深入调研。本次调查采取定性研究和定量研究相结合的方法，共发放调查问卷3 100份，回收3 043份，回收率为98.2%，访谈重新犯罪的青少年罪犯、监狱警官和社区矫正工作人员等共200余人。在本报告中，重新犯罪是广义的概念，是指曾因犯罪被免予刑事处罚，被判处管制、拘役、有期徒刑、无期徒刑或者单独适用附加刑的，刑罚执行期间或者刑罚执行结束后又实施故意或过失犯罪行为①。

一、我国未成年人犯罪的基本状况

近年来，我国未成年人犯罪数量的增长势头从总体上看初步得到了遏制，未成年人犯罪占刑事犯罪的比率趋于下降。主要表现为：

---

① 本部分内容参见中国预防青少年犯罪研究会著《我国未成年犯抽样调查分析报告》与中国青少年研究中心著《青少年重新犯罪状况及预防模式研究报告》，载于《预防青少年犯罪研究》(专刊：全国重点青少年群体服务管理和预防犯罪试点工作重点研究课题汇编)2012年第4期。为了科学严谨，我们尊重原调查报告中“未成年犯”“青少年犯”的用词，并不予以修正，详细范畴请参见报告原文。

（一）犯罪总量经历较快增长后开始下降

全国法院有关资料表明，2000—2008 年，全国法院判处未成年罪犯人数呈递增趋势，从 2000 年的 41 709 人上升到 2008 年的 88 891 人，平均每年递增 9.2%。2009—2010 年呈下降趋势，2009 年 77 604 人，2010 年为 68 193 人。

（二）未成年人刑事犯罪比率维持一段较高水平后开始出现下降

全国法院判处未成年人犯罪占刑事犯罪的比率从 2000 年的 6.52%，经过连续 5 年的增长，达到 2005 年的 9.81%，从 2006 年开始逐年下降。

二、我国未成年人犯罪的基本特征

（一）未成年人犯罪的基本特征（以 2010 年抽样为例）

一是未成年人犯罪类型相对集中，侵犯财产罪占未成年人犯罪总数的 80%以上。在未成年犯罪名词统计中，“抢劫”占近 60%，“盗窃”占近 20%。具体罪名主要集中于抢劫、盗窃、故意伤害、故意杀人、强奸、寻衅滋事、聚众斗殴 7 项罪名。

二是共同犯罪现象突出，在未成年人犯罪案件中占相当大比例。

三是激情犯罪在未成年人犯罪中较为普遍。

四是未成年人犯罪以 14—16 岁为主，16 岁以下接近 80%。

五是未成年犯文化程度普遍较低。

六是未成年犯的家庭条件较差，父母的职业以农业、工人和个体劳动者为主，文化程度普遍较低。

(二)再犯罪基本情况与特征(以2011年抽样为例)

一是本次调查的青少年罪犯中,重新犯罪的比例是13.1%,重新犯罪年龄主要集中在16—20周岁。

二是重新犯罪的青少年罪犯的受教育程度偏低,90.1%是初中及以下学历。

三是55.6%的青少年重新犯罪是盗窃罪和抢劫罪,犯罪类型因年龄、性别而有所差异。

四是青少年重新犯罪的目的主要是为了谋取钱财、为了朋友和为了报复、泄愤,与初次犯罪相比,重新犯罪目的报复性增强。

五是青少年重新犯罪的犯罪方法主要是通过朋友传授、电视和互联网习得。

六是青少年重新犯罪前处于无业或失业状态的所占比例较大,重新犯罪原因主要是交友不慎。

七是74.9%的青少年重新犯罪为共同犯罪,重新犯罪青少年在共同犯罪中主犯所占的比例较大,犯罪团伙成员主要是同事、同学和朋友。

八是69.1%的青少年犯罪地点是街道里巷、宾馆饭店、娱乐场所和网吧。

九是重新犯罪的青少年在初次犯罪时所受的刑罚处罚多数属于轻刑,重新犯罪时所受的刑罚处罚相对较重,较为明显地感知到法律的惩戒。

三、未成年人犯罪值得关注的几个问题

(一)未成年犯大多在人格和价值观上出现偏差

抽样调查中,未成年犯对自己性格特点的定义依次为:乐观

占45.8%、暴躁占45.04%、敢做敢当占37.8%、孤独占29.37%、偏执占23.79%，未成年犯明显具有暴躁、偏执、焦虑和抑郁等个性特征。而普通未成年人对"乐观"和"温和"的选择率最高，分别达到80%和50%以上。

（二）未成年犯法律意识淡薄应引起高度关注

在对"你认为导致你不良行为走向犯罪的主要原因"的调查中，76.56%的未成年犯选择"法律意识弱"，其他因素依次为"文化程度低"占30.68%、"社区环境不良"占23.77%、"不良文化影响"占22.93%、"家庭关系差"占21.58%，其他因素在20%以下。

（三）家庭关系不好和家庭教育不当是影响未成年人犯罪的重要因素

在"导致不良行为走向犯罪的主要原因"的抽样调查中，未成年犯选择"家庭关系差"的占21.58%，"家庭残缺"占17.79%。在"家庭经济对未成年人犯罪可能因素"的调查中，普通未成年人选择"家庭教育不当"的占80%。在与家庭有关的指标中，如"家庭结构残缺""家庭关系不良"均占60%以上。家庭对未成年人犯罪具有很大影响。

（四）部分学校对未成年人不良行为缺乏有效干预和及时引导

部分学校对未成年人不良行为缺乏有效干预和及时引导，问题在于未成年人对于老师（学校）存在一定程度的不信任。在对未成年人"学习成绩"的调查中，"中等"占33.2%，"根本跟不上"占21%，"中下等"占20.3%，说明未成年犯在校成绩主要处于中下游。而普通未成年人学习成绩情况的调查显示，"中等"以上占80.8%。

(五)逃学旷课、接触不良少年、夜不归宿、离家出走是未成年人犯罪的普遍性前兆

从未成年犯“犯罪前的不良行为”的调查中发现,未成年犯犯罪前的主要不良行为有:“吸烟”“和不良少年来往”“夜不归宿”“逃学旷课”“喝酒”“打架斗殴”,这些行为发生的比例均在60%以上。因此,我们可以将这些不良行为作为判定未成年人是否有犯罪倾向的重要标志。此外,“离家出走”“看黄色录像”“浏览色情网站”“赌博”“敲诈勒索”的发生比例也达到40%以上,这些行为也可以作为判定未成年人是否具有犯罪倾向的重要参考。

(六)上网年龄与未成年人犯罪高危期基本一致

在对未成年犯进入未成年犯管教所之前业余生活的调查中发现,“上网聊天”和“上网玩网游”均占60%以上。在普通未成年人业余生活的调查中,指标的选择率依次为:“看电视”占85.7%、“和朋友玩”占60.7%、“上网聊天”占44.2%、“上网玩游戏”占37.3%、“干家务”占34.1%。这说明未成年犯犯罪前的业余生活与网络息息相关,网络已经成为他们业余生活不可分割的一部分。

四、青少年社区矫正效果制约因素分析[①]

(一)自我制约因素

社区矫正是指将犯罪青少年置于社区内进行教育改造的一种非监禁性刑罚执行方式,目的是利用社区的有利资源对犯罪青少

① 参见陆小云:《青少年社区矫正的效果制约因素分析》,《广西青年干部学院学报》2010年第8期。

年的心理和行为进行矫正，使其拥有健康的心理、正常的行为模式。因而，矫正后的犯罪青少年的心理和行为状况就成了衡量社区矫正效果的两个重要指标。

1. 自我对犯罪行为的认识程度和觉悟程度

青少年犯罪被抓获后，公安机关要进行审讯，法院要审理宣判并下判决书，经过这个程序，犯罪青少年会认识到自身行为的严重性，会有悔改的意愿。然而，将犯罪青少年送到社区去进行教育改造而不是送到戒备森严的监狱，每天可以回家或在家，行动也相对自由，那么，犯罪青少年可能会认为自己的行为并不严重，忘记自己是个“有刑在身”的人，“无所谓”的念头和心理就会产生，行为的约束性会降低，而重新犯罪的种子也悄悄地种下了。因此，社区矫正的良好效果能否取得跟犯罪青少年对自身犯罪行为的认识程度和觉悟程度密切相关。认识程度和觉悟程度高者，会较珍惜此次机会，行为处事中常用法律标准来决定做与否，行为比较谨慎；认识程度和觉悟程度低者，“犯罪人”角色往往会处于潜意识甚至是无意识状态，法律的最低警戒线也容易被冲破。

2. 自我的人生观和价值观

人生观是人们在实践中形成的对于人生目的和意义的根本看法，它决定着人们实践活动的目标、人生道路的方向和对待生活的态度。人生观主要通过人生目的、人生态度和人生价值三个方面体现出来。人生目的，回答人为什么活着；人生态度，表明人应当怎样对待生活；人生价值，判别什么样的人生才有意义。这三个方面相辅相成。其中，人生目的是人生观的核心，有什么样的人生目的就会有什么样的人生态度，就会追求什么样的人生价值。

青少年时期是人生观和价值观形成的关键时期。这一时期，青少年的心理还很不成熟，也不稳定。正是在这一人生发展的关键阶段，犯罪青少年的人生轨迹发生了偏离，稚嫩的心灵被重重一击。承受着如此的挫折，他们如何面对以后的人生？又该如何对待生活？对于这两大问题的回答直接影响着社区矫正的效果，影响着他们的未来之路。犯罪青少年跌在了人生的路上，接下来该怎么做？是拍拍身上的灰尘，重新回归正常的人生道路，哪里跌倒哪里爬起来，勇敢、坚强地走下去？还是从此一蹶不振，颓废堕落，自暴自弃？选择哪条路，除了周围人的引导，还取决于犯罪青少年的人生目的、人生态度和人生价值。拥有积极的人生观和价值观者，会对生活目标和肩负的责任有明确的认识；有了明确的生活目的，他们的生活才会充实，才能感受到自身存在的意义和价值，清醒地对待生活，乐观向上，充满自信。因此，社区矫正中应引导犯罪青少年树立积极的人生观和正确的价值观，只有这样，他们才具备承受挫折的勇气和人生前进中所需要的永恒动力，社区矫正的目的才能有效达成。

3. 协调的认知

认知是人们获得知识、应用知识，或进行信息加工的过程。这是人最基本的心理过程。人脑接受外界输入的信息，经过头脑的加工处理，转换成内在的心理活动，进而支配人的行为。一旦一个人的认知跟行为不一致（即认知失调）时，就会产生内心压力，当认知间的不和谐程度增加时，个人所感受到的要改变这种状况的心理压力也就越来越大。如果得不到解决，就很可能导致人格失常与离轨行为，青少年矫正对象尤其如此。

根据发展心理学理论，青少年在成长期间，体力、智力增长快，求知欲强，兴趣广泛，但情绪不稳，思想不成熟，性格可塑性极大。他们可能会产生一些不正常的金钱需求，有寻找朋友的要求但却没有辨别力，有可能受到过伤害但没有良好的环境使其平复，逻辑思维和认知能力也有一定的缺陷……此时，如果引导其产生正确的认识，他的认知就会产生新的平衡，形成正确的人生观和价值观,培养出良好的习惯和高尚的道德情操。

(二)家庭的配合与支持因素

家庭是社会的基本单位,是个体身心发育的重要场所。家庭作为孩子的第一座学府,父母作为孩子的第一位老师,其氛围环境、言行举止、品德学识等,对孩子的社会意识、价值观念的形成、生活目标的树立有十分重要的影响。家庭的功能是多方面的,能满足人和社会的多种需求。但在矫正青少年罪犯中具有不可忽略和不可替代作用的是家庭的抚养功能、教育功能和感情交流功能。

1. 家庭的抚养功能

抚养是上一代对下一代的抚育培养,为其提供必需的物质生活需要。青少年在经济上还不独立,生活的主要来源依赖于家庭的支持,也只有在起码的物质生活需要得到满足之后,才会有其他更高层次的需要或追求(如安全需要、交往需要、尊重需要和自我实现需要)。因此在对青少年进行社区矫正时,应该充分发挥家庭的抚养功能,为矫正青少年罪犯的不良行为和犯罪心理夯实基础。

2. 家庭的教育功能

家庭教育在矫正青少年罪犯方面具有自己独特的优势和特性。长期性是其第一个优势。家庭是青少年活动的主要场所,家庭生活占据了他们大部分时间,这是学校、社区等无法替代的。针对性是其第二个优势。青少年是在父母的关注之下成长的,因而父母对其习性和品行比较了解,对其进行教育和引导也就较有针对性。此外,家庭是人生的港湾,青少年在家时心理比较放松、行为比较随便,因而他们的所思所想所做也表现得最自然、真实、充分,这就给父母及时地、有针对性地进行教育提供了条件。有效性是其第三个优势。父母和子女之间存在着特殊的社会关系,既有血缘上的继承关系和情感上的依赖关系,还有经济上的供求关系和法律上的监护关系。这些都使子女很容易接受父母的教育、管束，即使父母的批评和责备尖锐了一些，子女也都能谅解。所以，这种心理上的优势在矫正中应当被充分利用。

3. 家庭的感情交流功能

感情交流是家庭精神生活的一部分，是家庭幸福的重要因素。对青少年社区矫正对象而言，由于其心理还未完全成熟，对家庭还存在一定的依赖性，又由于自身曾经犯过罪，多数人会产生自卑心理，感觉在别人面前抬不起头。此时，他们在情感上只能深深地依赖他们的亲属，对家人的信任也远远高于其他人。

（三）同辈群体因素

同辈群体对青少年成长发展具有特殊的意义，能满足青少年情感交流的需求，促进情感的发展成熟，影响青少年身心的健康发展。同辈群体是青少年获得生活经验和社会信息的主要来源，同辈群体成员间的交往更直接、更经常、更亲切。同辈群体影响青少年生活目标和价值观，影响青少年社会角色的培养和学习行为规范的形成。同辈群体对青少年以上几个方面的影响，可以是正面的，也可以是负面的。到底是正面影响还是负面影响，取决于同辈群体成员的性质。如果群体成员心理是健康的、人生态度是积极向上的、行为是符合社会规范的，那么同辈群体则对参与其中的青少年产生积极的、正面的影响；如果群体成员心理是不健康的、人生态度是消极颓废的、行为是反社会规范的，那么，其对参与其中的青少年产生的就是消极的、负面的影响。

（四）矫正工作人员因素

1. 矫正工作人员的社会责任与伦理道德感

矫正工作过程在一定意义上是与人的心灵打交道的过程，而人的心理、思想总是在变，尤其是心智还不成熟、不稳定的青少年，更是处在变化当中。也许矫正工作人员今天与之探讨的某现象或某观念他认同了，到了明天可能就不认同了；或是在认识上认可矫正工作人员的建议，但却不执行。因此，要取得矫正的良好效果，矫正工作人员必须具备较强烈的人伦责任。从一定意义上讲，犯罪是一种恶，而矫正是一种善，我们把青少年置于社区加以矫正，即是矫正人员以强烈的善的胸怀、善的言行、善的措施感召、熏陶青少年矫正对象，使之在强烈的善的生态环境下自觉、自愿地或无形、无意识地被感动或同化，由消极走向积极，由被动转而主动，浪子回头，一心向善。

2. 矫正工作人(员)的专业素养

社区矫正的目的是通过工作人员的工作，改变青少年社区矫正对象的心理和行为，进而使其回归到正常的社会生活中。社区矫正应当建立在人类行为科学的基础上，它涉及青年学、心理学、行为学和社会学等多学科的知识，因此，具体运用这些科学知识的人员必须具备一定的技术与能力。也只有工作人员具备了相应的知识，我们的矫正工作才能产生事半功倍的效果。美国对社区帮教工作者的文化水平、工作经验都有较高的要求：社区矫正工作者一般要获得学士学位，须具有社会学、心理学、青年学、教育学、法学等十分细化的专业知识，须接受文化、心理、身体、个性等方面的测试，还要进行专门的培训，以保证他们能胜任工作。虽然我国社区矫正工作人员的挑选也是参照国外的标准进行的，但由于此项工作在我国开展的时间还不是很长，严格的专业工作人员还较少，相关的专业培训工作尚未在全国范围内展开，社区矫正的良好作用还没有充分发挥出来。

第二节　青少年社会矫正工作的模式分析

预防青少年违法犯罪是当前青少年社会矫正工作的核心内容，更是一项综合性社会工作，涉及社区、家庭以及青少年个体等多个层面，必须坚持综合治理原则，采取综合性措施。以工作主体、工作方法与工作重点的不同为标准，梳理当前我国对于青少年犯罪预防工作的主要做法，可以归纳出四种模式。

一、社会管理模式

如前所述，矫正并不意味着是犯罪之后，也包含违规行为或违法行为之初等各种不良行为的教育与矫治。而这种"罪前矫正"，恰恰是我国青少年违法犯罪防控中较为薄弱的环节。1979 年 8 月 17 日中共中央转发了中央宣传部等八单位《关于提请全党重视解决青少年违法犯罪问题的报告》(中央 58 号文件)，这是党的历史上第一个关于犯罪问题的中央文件，也是第一份关于青少年犯罪问题治理的文件。自此以后，如何实现对青少年群体的有效控制，成为转型期中国社会管理的重要环节。1979 年以后，在预防青少年违法犯罪的名义下，中央又连续发布了多个加强青少年管理的文件。例如，《中共中央关于进一步加强青少年教育预防青少年违法犯罪工作的意见》(中发[1985]20 号)、《中央社会治安综合治理委员会关于进一步加强预防青少年违法犯罪工作的意见》(2000 年 11 月 29 日)、《中央社会治安综合治理委员会关于深化预防青少年违法犯罪工作的意见》(2004 年 9 月 8 日)、《关于实施

“为了明天——预防青少年违法犯罪工程”的方案》(2004 年 11 月 3 日)等。随着 1991 年《全国人大关于加强社会治安综合治理的决定》的发布,中共中央成立了社会治安综合治理委员会(简称中央综治委),统领社会治安管理功能,预防青少年违法犯罪的领导职能也相应归入中央综治委。2001 年 1 月,中央综治委又专门成立了预防青少年违法犯罪工作领导小组,组长由全国人大常委会副委员长曹志担任,共有 13 个成员单位参加,办公室设在共青团中央。时任团中央书记处第一书记周强为副组长,书记处书记赵勇为领导小组成员兼办公室主任。此后,尽管人事变动,但仍遵循了由全国人大副委员长任组长,团中央书记处第一书记任副组长,书记处分管书记任领导小组成员兼办公室主任的格局。作为青少年违法犯罪预防的领导机构,这样的配置的确属于“高规格”,也体现了国家对青少年违法犯罪预防的重视。2010 年 8 月 6 日,中央综治委预防青少年违法犯罪工作领导小组、中央社会治安综合治理委员会办公室联合发布了《关于开展重点青少年群体教育帮助和预防犯罪工作试点的通知》(综治委预青联字[2010]2 号,以下简称试点通知),将闲散青少年群体、有不良行为或严重不良行为的青少年群体、流浪乞讨青少年群体、服刑在教人员未成年子女群体、农村留守儿童[①]群体列为开展教育帮助和预防犯罪试点的五类重点青少年群体。不久后,经过申报等程序确定了北京市海淀区等 16 个试点城市(区),并以 2010 年 9 月至 2012 年 9 月两年为试点期限。同年 10 月 28 日,中央综治委预防青少年违法犯罪领导小组在江西省南昌市召开全国重点青少年群体教育帮助和预防犯罪试点工作推进会,2010 年 10 月 19 日又在山东省泰安市召开

① 青少年是指已满 6 周岁不满 26 周岁;未成年人、儿童指已满 6 周岁不满 18 周岁。

全国重点青少年群体教育帮助和预防犯罪试点工作座谈会，以五类重点青少年群体为对象的教育帮助与预防犯罪试点工作在全国展开。2016 年 9 月，中央综治委预防青少年违法犯罪专项组全体会议在北京召开，会议深入贯彻习近平总书记关于青少年工作的一系列重要指示精神，讨论审议了贯彻落实中央对于预防青少年违法犯罪系列部署的分工方案，结合创新社会治理的要求，就下一步深化预防犯罪工作、推动平安中国建设作出安排。可见，关于重点青少年群体的教育与犯罪防控工作得到了我国政府部门的高度重视。目前，社会管理模式尚处于探索中，并未形成一套相对完善的工作机构与工作机制，相关工作仍有待进一步加强。

二、教育改造模式

教育为主、惩罚为辅，是我国对实施了犯罪行为的未成年人追究刑事责任所遵循的原则之一，是国家基于对未成年人的司法保护精神和教育、感化、挽救方针以及未成年人违法犯罪的成因规律和治理特点而制定的科学原则。它集中体现了我国未成年人司法制度的社会主义性质和人道主义精神，反映了未成年人司法的非诉讼化发展趋势，扩大并深化了未成年人司法保护的社会效果①。当前，监狱中未成年犯的社会化处遇一般包含三个方面。

（一）监狱设置合理化

建立健全分类监管体系，即将监狱划分为若干不同的片区，分别关押不同类型的罪犯，对未成年犯实行分类关押、集中关押，实

① 王顺安、魏志坚：《现代监狱价值理念定位下的未成年犯的人性化管理》，《青少年犯罪问题》2004 年第 2 期。

行不同程度的监管，采取针对性强的改造方案。例如，将监狱划分为收押分类中心、严管中心、普通中心、宽管中心、过失犯中心、医疗中心等。并且，针对未成年犯的特点，探索建立健全开放式监狱，放宽探监看望的规定限制。有些地方还探索视频会见等新的手段与方式，努力降低监禁状态对未成年犯身心健康的伤害，减少未成年犯出狱后回归社会的阻力。然而，从我国目前情况来看，还没有出现类似于国外那样严格意义上的未成年犯开放式监狱，这使得我国监狱体系仍处于不完整形态。从行刑社会化及行刑科学化的目标出发，亟待建立一定数量的符合未成年犯行为与身心特点的开放式或半开放式监狱，使开放式监狱不仅成为对轻刑犯或表现良好的其他罪犯的宽松处遇措施，而且成为罪犯回归社会前的中途训练场所。

（二）教育矫正方式的开放化

首先，扩大监狱行刑的社会参与。积极吸引社会上的各类专业人员和其他社会志愿者参与行刑工作。许多国家的经验表明，在行刑过程中引入民间力量，可以减轻受刑人对国家强制性权力所抱有的本能的敌意，促进其同社会的亲和倾向。同时，各类专家参与行刑，还可以弥补监狱干警专业背景单一的缺陷，提高矫正的专业化程度。在这方面，我国做出了一些积极探索与尝试，充分吸收各种社会组织以参与未成年犯的教育改造工作，取得了良好的社会效果。其次，完善分级处遇制度。分级处遇也称为累进处遇，是指监狱依据少年犯的改造表现、服刑时间和剩余刑期的长短，综合考虑少年犯的犯罪性质和恶习程度，将少年犯分为不同的级别，对不同级别实行不同的处置和待遇的制度。再次，矫正方案个性化。针对少年犯行为易受环境影响的特点，全面了解少年犯犯罪时的时空处境，并细致分析少年犯的心理特点，探索建立健全系统性强的未成年犯改造档案，促进未成年犯现实改造和将来改造效果的巩固。最后，咨询服务多元化。在未成年犯的教育改造工作中，心理咨询改造相对成年犯更显关键。我国大部分监狱都设有若干职能的咨询室，咨询内容涵盖心理健康指导、法律等多方面问题，取得了较好的矫正效果[①]。

（三）未成年犯教育改造的保障性工作

未成年犯的教育改造工作的可持续性依赖于坚实有力的基础性组织保障工作。具体而言，包含两点：一是不断完善针对性的工作机制。国外监狱警察主要的工作在于"看管"，但监狱也很注重对罪犯的文化、职业技能培训教育。罪犯自愿选择受教育内容，监狱不做强制，为满足罪犯相应的学习、培训要求，政府教育等职能部门派有专门人员如文化教师、体育教练、医生、技术教师等(他们多不属监狱警察编制)，在监狱帮助对罪犯实施个别教育计划[②]。对于未成年犯的改造，我国也比较重视。尤其是改革开放以来，各地都努力建立健全针对性的教育机制，完善对于未成年犯的教育制度，使其具备应有的社会基本知识和培养其独立生活的能力。二是未成年犯矫正教育专业化。建立一支专业化的工作队伍，是做好未成年犯教育改造工作的基本保障。随着教育改造工作科学水平的不断提高，我国监狱民警中掌握未成年犯行为特点、具有丰富经验的人员越来越多。近年来，各地为了适应社会转型升级和社会结构变化等情况的需要，广泛吸收各方社会专业人士参与监狱改造工作。目前，未成年犯矫正专家队伍已经初具规模，以监狱民警为主、社会专业人士广泛参与的队伍模式日益完善，奠

---

① 王顺安、魏志坚：《现代监狱价值理念定位下的未成年犯的人性化管理》，《青少年犯罪问题》2004 年第 2 期。

② 同上。

定了未成年犯教育改造工作科学发展的重要基础。

三、社区矫正模式[①]

2002年8月中央综治委青少年违法犯罪领导小组办公室制定了“青少年违法犯罪社区预防计划”，上海率先启动社区矫正工作。自2003年7月“两院两部”下发通知，正式确定北京、天津、上海、江苏、浙江和山东六个省（市）为进行社区矫正工作的试点省（市）。开展社区矫正试点工作至今，已有20多个省（市）开展了社区矫正。各试点地区在实践中注意借鉴国（境）外成功经验，结合自身实际，形成了各具特色的社区矫正方法，社区矫正工作取得积极的进展和显著的成效。我国开展社区矫正试点工作以来的主要成效可以概括为五个方面。

（一）明确犯罪青少年社区矫正的适用对象

通知以及实施办法明确了我国社区矫正主要适用于五种罪犯：被判处管制的；被宣告缓刑的（具体包括：有严重疾病需要保外就医的；正在给自己的婴儿哺乳的妇女；生活不能自理，适用暂予监外执行不至于造成危害社会的）；被裁定假释的；被剥夺政治权利并在社会上服刑的。同时，明确提出对于罪行轻微、主观恶性不大的未成年犯、老病残犯，以及罪行较轻的初犯、过失犯等，应当作为重点对象，适用非监禁措施，实施社区矫正。根据通知精神，结合我国《刑法》《预防未成年人保护法》及其他法律的有关规定，违法犯罪青少年社区矫正的适用对象应当包括下列人员：有轻微

① 参见周莉莉：《我国犯罪青少年社区矫正工作现状及对策》，《青年与社区》2008年第1期。

偷盗、抢夺、诈骗、走私和赌博行为的；有轻微卖淫、嫖娼行为，或者多次传播淫秽物品的；经常打架、斗殴、寻衅滋事、扰乱社会治安的；有轻微窝藏、转移、销售赃物行为的；因违法犯罪行为受到行政开除、行政留用（留校）察看处分的；刑满释放、解除劳教、少年管教，以及经工读学校教育后表现不好的；被判处缓刑、宣告保外就医、监外执行和取保候审、监视居住的；被不起诉、免除刑事处罚需要给予帮教的；有其他违法或轻微犯罪行为的。

（二）建立工作机构和人员队伍

根据通知精神，各试点地区重视社区矫正工作机构和人员队伍建设，为社区矫正工作的顺利开展提供保障。各试点省市区都成立了社区矫正试点工作领导小组。北京、上海、浙江、湖北、吉林等地成立专门的工作机构，配备了专职人员，按照人头解决了工作经费。上海市率先在市司法局设立了副局级的上海市社区矫正工作办公室。各区县司法局明确了负责社区矫正工作的职能部门。街道司法所至少确保有一名专职人员从事社区矫正工作。北京市为弥补司法所人员的不足，试点以来先后抽调近 200 名监狱劳教干警到司法所，与司法助理员一同组成专业矫正队伍开展社区矫正工作。

（三）探索社会力量参与社区矫正工作

上海市培育组建了民办非企业性质的市新航社区矫正工作总站，通过政府购买服务方式，招聘了 450 名社会工作者参与社区矫正工作。北京市在各区县成立非营利性社团组织——阳光社区矫正事务中心，组织发动社会力量参与社区矫正，为社区服刑人员提供回归社会辅导、心理矫正、帮助教育、技能培训、临时救助等各类服务；组织开展社区矫正宣传、培训、理论研究与交流活动；对社区矫正社会工作者进行招聘、管理、教育、培训和考核等。阳光社区矫正服务中心在每个街道、乡镇依托司法所设立社区服务中心工作站，每个工作站按社区服刑人员和刑释解教人员的比例配备了社工。各地还积极招募社区矫正志愿者参与社区矫正工作。浙江省司法厅与团省委、省志愿者协会联合在全省开展社区矫正志愿者招募活动，招聘社区矫正志愿者 29 000 多名。

（四）创新犯罪青少年社区矫正工作方法

1. 实施分类矫正

为提高社区矫正工作的针对性、有效性、科学性，上海市探索分类矫正方法，其中按照年龄分类将社区服刑人员分为青少年犯罪类人员和非青少年犯罪类人员，对青少年犯罪类人员的特征作了分析。《上海市社区矫正工作指导手册》提出：青少年犯罪人员指 25 周岁以下的社区服刑人员，具有六个方面的特征。一是心智不成熟，思想不稳定，行为具有盲从性，来自单亲家庭或准单亲家庭（父母分居）的较多，缺少家庭关爱；二是缺乏法律意识；三是自尊感强，或自卑感强，缺乏奋斗目标；四是不爱学习，精力充沛；五是有来自家庭环境较差的，也有来自家庭环境较好的，但普遍家庭教育方法存在偏差，青少年本人有不良交往；六是动机单纯，偶发性犯罪居多，有暴力倾向的犯罪居多，群体性犯罪较明显。对青少年犯罪人员矫正措施主要包括：加强法制教育、行为养成教育；利用家人、亲属力量，营造家庭关怀的环境对未完成高中阶段教育的人员，督促其参加学历教育；改善人际交往能力，培养团队合作意识，根据年龄与身心发展特征，开展丰富多彩的文娱等辅助活动；推荐参加相关的就业技能培训，掌握一技之长。对青少年犯罪类人员的矫正，以帮教其成为身心健康、生活态度积极、人际交往良好，具有一定的文化和就业技能，能较好适应社会发展的青少年为工作目标。

2. 实施个案矫正

北京市实施个案矫正，为增强矫正的针对性，要求矫正工作人员在全面了解社区服刑人员思想动态和需求的基础上，针对每名服刑人员犯罪原因、年龄、家庭、心理等具体情况的不同，分别制定矫正方案。2005年上海选择确定了497名风险高的对象开展个性化教育矫正工作。司法所和社工对其进行了矫正犯罪恶习、加强心理健康辅导、构建对象社会支持系统、帮困解难等因人而异的个性化教育矫正。

3. 实施心理矫正

上海、江苏等地积极探索心理矫正方法。上海市的心理矫正工作分为三个层面，市矫正办成立心理矫正专家督导组。为全市开展心理矫正工作提供专业指导；在全市全面开展心理健康教育，并把它纳入社区服刑人员的集中教育和达标街镇考核范围；一些区县司法局、综治办等部门支持推动建立心理工作室，承担本区县心理矫正工作。江苏省聘请社会心理学家、心理医生对矫正对象宣传心理健康知识，提供心理咨询服务，对有心理问题的矫正对象进行心理测验，制定治疗方案，实施心理治疗。

（五）探索犯罪青少年社区矫正项目

1. 推行社区服务令

早在2001年，石家庄市长宁区检察院已发出了社区服务令，此后安徽、山东、辽宁等地的法院也发出了社区服务令。目前，上海市的少年法庭已经全面推行了社区服务令，适用社区服务的对象是暂缓判决、宣告缓刑、判处管制、单处罚金或免予刑事处罚的未成年被告人，执行时间从一个月到六个月不等。

2. 建立假释辅导站

上海市制定了《上海市管教所未成年人假释辅导站暂行规

定》,成立了派出所、青保办、未检科、街道司法所、少管所干警组成矫正帮教小组,通过对假释的青少年社区服刑人员进行法律常识教育,为他们解决就业、基本生活保障、住房、户口等实际生活问题,使他们顺利回归社会。

3. 建立试学基地

上海市建立了试学基地,在试学基地成立了二级帮教小组,由学校、派出所、居委会、家长、少管所民警组成的帮教小组,负责试学对象在社区生活的管理;试学对象在学校的教育管理则由校长、教导主任、政教组组长、班主任组成的校内帮教小组负责。试学对象每天向校内帮教小组报到、签到,每月向二级帮教小组作一次书面汇报。

4. 暂缓起诉或判决

为了避免情节轻微、有悔改表现的犯罪青少年进入司法程序,各地采取了"暂缓起诉"或"暂缓判决"的做法,对已构成犯罪的青少年先予以定罪而暂缓执行刑罚,规定一定的暂缓时间,在法庭的指导下依靠社会力量进行教育改造,然后根据改造情况决定从轻、减轻或免除刑罚处罚。

四、安置帮教模式

理论研究和实践经验证明,刑满未成年人的重新犯罪高峰期在刑释后的一至两年之间。有针对性地采取切实有效的刑释后帮教和安置工作,对于预防和减少重新犯罪至关重要。

安置帮教亦即帮教安置,是一项具有中国特色的对刑满释放、解除劳教人员进行的帮扶救助工作,是在党委、政府的统一领导下,依靠有关部门和社会力量对特定的刑满释放、解除劳教人员进行的一种非强制性的引导、扶持、教育、管理活动。安置帮教体现了对刑释解教人员的帮扶救助政策，为刑释解教人员顺利回归社会创造条件。帮教安置刑释解教人员是预防重新违法犯罪、促进社会和谐的一项重要工作，彰显了我们党和国家以人为本的执政理念，对于最大限度消除不和谐因素，有效预防犯罪，并将刑释解教人员改造成和谐社会的成员具有积极意义。安置帮教工作的主要对象是刑满释放五年内、解除劳动教养三年内，没有生活出路和有重新犯罪倾向的人员，即无家可归、无业可就、无外可去的“三无人员”和没有改造好、暴力犯罪、恶习较深、屡教不改人员等。安置帮教工作的主要目标是通过帮教安置工作，力争使大多数刑释解教人员增强改过自新的信念和就业能力，在就业、上学和社会救济等方面不受歧视，实现生活有着落、就业有门路，预防和减少重新违法犯罪。安置帮教工作的主要任务是对服刑在教人员、刑释解教人员给予就业指导的技能培训；引导、扶持刑释解教人员实现就业，解决生活出路问题；创办经济实体和基地过渡性安置刑释解教人员；对恶习较深、有重新违法倾向的刑释解教人员，加强教育管理。1994 年 2 月，中央综治委、公安部、司法部、劳动部、民政部、国家工商行政管理局联合发布的《关于进一步加强对刑满释放、解除劳教人员安置和帮教工作意见》，明确了安置帮教工作的性质、对象、范围和工作目标，明确了相关部门的任务和责任，这是指导安置帮教工作的一个重要文件，有力地推动了安置帮教工作的开展。司法部代表国家组织、指导各级司法行政机关开展对刑满释放、解除劳教人员的过渡性帮教安置工作。

当前，青少年犯安置帮教工作的主要做法有如下几项。一是衔接(人员及档案)管理。档案的衔接主要是监狱或看守所在帮教对象出监、所一个月前将帮教对象档案寄发材料至县安置帮教工作领导小组办公室，由县安置帮教工作领导小组分发到各镇安置帮教工作领导小组办公室进行登记，进入信息管理系统进行管理。

帮教对象在出监、所一个月内自行到所在镇(街道)报到,完成人员档案的衔接。二是落实帮教责任。帮教对象到镇(街道)帮教机构报到后,镇安置帮教领导小组办公室应对其进行谈话教育,会同村(居)基层组织对帮教对象进行等级测定,根据测定结果进行分类,和帮教对象签订帮教协议书,落实帮教责任。对有重新犯罪倾向的帮教对象进行重点帮教。三是经常性的帮助教育和关怀。包括:营造一个良好的亲情帮教环境;做好街坊邻居的思想工作;尽力帮助解决生产生活中的实际困难等。

第三节 青少年社区矫正的社会化工作

青少年社区矫正的社会化工作,是我国社区矫正工作制度中的重要组成部分,但是又不限于在青少年社区矫正期间的各项社会化的教育矫正、监督管理与帮扶助困。相反,在一些方面,它又要超出社区矫正的范畴,严格意义上讲,应当是上述社区矫正模式与安置帮教模式两者的结合。这一方面是青少年自身的行为特点要求社区矫正延伸工作空间所决定的,另一方面也是由我国当前社区矫正制度尚处于初建阶段的客观事实所决定的。为此,我们有必要再次强调一下青少年社区矫正社会化工作的三个重要的犯罪学理论。这三个理论对于下一步青少年社区矫正工作制度、方法等创新都具有重要意义,可以说是我国青少年社区矫正社会化工作方式的基本坐标与创新基础。在深入研究此三项基本原理的基础上,我们对青少年社区矫正工作的开展提出一些对策性建议,重点在于阐述青少年社区矫正社会支持网络体系的构建,这种支持网络体系正是青少年社区矫正社会化工作的根本所在。

一、青少年社区矫正社会化工作的理论基础

（一）新社会防卫理论

“社会防卫”一词最早由刑事实证主义学派代表人物恩里科·菲利在《犯罪社会学》中提出。20世纪中期，在意大利热亚那地区的律师菲利浦·格拉马蒂卡的努力下，形成了社会防卫学派，并在热亚那成立了社会防卫研究中心，使社会防卫学派得到了刑法学界的最初承认。法国著名犯罪学家马克·安塞尔则在社会防卫理论的基础上形成了新社会防卫理论，其最具代表性的著作《新社会防卫论：人道主义的刑事政策运动》系统地修正了社会防卫理论在新社会形势中的含义，掀开了人类刑事政策历史上的重要一页。

安塞尔的新社会防卫理论的主要观点是：(1) 对付犯罪的各种手段，不是旨在通过刑罚惩罚和制裁有意识地违反法律规则的行为，而是为了保卫社会免受犯罪行为的侵害。(2) 社会防卫的意图在于利用一系列通常不属于刑法本身的措施，有效地保护社会。这些措施既包括排除或隔离，也包括矫治性措施或教育性措施。(3) 社会防卫促进这样一种刑事政策，即在犯罪预防中强调个体预防而不强调一般预防，这种刑事政策既要预防犯罪，又要矫治犯罪人，其目标在于使犯罪人得到系统的再社会化。(4) 对罪犯的再社会化过程只能通过增加新刑法的人道化来实现。新刑法必须唤起犯罪人的一切积极因素，努力恢复犯罪人的自信和个人责任感（或者确切地说，是让犯罪人知道自己在社会中有哪些自由），促使犯罪人形成一种人类价值观。(5) 刑法和刑事司法的人道化要以对犯罪现象和犯罪人人格的科学理解为基础。刑法和刑事司法的人道化，不能仅仅是一种人道主义的或多愁善感的运动的产物，而

应具有坚实的科学基础。人道主义的刑法和刑事司法,应该采取一种社会个人主义的政治哲学,既反对绝对的个人主义,也反对极权主义。总之,安塞尔认为,新社会防卫学派的根本目标就是建立起以犯罪学为指导的刑法和刑事司法体系,从而有效地保卫社会免受犯罪的侵害,将犯罪人转变为守法的公民[①]。

尽管一些学者提出了对这一学派的一些批评,但是新社会防卫论的历史地位与理论价值不可动摇。新社会防卫论在推动法国刑事政策科学发展的同时,也对世界上很多国家的刑法改革和刑事政策发展影响重大。西方一些国家根据新社会防卫理论纷纷进行刑法修改,有的甚至将其直接命名为社会防卫法,并推行"非犯罪化"和"非刑罚化"的人道主义刑事政策。随着我国的改革开放,新社会防卫论也被我国学者深入研讨与吸收,这一理论对我国反思"严打"政策、形成符合我国国情的宽严相济的刑事政策起到了重要作用。

(二)社会控制理论

20世纪初,阿瑟·比利、艾伯特·赖斯等犯罪学家开始以社会控制力的大小解释犯罪行为,渐渐拉开了近代社会控制理论研究的序幕。随后,沃尔特·凯特·雷克利斯的遏制理论极大地丰富了此理论。1969年,美国犯罪学家特拉维斯·赫希出版了《少年犯罪原因》一书,系统论述了一种少年犯罪的社会控制理论,由此将社会控制理论推向了更为成熟的境界。赫希的社会控制理论对世界各国的犯罪预防与控制活动均产生了重要影响,是西方犯罪学的基础理论之一。

赫希的核心概念是社会联系,这种联系主要是指个人与传统

---

① 吴宗宪:《西方犯罪学史》(下),警官教育出版社1997年版,第882—884页。

社会之间的联系，由依恋、奉献、卷入、信念四种成分构成，一般通过社会机构表现出来。赫利认为，任何人都有犯罪的倾向，如果不进行控制的话，任何人都会进行犯罪。犯罪的产生与那种把个人和社会联系起来的社会联系的消弱有关："当个人与社会的联系薄弱或者破裂时，就会产生少年犯罪。"这是因为犯罪行为会导致犯罪人与朋友、父母、邻居和重要的社会机关(如学校、工作单位等)的联系遭到破坏，因此，对这种关系的破坏的恐惧，控制个人不去进行犯罪行为；没有社会联系，缺乏对比人利益的敏感性，就会使个人随意试试犯罪行为①。

(三) 社会支持理论

1994 年，美国著名犯罪学家弗兰西斯・卡伦发表《作为理解犯罪学的综合性概念的社会支持》一文，开创了犯罪学视野下的社会支持理论。卡伦首先讨论了社会支持的定义，将社会支持涵盖了由官方机构(如司法系统)所提供的正式社会支持与民间所提供的非正式社会支持两种类型，然后介绍和讨论了有关社会支持的 14 个命题，为犯罪学理论提供了一个新的研究方向，也为社会政策制定者提供了一个"正面的"、非控制性的预防和减少犯罪行为的理论依据②。

卡伦在修订社会支持定义的基础上提出的命题为："1. 由于较少的社会支持，美国比其他工业化国家有更高的犯罪率；2. 一个社区的社会支持越低，该社区的犯罪率就会越高；3. 家庭支持越多，其成员的犯罪可能性就越低；4. 一个人得到社会网络的支持越多，其犯罪的可能性就越低；5. 社会支持降低犯罪压力的影

① 吴宗宪：《西方犯罪学(第二版)》，中国人民公安大学出版社 2010 年版，第 1141—1173 页。

② 王燕飞：《〈犯罪学研究导论〉批判性疏议》，《刑事法评论》2010 年第 27 期。

响；6. 在人的生命里程中，社会支持增加人们抵抗犯罪影响的可能性；7. 社会支持缺乏感与卷入犯罪可能性成正比；8. 提供社会支持降低提供者本人的可能性；9. 当支持守法的力量超过支持犯罪的力量时，犯罪的可能性降低；10. 社会支持是有效社会控制的前提条件；11. 一个支持性的司法矫正系统有助于降低犯罪；12. 社会支持导致更有效的警务；13. 社会支持降低犯罪受害的可能性；14. 社会支持减少犯罪受害者的心灵创收。”[①]在此之后，卡伦与科尔文一起对社会支持理论进行了进一步的分类，并对不同类型的社会支持对犯罪的不同作用进一步探讨，为预防与控制犯罪提出了新的研究途径[②]。

二、我国青少年犯社区矫正工作的一些设想[③]

安塞尔指出，刑事政策是由社会，实际上是由立法者与法官在认定法律所要惩罚的犯罪、保护高尚公民时所作的选择[④]。青少年犯社区矫正工作是落实刑事政策的刑事司法手段之一。我国宽严相济的刑事政策与法国的安全政策、预防政策在刑罚理念、法治精神等方面存在着一些共同之处，这些相同点为我们借鉴法国经验提供了依据。

（一）探索具有中国特色的青少年犯社区矫正工作理念

刑罚个人化是推动近代法国刑事政策科学发展的主要理论，

① 曹立群主编：《犯罪学》，中国人民大学出版社 2008 年版，第 92 页。

② 王燕飞：《〈犯罪学研究导论〉批判性疏议》，《刑事法评论》2010 年第 27 期。

③ 参见桑先军：《新社会防卫理论对现阶段我国未成年犯社区矫正的启示》，《法制与经济》2011 年第 3 期。

④ 参见杨春洗主编：《刑事政策论》，北京大学出版社 1993 年版，第 4—5 页。

体现了近代世界刑罚科学发展的趋势。世界各国的实践已经证明，建立科学的刑事科学制度离不开刑罚个人化理念的渗透与落实。我国长期受刑罚报应论思想影响，犯罪学、刑事政策学等相关刑事科学起步相对较晚，学术界对刑罚执行、刑事政策运用等方面的理论研讨相对不足，这些都制约着刑罚个别化原则在我国的确立与运用。为此，我们认为在法律法规中确立刑罚个人化原则固然是一项紧迫任务，但目前更加重要的则是充分借鉴法国刑事政策的发展历程，加强我国未成年人犯罪发生机理研究，综合推动犯罪学、刑法学与刑事政策学的理论发展，科学吸收刑罚个别化的理论内核，探索建立致力于形成符合我国未成年人非监禁刑罚制度的综合性刑事科学理论体系，逐步形成符合我国国情的青少年犯社区矫正刑罚执行理念。唯有如此，刑罚个人化原则才能真正在我国法律中确定与应用，我国的社区矫正工作也才能够具有坚实的理论支撑与保障。

（二）增强青少年犯社区矫正制度的针对性

安塞尔的新社会防卫理论推动了法国严格贯彻落实安全政策、预防政策。构建具有中国特色的青少年犯社区矫正制度，我们必须将贯彻落实宽严相济的刑事政策作为一条根本主线，以此不断完善我国社区矫正各项制度的多样性与针对性。结合法国的成功经验，我们认为主要有两个方面：一方面是探索建立健全青少年犯社区矫正专门制度。我国在社区矫正工作中已经关注到对未成年人矫正工作的区别对待，但是并未形成完善的工作制度。结合我国未成年人犯罪的特点，建立健全青少年犯社区矫正专门制度将是完善我国社区矫正制度的一项重要内容。另一方面是健全与完善青少年犯社区矫正奖惩制度，凸显多样性与层次性的特点。与法国形式多样的缓刑制度相比，我国的缓刑制度显得相对单一，适用面较窄。但是，我国现有的缓刑制度在一定程度上是与我国国情相适应的，在短时间内进行大幅度修改并不现实，由此，社区矫正奖惩措施就显得尤为重要。然而，我国的社区矫正奖惩制度存在着监狱色彩相对较浓、起步较晚、科学评估有待跟进等方面的不足，更为重要的是没有充分体现未成年人行为可塑性的特点，对于未成年人来说非常笼统和缺乏针对性。因此，我们应当建立健全青少年犯社区矫正奖惩评估制度，切实把脉我国未成年人犯罪发生机理，不断完善青少年犯社区矫正奖惩制度的多样性、层次性与针对性。

（三）完善青少年犯社区矫正工作执行机制

根据教育部“未成年人犯罪问题研究”课题项目调查显示，未成年人在实施犯罪之前对其行为性质和结果的认知程度是较高的。41.9％的青少年犯罪人在作案前均能够清晰地认识到自己实施的是犯罪行为，37.7％的人虽然缺乏明确的刑事违法性认识，但也意识到了自己的行为会造成严重后果或不利结果。从严格的犯罪构成角度看，79.6％的未成年人犯罪人属于典型的故意犯罪，真正对行为的危害性质和危害结果缺乏正确认识的只占16.6％。这说明当前未成年人犯罪大都属于“明知故犯”，而真正因性情冲动在意识水平很低或无意识状态下实施犯罪的比例很少①。由此可以看出，对于青少年犯社区矫正不能仅仅将未成年人犯罪作为“冲动、无知的偶然性社会越轨”，而是要有一套完整的社区矫正执行机制，形成对未成年人不同角度的矫正举措。工作执行机制的健全与完善，既要着眼于各项措施的矫正效能的最大化，又要着眼

---

① 张远煌、姚兵：《中国现阶段未成年人犯罪的新趋势——以三省市未成年犯问卷调查为基础》，《法学论坛》2010年第1期。

于功能的一体性。具体而言，主要有以下几点：一是通过科学论证、试点推进等方式，立足于未成年人社区矫正自身规律，切实找准结合点与着力点，力求社区矫正各项措施的普遍性与特殊性在执行力上能够得到辩证的统一。二是充分运用环境犯罪学、犯罪社会学等学科知识，广泛开展有针对性的实证调查，对相邻功能区、交织功能区之间的相互影响作出科学的论证分析，在工作机制建设上给予合理利用或规避。三是统筹社区矫正工作人员的效率、工作平台环境的效能与社区矫正对象的需求三者之间的关系，将工作平台建设作为消除犯罪因素的第一门槛，切实发挥其在整合社区矫正工作效果与社区矫正对象需求中的平台作用。

（四）健全青少年犯社区矫正评估监督体制

科学的动态评估机制是青少年犯社区矫正各项措施功能发挥的“引擎”，有效的监督机制是青少年犯社区矫正各项措施功能良性运作的“护卫”，两者是整合矫正功能的重要保障。青少年犯社区矫正各项措施功能整合的前提在于对各工作区功能状况的切实掌握。科学的青少年犯社区矫正动态评估机制，一方面能够不断促进措施功能最大化，另一方面能够整合功能发挥，保障各项矫正措施的时效性。我们应当通过完善评估量表、健全评估指标体系等手段不断建立健全动态评估机制，充分发挥动态风险评估效能，提高矫正措施的针对性、实效性。同样，青少年犯社区矫正各项措施功能的发挥与整合也离不开有效的监督机制。由于教育矫正功能的整合运作并非是能用肉眼直接看到的，因此，对其监督应当以科学的权利配置、专业的监督主体等手段为主，充分发挥上下级之间的反馈监督机制与检察机关的法律监督职能，有效利用各方专家学者的社会监督力，形成科学高效的青少年犯社区矫正工作监督机制。

三、我国青少年社区矫正社会支持网络建设

未成年社区矫正社会化的根本目标，就是要构建一个支持青少年回归社会的社会网络，在这个网络里规制青少年行为，培育青少年公民意识。而这个网络建设的第一步，就是要建立健全贯穿刑罚执行全过程的帮困扶助一体化工作体系，作为整个网络构建的工作主体与整合社会资源的主导力量。再社会化过程本身是一个发展过程，从刑罚判决一直到刑满释放，每个阶段的帮扶工作都不是孤立的，而是前后顺承的。然而，在实际工作中，由于每阶段对应的职能部门不同，帮扶方案往往都是相对独立的，缺乏一体性。因此，应当建立帮扶档案跟踪制度，从刑事判决开始制定个案权利维护与帮扶方案，一直跟随犯罪人到安置帮教部门，从而保障帮扶方案更具针对性。另外，应当将安置帮教归入社会矫正中。社区矫正本身包含着帮困扶助的工作职能，应该将安置帮教纳入社区矫正中。安置帮教成为社区矫正帮困扶助职能在刑罚执行后的延伸，一方面可以为社区矫正工作对比监禁刑与非监禁刑执行效果提供有效样板，更好地做好社区矫正效果评估与反馈；另一方面，可以更加充分地发挥社会化帮扶优势，节约社会资源，增强帮扶工作效能，促进形成刑罚执行一体化帮困扶助工作体系①。

在完善的工作主体下，充分发挥社会支持系统在青少年社区矫正社会化工作中的基础性作用，要做好以下几点②。

① 参见桑先军：《论犯罪人的帮困扶助——以社会支持理论与社会控制理论的冲突为视角》，《福建警察学院学报》2010 年第 4 期。

② 参见郭玲玲、刘俊世：《社会支持：青少年社区矫正的基石》，《当代青年研究》2007 年第 4 期。

（一）自我概念与自我管理

自我概念是个体关于自己的技巧、能力和社会接受性方面的态度、情感和知识的知觉，是对自己的稳定的认识和评价。自我概念不仅为个体提供自我认同感和连续感，使个体的存在和发展富有意义和价值，而且还通过维持内在一致性的机制来引导个人行为。传统上，人们高度关注个性心理品质的培养，而忽略自我概念培养的重要性，把自我概念与"以自我为中心"等同起来。实质上，自我概念的发展是个体社会化发展的核心部分。一切外部影响力量要内化为个人的品质，都需要经过自我概念的中介。只有那些经过人们自我价值系统审定之后自觉选择并被纳入自我概念结构、成为自我概念有机构成部分的信念与相关行为，才可能真正转化为不需要外在力量支持的个性品质。有研究比较了犯罪与非犯罪青少年的自我概念，发现犯罪团体的自我概念偏低，且内部发展呈现不平衡的状态。许多研究表明，青少年的自我概念与其行为问题和心理健康具有相关性，低自我概念的学生比高自我概念的学生存在更多的心理和行为问题。青少年社区矫正的实质是培养个体健康积极的自我概念。

（二）物质支持和情感支持

研究表明，家庭支持是最重要的支持源。家庭保护在青少年健康成长中具有不可替代的作用。对于青少年罪犯来说，他们的心理发展还未成熟，对家庭的依赖性还很强，犯罪的经历又使其产生一种自卑心理。在所有的来自外界的保护力量中，来自家庭的保护最早，通常也是最直接、最有效的保护。家庭是其重要的情感依赖，为其健康成长提供了一个重要的平台，也是其顺利融入社会的一个"中转站"。家庭支持的另一个重要功能是为青少年提供必需的物质生活需要。只有当基本的生理需要得到满足以后，才会有安全需要、交往需要、尊重需要和自我实现需要，才能为矫正青少年罪犯的不良行为和犯罪心理提供基础保障。但是，在实践中我们经常发现，青少年在社会化过程中所出现的种种问题，绝大多数是与家庭缺少必要监护和教育管理有关，家庭环境的畸形是犯罪的重要因素之一。违法犯罪青少年约有 1/4 来自“问题家庭”(父母离异、丧偶、单亲、再婚、犯罪)。在这些问题家庭中，青少年缺乏家庭的温暖，缺少与家人的沟通，性格比较孤僻、自卑、敏感。这种“问题家庭”也难以为青少年罪犯的矫正提供必需的物质支持和情感支持。针对这种情况，可以借鉴国外的做法，设立养育家庭，为他们提供个别化的关心、指导和爱护，创造良好的家庭氛围和情感。

（三）知识教化与人际支持

调查显示，学校教育是青少年违法犯罪行为的重要因素。学校对学生的自我管理与教育以及培养良好的品德和人际关系等方面都起着教育的“杠杆”作用。学校应该以宽容的态度，让青少年犯能够继续在学校学习，接受健全的学校教育，这不仅有助于其悔过自新，塑造健全的人格，而且能够使其掌握必备的知识和技能，有利于更好地复归社会。

（四）尊重、支持与信任

社区居民的接纳程度是影响青少年社区矫正效果的重要因素。如果社区居民能够本着“人非圣贤，孰能无过”的观点，给青少年罪犯积极的关注与支持，就可以有效避免失足的青少年丧失对社区的归宿感，对社会有一种感恩之心，从而有利于他们的改造和成长。另外，社区服务给青少年犯提供了一个为社会做贡献的机会. 青少年犯可以根据其特长为社区居民服务，不仅可以促进被矫正对象与邻里建立良性互动的社区关系，同时也可以帮助青少年形成自我效能感，从而形成积极的自我概念。

（五）信息支持与心理支持

与其他的支持源相比，志愿者是一个很有潜力的社会支持源。他们不仅是青少年犯交往和谈诉的对象，同时，也树立了正面的角色典范，可能成为这些青少年成长中的重要他人，从而对青少年罪犯的矫正产生重大的影响。更重要的是，不同的志愿者来自不同的职业和阶层，具有多元的信息来源，可以帮助青少年在升学、就业等人生关键时刻做出最佳的选择。具有较高文化素质和社会工作经验的志愿者可以结合心理咨询和辅导的相关理论，协助相关机构、家庭和专业工作者为青少年犯提供必要的心理辅导，帮助他们维持良好的心理状态和情绪体验，积极配合，主动矫正。

桑先军

第五章　司法判决前的社会矫正工作

司法判决前社会工作的服务对象主要包括犯罪嫌疑人和犯罪嫌疑人的亲友。社区工作者介入司法过程，自司法判决前的案件审理阶段就已经开始。这时的主要工作对象是已被拘押和保释的、尚未被判定有罪的犯罪嫌疑人。矫正社会工作者在案件审理过程中的主要工作职责是通过与犯罪嫌疑人及其家属和周围社区的接触了解，写出一份有关犯罪嫌疑人背景的调查报告，提交法庭作审判参考①。针对犯罪嫌疑人，本章主要讨论针对未成年犯罪嫌疑人的社会工作介入。

第一节　针对未成年人犯罪嫌疑人的社会工作介入

未成年人犯罪的不起诉制度不仅符合民主法制发展的潮流，而且使挽救、教育、感化未成年犯罪人更具效果。未成年犯罪嫌疑人可能通过接受检察官的教诲或由于父母的斥责而有所悔改，但

① 史柏年主编：《社会工作实务》，中国社会出版社 2009 年版，第 122 页。

此时该未成年人所处的环境大致不变，甚至因为标签作用而更加恶劣，因此，从很大程度上讲，未成年犯罪嫌疑人被不起诉之后在一定时间内仍可以说是潜危青少年或高危青少年，不能对之放任不管。目前，国内许多检察机关纷纷成立了专门的科室，安排专门的工作人员负责未成年犯罪嫌疑人被不起诉后的帮教工作。但终因专业所限，检察机关不能有效介入被不起诉未成年人的矫治工作。而且，作为国家司法部门的工作人员本身就具有标签功能，这些标签人物经常接触被不起诉的未成年人无疑具有诸多不良的影响。倘若被不起诉的未成年人以“越轨者”自居，照此标签所暗示的越轨行为模式去行动，结果将发展出更多的越轨和违法行为，从而有可能形成持续性的生活方式，由初级越轨演变成习惯性越轨或惯犯。因此，社会工作这种专业性职业介入未成年犯罪嫌疑人被不起诉之后的矫治工作就成为必然。

一、社会工作介入的独特性

事实上，未成年犯罪嫌疑人被不起诉之后的综合治理工作有着多方面力量的介入。社会工作者作为专业人士，以及与未成年犯罪嫌疑人之间没有直接关系的身份，使他们得以有效介入未成年犯罪嫌疑人的矫治工作，而这点恰恰是社会工作介入的独特性表现。

第一，社会工作者将以平等、接纳的态度对待被不起诉的未成年人，关注他们的利益和福利。这样的接纳不仅拒绝批判，而且积极地追求理解。因为这样的接纳意味着接受、相信和尊重，是以平等的态度接纳被不起诉的未成年人，和未成年人谈心，同他们交朋友。

第二，社会工作介入的主要目标是让个人能够增加自身的效能而避免犯罪。社会工作的本质是助人自助，而不是包办代替，因为案主问题产生的原因往往受到生理、心理和社会等多方面因素的影响，直接代替案主解决问题，只能一时缓解案主的问题，而不能从根本上解决问题。它立足于发挥未成年人的潜能，帮助其建立健康的人格和行为模式，这将在根本上解决问题。

第三，社会工作依赖科学的方法和技能。社会工作的三大工作方法——个案、团体和社区——具有鲜明的科学性和技术的可操作性。社会工作者受过系统的专业教育和专业培训，有独特的工作形式和职业道德，这些都有利于被不起诉的未成年人的健康发展。

第四，社会工作的介入是系统的。这不但体现在矫治过程的系统性，既包括关系的建立、资料的搜集与诊断、目标与计划的制定、服务提供以及结案和评估；还体现在社会工作者从系统的层面，即从外部环境和内部环境寻找未成年人犯罪的原因，不但通过培训提高未成年人的社会技能，而且尝试改变未成年人所处的环境。

二、社会工作介入的层面

社会工作该从哪些方面介入才能彻底摆脱这些青少年的危机状况呢？只有从家庭、学校、社区及未成年人本人等多方面入手，才能从根本上使被不起诉的未成年人走上健康的发展道路。下面从家庭、学校、社区三大方面探讨在目前环境下社工的介入途径。

（一）家庭干预

家庭是儿童青少年的第一所学校，和谐的家庭是亲社会行为的养育所。家庭的各方面因素会对儿童青少年产生重要的影响。这些因素可以分为两类：一是功能性因素和人际过程，这些因素对行为有直接的效果；二是结构性的因素（如家庭规模），这类因素是间接的。许多未成年人之所以走上犯罪的道路，与家庭因素的不协调密切相关。社会工作从家庭方面介入未成年犯罪嫌疑人被不起诉之后的矫治工作可以从两个方面入手：提升家庭教养和改变家庭环境。

第一，家庭教养的提升。若要使孩子远离犯罪，父母必须关注孩子的性向和需求；监督了解孩子的行为；认知偏差行为的界限与家庭规范；矫正偏差或犯罪行为。在这个模式里，显然父母最需要的是对孩子真诚地关心、投入和投资。因为关心孩子的父母将会认真去了解孩子的行为，也会对其不良的行为加以纠正。也就是说，父母关心孩子的福利和行为是成功教养的必要条件。然而，非常明显的一个现象是，个体成为父母并不意味着他（她）就自动获得了养育孩子的有效技能。单亲家庭、混合家庭和双职工家庭的增加使稳定的家庭环境、养育心理健康的孩子成为一件非常困难的事情。从我们对南京市鼓楼和秦淮区人民检察院做出不起诉的决定的未成年人分析来看，部分家长教育子女的技能存在较大的问题。因此，社会工作者应该对被不起诉的未成年人的父母实行与家庭教养有关的培训，而政府应该承担起这项责任。

第二，家庭治疗。提高父母家庭教养技能是社会工作介入家庭的重要方面，这也是使被不起诉的未成年人能够获得长久性家庭支持的必经途径。然而，在那些家庭问题比较严重，家庭问题成为未成年犯罪嫌疑人被不起诉之后的矫治工作的主要障碍时，家庭治疗就成为一种必不可少的介入方式。家庭治疗是一种家庭功能发生障碍时的干预过程，主要视家庭为一个开放的系统，属于社会体系的一部分，其功能的发挥依赖成员之间的互助，故需要协助家人共同面对问题。家庭治疗是个案社会工作治疗模式的重要组成部分，目前，结构家庭治疗法和联合家庭治疗法被普遍运用于犯罪青少年之中。

（二）学校干预

从南京市鼓楼和秦淮区人民检察院的未成年人犯罪被不起诉案例的分析中，大多数未成年人在普通中学、技校等中专院校就学，这些学校生源差、教育资源缺乏，父母对孩子的学习期望也比较低。更为重要的是，目前很多学校对被不起诉的未成年人不是采取挽救帮助的措施，而是采取以下措施保全学校的“名誉”：一是劝其退学，并将退学的日期前移到犯罪之前；二是劝其转学，由学校出面帮助其联系转学事宜；三是继续让其上学，但没有学籍，到毕业时只发给结业证书。学校的这种做法对被不起诉的未成年人来说无疑是雪上加霜，流入社会的他们面临着再次犯罪的危险。因此，在学校干预方面首先摆在社会工作者面前的是如何使被不起诉的未成年人回归校园。社会工作者在这一方面应该充分利用他们所具有的机构资源和专业能力，或说服学校挽留被不起诉的未成年人，或寻求各种机构（如教育部门）的帮助施压于学校，或者帮助未成年人联系其他愿意接受他们的学校。当然，在这一过程中，社工也要促进国家和地方完善一定的立法或政策措施来保障未成年人的就学问题。

（三）社区干预

随着城市化和现代化的快速发展，社区越来越成为人们生活、工作、学习、休闲等活动的社会实体，人们开始渐渐脱离单位，而成为一个独立的利益个体加入社区生活。未成年犯罪嫌疑人被不起诉之后的主要活动领域除了家庭、学校以外，社区成为他们主要的活动领域，因而社区干预成为未成年犯罪嫌疑人被不起诉之后的矫治工作的重要方面。相关学者的研究显示：当训练和生活环境相似时，新技术更有可能推广，所以，以社区为基础的矫正被认为是更有希望的。美国1963年首先通过的建立社区心理健康中心的《联邦法案》，对社区心理健康运动产生了重大的影响。社区心理健康运动代表了这样一种哲学，即心理健康干预在心理失调发生的社区内实施更有可能获得成功。这些研究显示出了社区干预的光明前景。以社区为基础的矫治在中国香港和台湾等地区被称为社区处遇(community-based corrections)，且在英美获得大力的倡行。以美国为例，目前实际上社区服刑的人犯比例已占所有接受徒刑审判人数的3/4。在中国大陆，刑罚主要是机构处遇(constitution-based correction)，几乎不存在社区处遇。现在，未成年人犯罪的不起诉制度可以说是一定程度上的社区处遇。

社会工作者介入被不起诉的未成年人的社区矫治中应该做些什么呢？首先，社会工作者应该促成专门性的工作组织的成立。在香港和台湾地区，社区矫治组织有中途之家和社区矫治中心，这些组织在预防未成年人再次犯罪方面起了重要作用。目前，中国大陆尚不存在这样的组织，这使得社区干预几乎不可能施行。中途之家或社区矫治中心指的是设置于社区的犯罪矫正机构，其特点在于以社区为基础，运用社会资源协助少年犯或即将出狱的受刑人与社区建立新的社会联系，使其逐渐适应自由的社会，成为社区中富有建设性的成员。

社区矫治中心这种专门性的组织是怎样作用于被不起诉的未成年人的呢？它是怎样运用社区资源更好地开展活动的呢？在美国流行着一种家庭式的少年犯社区机构，少年犯生活在这种家庭式的环境中，工作人员满足少年犯的基本要求，对他们进行守法行为规范、价值观和行为方面的教育和训练。例如，美国的群体之家(Group Home)为十几个青年提供有监督的食宿，这些人可以进入普通学校上学或参加社会工作，而且周末可以回家。这些是教学家庭模式的环境，在这个环境中，受过训练的管理者通常是一对已婚夫妇，他们有区别地教会和支持少年犯那些在社会和家庭生活中所需的亲社会技能。我们也可以借鉴国外和港台地区的经验，社区矫治中心可以把被不起诉的未成年人召集到中心来，中心的社会工作者可以对被不起诉的未成年人实行各种矫治训练，可以带领未成年人参与社区活动，在实地环境中指导未成年人，使其在训练中获得的各种技能能够得以泛化，使亲社会行为能够得以保持。

在中国走向社会主义市场经济体制的过程中，面对急剧变化的社会，中国引进专业社会工作是必要和必然的。近几年来，未成年犯罪的不起诉制度在一定程度上得到了推广，相关部门在未成年犯罪嫌疑人被不起诉之后的矫治工作中做出了许多开拓性的工作，这些工作也起到了一定的作用。然而矫治工作是一项专业性的工作，它急需社会工作这种专业性学科和工作人员的介入。社会工作三大方法的运用，社会工作从家庭、学校、社区三大领域的介入，无疑具有现在的关于被不起诉的未成年人矫治工作所无法比拟的优势。但是，这种优势的发挥不是生搬硬套的产物，而是在现有资源模式基础上开拓创新、不断追求本土化的结晶[①]。

---

① 周晶：《未成年犯罪嫌疑人不起诉之后的社会工作介入》，《上海青年管理干部学院学报》2008 年第 2 期。

第二节　司法判决前犯罪嫌疑人调查报告制度

一、司法判决前犯罪嫌疑人调查报告的应用

司法判决前犯罪嫌疑人调查报告的撰写是社会工作方法在矫正社会工作领域中的应用。矫正社会工作者在司法判决前提交调查报告的目的不是像律师一样为被告做无罪或轻罪辩护，而是在罪犯承认犯罪事实的基础上为法庭判决提出参考建议。在一些国家和地区，法庭对矫正社会工作者的调查报告是十分重视和尊重的，因为法庭调查一般注重于犯罪事实本身，以此作出是否有罪和罪行严重程度的判断；而矫正社会工作者的调查报告所提供的罪犯的社会背景和性格特征等资料，有助于法庭作出适用何种判罚处置的判定，有利于罪犯的改过自新。例如，许多免于处罚、缓刑、社会服务等判决，都是法庭在充分考虑矫正社会工作者的建议基础上作出的。这就是矫正社会工作者在司法审判前为犯罪嫌疑人提供的服务。报告包括犯罪事实的记录、前科、生活史三部分。

人格调查可以让“刑罚标尺”更具人性化。

2005年11月8日晚，年仅17岁的青岛胶南市某中学学生徐某在校园厕所内持刀抢劫同学的800元钱和饭卡，从此走入人生的歧途。2006年10月19日，一脸稚气和惶恐的他低头走上被告人席。他没有想到的是，他看到在法庭上多了一个“人格调查员”的席位，坐在这一席位上的是胶南市社区矫正工作领导小组办公室有关负责人。庭审中，该负责人当庭宣读了被告人徐某的人格调查情况：徐某无任何前科劣迹，但喜爱上网，手中资金有限，一

时冲动，走上犯罪道路……鉴于此，法官综合徐某悔罪态度较好等情节，当庭认定：被告人徐某具有较好的帮教、监管条件，对其适用缓刑确实不致再危害社会，可对其宣告缓刑。①

这是青岛法院系统向前延伸审判功能、推进“人格调查”制度以来的一起普通案件。这一制度由胶南市市南法院率先发起，之后在全法院推广。

二、涉罪未成年犯审前调查报告的形成及作用

一直以来，涉罪未成年人的社会调查是由检察院未检科请青少年社工前往社区完成的，由于只是开庭审判前的调查，涉罪未成年人并没有被确定为社区服刑对象，因此这项工作在国内并未得到充分重视。但是根据工作经验，结合保护未成年人身心健康的立法精神，大多数涉罪未成年人最终会被判处缓刑，在社区服刑，从而接受矫正社工的帮教。因此，我们可以说，涉罪未成年犯的审前调查主体为社工，社工在其中扮演了重要的角色，同时，审前调查报告也为社工在后续的矫正工作中更具针对性、适切性地帮助其工作对象（未成年犯）奠定了坚实的基础。

社工参与社会调查从居民委员会开始，经过与家长以及本人的面谈，了解涉罪未成年人在社区中的表现、社区评价、成长环境等信息，从而获得客观的评价。社会工作者完成社会调查工作后，形成调查报告。

传统的社区矫正工作的程序一般是由法院对被告进行审判，判决书将会送达派出所，再由司法所下达正式书面通知给矫正社工，然后社工和服务对象在派出所见面，由社工了解服务对象的基

① 参见《青岛日报》2007年2月7日。

本情况。社区矫正宣告后，社区矫正工作正式开始。在这之前，社工对矫正对象可以说毫无了解，要在最短的时间内建立起工作关系并非易事。涉罪未成年人调查能够帮助社工对以后的帮教对象形成一个初步评价，使社工及时掌握他们的性格特点和心理特征，与服务对象建立潜在的工作关系。这为日后矫正工作的展开带来了方便，大大缩短了社工与被矫正者了解与熟悉的时间，以便在矫正宣告后很快地建立正式矫正帮教关系。

与原先法庭审判之后再把被矫正者分配到社工处的情况相比，审前调查报告制度保持了矫正教育工作的连贯性，教育效果更理想，有助于树立矫正社工的威信和社区矫正的严肃性。由于矫正是在派出所见面之后在社区内进行的，这样容易给服务对象“审判”和“矫正”分离的感觉。对社工而言，对服务对象的完整印象并非是从法院审判过程中得到的，而只是从单份判决书而来，这样就会使社工对服务对象的认识不够全面和详细，影响帮教效率。由于在对涉罪未成年人进行社会调查时，涉罪未成年人还处于检察院的审查起诉阶段，检察院会参考社会调查报告，从而确定是否对其提起诉讼。即使提起诉讼，法庭审判时也会考虑该社会调查报告的意见。这在无形中就强调了社工的重要性，加强了社工的权威性①。

三、审前调查报告实践中存在的问题及制约因素

（一）法律依据不足，影响调查人员开展工作

严格地说，审前调查带有准司法性质，因为在了解当事人与犯

① 姚慧：《矫正社工提前介入涉罪未成年人社会调查的尝试》，《社会工作（实务版）》2011 年第 1 期。

罪相关的事实和情节时往往涉及个人的隐私,同时在获取必要的证据时也会带有一定的强制性。这些都需要有明确的执法主体以及在程序法方面的保障。目前,涉及审前调查的只有最高人民法院《关于未成年人刑事案件的若干规定》、最高人民检察院《人民检察院办理未成年人刑事案件的规定》、"两院两部"《开展社区矫正的通知》《关于办理青少年刑事案件建立相互配套工作体系的通知》和司法部《司法行政机关社区矫正工作暂行办法》等。上述规定或是适用面窄,仅适用未成年人,或是仅规定了原则,操作性不强。

(二)司法所的职权定位存在争议,影响工作的开展

《实施办法》要求,县级司法行政机关要特别做好社区矫正人员的适用审前评估等工作,并要求司法所作为县级司法行政机关的派出机构,承担社区矫正日常工作。毋庸置疑,县级社区矫正机构为执法机关,可是司法所是不是作为派出机构享有刑事执法权,还是只承担社区矫正的日常的辅助工作,目前缺乏一定的客观基础,即司法所全部收编直管,司法所管理体制集中畅通。

(三)调查人员缺乏必要的专业知识和责任感

实践中,无论是司法所的专编工作人员,还是司法助理员或社工,都相对缺乏刑事执法的专业知识和访谈方面的技能,以及开展调查的经验。从形成的调查报告质量看,存在偏离主题、内容不全、方法机械、综合分析片面等问题,影响调查报告的客观公正性。

(四)调查人员配备不足

根据《实施办法》的要求,受委托的司法行政机关收到委托后,指派两名以上工作人员或者会同拟适用社区矫正被告人、罪犯居

住地的乡镇(街道)司法所开展调查。而实际的情况是,目前虽然各区县建立了社区矫正工作站,但由于编制问题尚未配备相关人员,这项工作仍旧依赖司法所的工作人员完成,而司法所普遍存在人员不足的现象。社会调查需要走访犯罪家庭及社区,根据犯罪嫌疑人的性格特点、社会交往、平时表现、家庭背景、犯罪原因等情况,作出公正、客观、是否适合社区矫正的评估,仅靠现有的一名专职社工额外承担这项繁重的审前社会调查及评估工作,很难做到位。

(五) 社区矫正审前调查与评估无法定期限

从基层审前调查实际操作情况来看,矫正办在接到法院委托函及罪犯起诉书之日起,应指定专人在5—7个工作日内完成罪犯的人格调查,形成社区矫正审前评估报告提交法庭,作为庭审量刑的重要参考依据。实际操作中,从接到委托函之日起,委托单位往往要求区矫正办尽快调查,形成报告,有时甚至要求2—3天提交报告,时间仓促,调查人员根本来不及完成调查任务,容易导致调查意见内容偏差或缺乏真实性。

(六) 群众缺乏了解,情况反馈影响社区矫正审前调查评估的真实性

在审前调查与评估工作实践中,工作人员经常遇到周围群众对社区审前调查不理解、不支持,导致社区调查中很难了解到真实的情况。根据《实施办法》规定,调查人员主要是通过走访调查被告监护人、就读(就业)学校(单位)的同学(同事)和领导、所在社区的群众和领导及当地派出所等获取相关的信息。但多数被调查对象与被告关系较近,本着不让被告判实刑入狱的目的,只讲有利于被告的好话,或是周围的邻居为了考虑自身的安全和免遭麻烦,往

往不提供真实情况，不愿意因此而“做冤家”，因此提供的信息可信度低。这使得调查工作的真实性大打折扣。

（七）先审判后委托，社区矫正审前调查与评估易流于形式

在实践过程中，不止一次出现过，法院判了被告人缓刑之后再委托进行“审前评估”，不仅使得审前调查与评估流于形式，也给区矫正办社区审前调查工作带来了许多无奈。

四、完善审前调查工作的思路

综合分析我国社区矫正实践经验与司法行政体制现状，司法所作为执法派出机构履行刑罚执行存在着人员、机制等方面的限制。然而，作为具体承担社区矫正工作的实务部门，不可能期冀在立法和各方面制度完善后再开展和执行此项工作，因此贯彻《实施办法》的过程，既是任务落实的过程，也是创新发展的过程。实践中对工作方法科学化和规范化的探索不仅是为立法和制度的完善提供依据，也进一步增强了基层社会服务管理创新的动力和活力。基于此种认识，基层在规范审前评估的步骤和内容上进行了一些尝试和探索，主要通过拟订方案、实地考察、小组评议这三个过程，保障调查的准确性、可靠性以及建议的合理性。

（一）拟订方案

为保证审前评估意见的真实性和严肃性，把握好社区矫正人员安全监管的入口关，减少社区矫正安全监管工作的危险性，设计统一的调查表格样式，对调查内容逐项列出明细，并明确审前调查的步骤和内容，便于参与调查人员更好地开展调查，收集符合审前调查内容的相关资料。

（二）实地考察

根据两人以上共同办案的原则，要求不少于两人与被调查者进行直接见面谈话，了解被被告（罪犯）的家庭情况、父母子女关系的密切程度、社会交往的圈子、居住生活环境、家庭变故等。一是走访家庭，了解家庭成员的构成，和睦与否，父母对孩子的管教情况，监护人的职业、收入；了解被告人或监狱服刑人员的年龄、受教育程度、健康状况、生活经历，以及案发前的身份和家庭经济状况及其是否愿意接纳等。二是走访被调查者就业单位、就读学校，了解工作表现，学习成绩，对同事、同学的态度，是否有旷工、辍学等情况。三是走访被调查者所在居民委员会或村民委员会，了解其平时表现，生活圈子、社会交往圈子、邻里关系以及被害人意见。

（三）小组评议

通过调查，综合案发后态度或狱中表现以及被害人相关意见等，从而分析出罪犯的个性以及其成长过程中存在的积极和消极因素，进而对其人身危险性和再犯可能性进行系统的综合评估，提出是否适用社区矫正的建议，形成书面的调查报告，连同相关的谈话笔录提交法院，供法院判决裁定时参考。如果被告人进入社区矫正，社区矫正工作者还可以依据审前调查的内容为其设计个性化的矫正方案，设定切实可行的矫正目标，采取有针对性的矫正措施，从而增强矫正的有效性。

五、国内外经验借鉴

（一）国外情况介绍

美国是审前调查制度的开山鼻祖，其雏形可追溯到 1840 年，由现代缓刑之父——约翰·奥古斯图斯(John Angustus)最先提出,后来伴随着美国缓刑制度的建立和发展,与之配套的缓刑资格调查也得到不断完善。到1930年,缓刑资格调查演变成为整个量刑提供判决前的调查报告,从而形成了现代意义上的审前调查制度(英美国家称 the presentence report)。审前调查制度是美国司法机关决定是否对有关犯罪人使用社区矫正的重要制度依据。法院在作出判决前要求社区矫正机构对犯罪人进行调查,以评估犯罪人可能给社区带来的危险程度,并在此基础上确定犯罪人的矫正要求。调查内容主要包括犯罪人个人信息,犯罪人对被害人的经济和情感影响,犯罪原因、犯罪后有无悔改自责的态度和表现,重新犯罪的危险性评估,使用监禁刑或非监禁刑的建议等。调查报告非常规范,通常有固定的表格,法院根据该报告最终确定是否对犯罪人进行社区矫正并规定履行矫正义务的时间,以及在期间内必须遵守的条件。美国创立的这一制度于1950年在海牙召开的第12届国际刑法及监狱会议上被积极倡导,后来为许多国家所仿效。

英国的社区矫正制度也颇具特色,作为社区矫正前置程序的审前调查在量刑中有着举足轻重的地位。英国《2003年刑事司法法案》规定:"法庭在判处监禁刑、社区刑时必须获得判刑前报告,法庭有责任获得并考虑判刑前报告,如果法庭认为没有必要,也可以在没有报告的情况下量刑。"根据此规定,判决前报告虽然不是强制令,但在法院判决社区矫正时仍然起到至关重要的作用。事实上,英国缓刑局根据社会调查资料提出的司法建议有60%能够被采纳。

在日本,未成年人案件中审前调查的运用非常规范、系统和科学。日本1948年《少年法》第9条规定:家庭法院调查少年事件时,务须就少年、保护人或关系人之现状、经历、素质、环境等,运用医学、心理学、教育学、社会学及其他专门知识，努力为之。审理少年案件的家庭法院调查官必须将调查结果用书面形式报告给家庭法院法官，同时还要提出自己的处遇意见。

整体而言，国外的审前调查制度相对完善成熟，其核心目的就是在刑罚个别化的基础上充分关注犯罪人的个体情况，全面评价其人身危险性，为犯罪预防和罪犯矫治提供科学依据。我国在移植、借鉴该制度的过程中，必然也有着不断抉择、筛选、改良直至完全本土化的渐进过程。

（二）国内发展现状

审前调查制度在我国尚未实现刑事立法化，但相关法律和司法解释对此有所涉及。2001 年最高人民法院《关于审理未成年人刑事案件的若干规定》的司法解释，明确提出在办理未成年人刑事案件时，控辩双方可以提供书面调查报告并明确调查的主题、内容以及调查时间。因此，审前调查在我国的实践探索首先始于未成年人刑事案件。2004 年司法部发布《司法行政机关社区矫正工作暂行办法》，该办法第 10 条规定：“司法行政机关应当在人民法院就管制、缓刑、暂予监外执行、假释、剥夺政治权利的判决、裁定或者决定听取司法行政机关的意见时，积极配合。”据此，有关试点省市开始积极尝试、探索审前社会调查，将审前调查的适用范围逐渐扩展到成年人案件。例如，北京市丰台区人民法院在 2007 年将审前调查制度引入成年被告刑事诉讼，委托被告居住地的司法所对被告进行社会调查，并成功采信司法所的调查结论。上海市在社区矫正工作中也积极借鉴国外有益经验，建立了缓刑、假释征求社区矫正机构意见制度，并在《上海市社区矫正工作指导手册》中作出了规定。江苏省 2006 年出台了《刑事案件未成年被告人审前调查实施办法（试行）》，委托社区矫正机构对未成年被告人危害社会行为的背景因素进行调查分析，被委托机构对未成年被告人是否具有再犯罪危险性、是否可以使用非监禁刑罚措施出具评价意见。湖北省在2007年制定了《湖北省适用非监禁刑审前社会调查实施办法(试行)》，规定了人民法院拟对被告人判处非监禁刑或对服刑人员拟裁定假释的，应在开庭审理前委托社区矫正机关对其个人情况、一贯表现和社会背景等情况进行调查。2010年8月28日，中央综治委预防青少年违法犯罪工作领导小组、最高人民法院、最高人民检察院、公安部、司法部、共青团中央联合印发了《关于进一步建立和完善办理未成年人刑事案件配套工作体系的若干意见》，明确要求公安机关、人民检察院、人民法院、司法行政机关在办理未成年人刑事案件和执行刑罚时，应当综合考虑案件事实和社会调查报告的内容，社会调查由未成年犯罪嫌疑人、被告人户籍所在地或居住地的司法行政机关社区矫正工作部门负责。实践证明，对拟适用社区矫正的被告人、罪犯开展调查评估，能有效地对社区矫正人员是否适用社区矫正进行评估，提高风险预见性，真正严把了社区矫正"入口关"。同时，通过开展适用前调查评估，有利于确定社区矫正人员的居住地，进一步加强和规范司法行政机关同有关职能部门之间的有效衔接，从源头上避免社区矫正人员脱管、漏管情况的发生。2012年3月"两院两部"颁布的《实施办法》肯定了各地的实践做法，对社区矫正适用前的调查评估作出了明确规定。根据《实施办法》第4条，人民法院在作出管制、缓刑、假释、暂予监外执行的判决、裁定和决定前，人民检察院在提出对被告人适用社区矫正的量刑建议前，公安机关、监狱对罪犯在决定暂予监外执行前，需要调查其对所居住社区影响的，可以委托县级司法行政机关进行调查评估。

根据《实施办法》的要求，受委托的司法行政机关应当根据委托机关的要求，对被告人或者罪犯的居所情况、家庭和社会关系、一贯表现、犯罪行为的后果和影响、居住地村(居)民委员会和被害人意见、拟禁止的事项等进行调查了解,形成评估意见,及时提交给委托机关。一般可以按照以下程序开展调查评估：一是收到委托后,县级司法行政机关要及时指定拟适用社区矫正被告人、罪犯居住地的乡镇(街道)司法所进行调查。二是被指定的乡镇(街道)司法所要指派两名以上人员围绕实施办法规定的调查事项,走访被告人、罪犯家庭、工作单位(就读学校)、同事(同学)、案件被害人及其家属、社区组织、社区居民等单位和个人,形成调查笔录。三是被指定的乡镇(街道)司法所要围绕被告人或罪犯是否具有再犯罪危险性、是否可以实现有效监管、是否可以适用社区矫正这一核心,全面分析掌握的调查资料。四是对人民法院拟适用禁止令的,还应当根据犯罪分子的犯罪原因、犯罪性质、犯罪手段、犯罪后的悔罪表现、个人一贯表现等情况,充分考虑与犯罪分子所犯罪行的关联程度,有针对性地开展调查,调查内容应当包括在管制执行期间、缓刑考验期限内“从事特定活动,进入特定区域、场所,接触特定的人”等一项或者几项禁止内容。五是鉴别归类积极因素和消极因素,通过集体讨论,慎重作出能否对被告人、罪犯适用社区矫正措施及适用禁止令的建议,并形成调查评估报告提交县级司法行政机关。六是县级司法行政机关要认真审核把关,确保调查情况的客观性、评估结论的公正性,按时向委托的人民法院、人民检察院、公安机关、监狱提交调查评估报告。

从各省市的试行情况看,审前调查制度在中国具有存在的必要性,它有利于保证人民法院使用社区矫正刑罚的合理性,提高监狱机关假释建议和暂予监外执行决定的准确性,降低社区矫正的适用风险。特别是我们国家社区矫正的实践时间还不长,人们对于社区矫正普遍感到陌生,相关机关重视度也不够,而审前调查的前置介入可以让社区矫正机关提前了解犯罪行为人的情况、社会背景等，有利于以后采取科学的矫正措施。同时，通过走访调查，还可以向社区居民宣传、讲解社区矫正有关知识，争取社区群众对社区矫正工作的理解和支持。

在审前调查开展得比较好的地区，通常公检法司四部门联合制定社区矫正审前社会调查评估实施细则，对审前社会调查作出了明确界定，对适用非监禁刑罚审前社会调查的调查对象、调查项目、调查程序、调查方式等问题作出了具体规定，同时进一步明确了公检法司四部门在审前社会调查工作中的职责和权限。细则的出台，目的是规范并推动审前社会调查工作的深入开展，为进一步立法提供实践依据。

第六章　针对监狱中罪犯的社区矫正工作

社区矫正代表当代人类刑罚执行方式制度的发展趋势，既是人类文明发展的表现，也是人类社会刑罚执行方式人性化的表现。社会矫正的实施有其坚实的社会基础。

监狱矫正是以国家强制力为保障的刑罚活动，是根据权力机关作出的发生法律效力的判决、裁定或决定，依照法定程序，将确定的刑罚付诸实施的刑事司法活动。它以将罪犯教育改造成为遵纪守法的公民，预防和减少犯罪，维护社会稳定为最终目的。监狱矫正具有执行刑罚、改造罪犯的功能。其主要手段包括管理、教育、劳动和心理治疗等。

监狱是对罪犯判处自由刑或生命刑以后的执行或待执行场所，是司法矫正体系的重要组成部分。因为监狱兼有惩罚、隔绝和威慑的功能，所以会在服刑犯人的心理上产生震慑作用。这种震慑可能造成两种相反的引导：抗拒或改过。

社会工作者为在监狱服刑人员提供的服务，主要是调动罪犯自身的潜能以及社会资源，引导罪犯向积极方向转化，以达到改过自新、回归社会的目的。

由于监狱环境造成罪犯与社会和他人的隔绝状况，而且在监狱中又存在各种罪犯混杂居住，容易造成“交叉感染”的风险，所以在监狱服刑人员中开展的社会工作应以消除或减弱罪犯思想和行为上的负面因素，加强其与社会的联系沟通，恢复重建其社会功能为主要目标。具体工作内容包括教育辅导、集体治疗、联系社会、职业辅导和评估报告等。通过运用科学的指标体系和方法，对服刑罪犯的心理、行为状况进行测量评估，随时注意罪犯改善的情形。如果发现有所改善，应及时向监狱当局提出报告，使罪犯获得减刑甚至获得假释。

第一节 监狱矫正的工作模式与价值伦理

监狱矫正是在监狱环境中进行的矫正，它以剥夺罪犯的人身自由为前提。监狱矫正的主体是监狱人民警察；监狱矫正的对象主要是依法被判处拘役、有期徒刑、无期徒刑、死刑缓期执行的罪犯；监狱矫正主要是通过狱内管理、三课教育、辅助教育、心理咨询与矫治、生产劳动等方式实施矫正。

一、监狱矫正的工作模式

（一）心理社会治疗模式

心理社会治疗模式诞生于19世纪末期，它植根于多元决定论之中，与传统社会工作实务关系最为密切。该理论强调应同时从两个方面来理解矫正服务对象，既要识别并评估影响矫正服务对象的心理因素（如人格、智力和能力），还要识别并评估影响矫正服务对象的社会因素（如不幸的家庭历史、同伴关系等）。其理论发展至今，试图综合人类行为与社会环境的各种理论，系统地阐明人格发展与社会功能的关系。在矫正工作中运用心理社会治疗模式，需要探讨和了解矫正服务对象的物质、生理、个性、人际与文化的互动因素。

心理社会治疗不仅包括具体的现实因素（如衣食住行的可行性、医疗环境、就业机会、娱乐机会和教育机会等），还包括人与人之间相互作用和关系的社会心理现实。人们需要依靠环境为其提供各种必需的社会关系（如父母、延伸的家庭关系、婚姻伴侣、朋友和熟人等），而这些关系的质量在很大程度上并不取决于个人的努力和选择。社会关系是一种个人相互作用中的角色关系。社会关系系统中的每个人又都作为具有一定独立人格的个体而存在。因此，监狱人民警察还将协助矫正服务对象处理和释放深藏的痛苦感觉，协调各方面力量的平衡和修正力量间的相互作用，以达到矫正服务对象的社会功能得到改造的目的。

（二）认知行为治疗模式

认知行为治疗是根据认知过程影响情感和行为的理论假设，通过认知和行为技术改变矫正服务对象不良认知和行为的治疗模式。认知行为治疗者认为引起人们情绪和行为问题的原因不是事件本身，而是人们对事件的解释和评价，即人们对事件的认知。认知、情感、行为互相联系和影响。负性认知、不良情感和行为障碍互相加强彼此的影响，形成恶性循环，是造成情感、行为障碍的重要原因。因此，打破恶性循环是治疗的关键。矫正服务对象往往存在重大的认知曲解，这些认知曲解是矫正服务对象痛苦的真正原因，一旦认知曲解得到识别和矫正，矫正服务对象的情绪障碍必将获得消除。认知疗法的策略，在于帮助矫正服务对象重新构建认知结构，重新评价自己，重建对自己的信心。

监狱人民警察在运用认知行为模式时常常扮演教练和伙伴的

双重角色。

作为教练，监狱人民警察应协助矫正服务对象懂得如何运用此种理论与技巧来检验本身各种认知改变与行为修正的成效。例如，直接指导矫正服务对象了解和掌握自我管理的技巧，促进矫正服务对象经历自我发现的体验和成长，包括激发矫正服务对象的自我观察和醒悟能力，加强承受压力的能力，以及可以逐步学习自我界定问题和思考解决问题的对策，并学习理性地评估自己和周围的人和事情。

作为伙伴，监狱人民警察则必须与矫正服务对象共同探索和思考，并对其认知错误之处及要努力的目标达成共识，以及通过协助矫正服务对象逐步养成正向的良好行为规范，促使矫正服务对象学习和规划适合自己的生活形态和行为模式。

（三）任务中心模式

任务中心模式不讨论问题的起源和发展，而是致力于探知解决问题的阻力和优势，以协助矫正服务对象清楚地界定问题，了解问题解决的资源与障碍。该模式认为：人类不像心理分析学派所认为的是潜意识驱力的俘虏；也不是行为学派认为的完全受环境影响。人类是有自我意志的，不是内在及外在操纵下的产物。人们的困扰来自处理问题的能力暂时缺损，此困扰正是引发改变的动力。任务中心模式采取短期处遇，督促矫正服务对象界定关注问题的焦点。矫正服务对象在短期处遇中的受益并不少于长期处遇，而处遇的时间限制将促使矫正服务对象和社工一起更加努力。

任务中心模式着重于帮助矫正服务对象分析和处理具体的问题，因此其所确定的任务是具体的、有限的。目标是矫正服务对象现有的问题，而不是矫正服务对象的个人成长，是“一个可处理的问题”。矫正服务对象不仅要知道这个问题的存在，承认这是一个问题，还要愿意处理这个问题，并拥有处理这个问题的能力（如就业、人际关系、学业成绩等）。在介入程序上，该模式可以划分为一系列阶段，包括工作者与监狱罪犯找到目标问题，根据监狱罪犯对问题的焦虑程度确定处理的先后次序，双方就有关问题选择及制定任务，同时分配这些任务给监狱罪犯及监狱人民警察，双方共同完成任务，检验成绩并计划监狱罪犯在辅导结束后应该继续履行的任务等。

（四）现实治疗模式

现实治疗模式的总目标是协助矫正服务对象找出更有效的方法，以满足其拥有归属感、权利、自由、快乐等需求。现实治疗法强调帮助矫正服务对象学习各种方法，重新取得对生活的控制权，并过上更令人满意的生活。这包括帮助矫正对象评估自己正在做些什么、想些什么及感觉到什么，并思考是否有更好的方式能使这些行为令自己满意。

监狱人民警察可以以现实治疗法的基本问题来引导矫正服务对象思考：“你现在选择要去做的这些事，能够使你得到你想要的吗？”如果矫正服务对象的答案是否定的，那么监狱人民警察就可以提出一些替代方案供矫正服务对象选择；同时教导矫正服务对象为自己所选择的行为负责，并创造出矫正对象认同的价值观。

监狱人民警察可以从以下方面开展工作：为矫正确定一定的结构与计划；以关怀和尊重为基础建立信任关系；强调矫正对象身上的优点与潜能；积极讨论矫正对象目前的行为，驳斥其为不负责任的行为所找的借口；促使矫正对象去评估实际可满足的欲望；指导矫正对象制订明确的改过自新计划并监督执行；协助矫正对象寻找满足其需求的途径，并且鼓励他们在困境中坚持不懈。

（五）社会网络干预模式

社会网络可以纯粹指人与人之间所构成的关系网，也可以具有结构与支持的内涵。因此，社会网络指的是一组个人接触，通过这些接触，个人维持其社会身份并且获得情绪支持、物质援助和服务信息。

个人适应环境要求的重要基础在于是否拥有良好的支持性资源。而资源又可分为个人资源与社会资源。前者包括个人的自我功能和应对能力等；后者是非个人自身拥有的，指个人的关系网络广度与网络中的人能够发挥支持功能的程度。社会网络干预模式的目的即在于强化人的社会资源以增强个人的社会整合度，也在于协助个人解决生活中的问题。

因此，在社会支持网络干预过程中，监狱人民警察主要承担以下多种角色。

第一，倡导者。监狱人民警察设计和组织活动以协助矫正服务对象获得物资、服务、权利和其他资源。第二，辅导者。监狱人民警察通过向主要照顾者或服务提供者进行辅导或咨询，协助他们发挥更多的功能。第三，统筹者。监狱人民警察带入更多的正面支持以向矫正服务对象提供完整、切实的服务。第四，直接服务提供者。监狱人民警察直接向矫正服务对象提供支持、咨询和资源整合等服务。第五，促进者。监狱人民警察促进活动的运作。第六，发动者-发展者。监狱人民警察创造、组织和运作多类活动和服务，以便更好地提供服务。第七，系统内的联结者。监狱人民警察使不同的非正式支持来源相互联结以共同支持矫正服务对象。第八，管理者-行政者。监狱人民警察也在某种程度上承担着监督和管理人员的角色。第九，监督者-教导者。监狱人民警察的专业知识和技巧使他们能恰当地提供服务。

二、监狱矫正的价值伦理

监狱罪犯的社区矫正实施过程，在很大程度上是监狱人民警察价值观的开展过程。也就是说，监狱人民警察在进行社区矫正时，相当一部分监狱罪犯的改变情况主要不是取决于强制性的刑罚执行或其他方面的因素，而是在很大程度上取决于监狱人民警察所持的价值观念。这是由于以往社会里过多地存在重刑主义思想、监管理念，以及社会排斥的思想，使监狱罪犯在以往的社会生活中缺乏应有的社会关怀和社会沟通，因而当社会给予他们稍微多一点的人性化关怀时，他们就能立即感觉到社会对自己态度的转变，从而在这种态度的改变中转化自己的角色定位并进行心态调整。

因此，在对监狱罪犯进行社区矫正工作时，从监狱人民警察的培训到监狱人民警察的选择，都必须非常重视价值观念的改变。例如，上海市在对第一批由监狱局转职的矫正社会工作者开展培训时，对他们进行培训的第一堂课就是人生态度与价值观念，通过实践环节，使他们对自己以前长期在监狱工作中形成的价值观念进行反思和清理。然后，又通过社会工作专业价值观的培训，使他们掌握不同于监禁矫正罪犯时的新的价值观念。实践证明，这种对旧价值观念的清理和对新价值观念的掌握，成为他们工作取得成功的前提条件。新的价值观包括如下几项。

（一）平等

在监狱人民警察对监狱罪犯进行社区矫正的过程中，以平等的观念对待矫正对象比较集中地体现在监狱人民警察与监狱罪犯的互动方面。在开展社区矫正试点之前，矫正对象与监狱人民警察的关系属于被监管与监管的关系。因此，监狱罪犯在矫正过程中与监狱人民警察的交往基本处于不能平等互动的状态。社区矫正试点初期，经过专业培训的监狱人民警察上岗后，在与监狱罪犯建立专业关系之前，也经常遭遇类似情况。例如，第一次遇到监狱罪犯时，监狱罪犯们经常会使用“队长”等监狱中的用语。此时，监狱人民警察会很详细地向矫正对象进行解释，自己是来帮助他们的，是来和他们交朋友的。总之，监狱人民警察与监狱罪犯虽然在身份、地位上是不平等的，但在人格、尊严方面是平起平坐的。

（二）尊重

尊重意味着把监狱罪犯作为拥有思想感情、内心体验、生活追求，具有独特性与自主性的人去对待。尊重罪犯，不仅是对监狱人民警察职业道德的起码要求，也是助人的基本条件。尊重，应当体现为对求助者现状、价值观、人格和权益的接纳、关注和爱护。为了得到帮助，监狱罪犯需要知道矫正者是否能够理解他们的想法及感受，如何看待他们的现状及过去。根据双方接纳和了解的程度，罪犯选择是否愿意透露自己的情感及要求。如果罪犯感受到矫正者要居高临下地改造他们，很可能因感到压力而拒绝监狱人民警察的帮助。

尊重监狱罪犯，其意义在于可以给他们创造一个安全、温暖的氛围，使其最大程度地表达自己，可使罪犯感到自己受尊重、被接纳，从而获得一种自我价值感。特别是对那些急需获得尊重、接纳和信任的罪犯来说，尊重具有明显的助人效果。尊重可以唤起对方的自尊心和自信心，可以成为对方模仿的榜样，起到开发潜能的作用。

恰当地表达尊重，就意味着监狱人民警察应该完整地接纳矫正罪犯，尊重他们的行动权和自主权。同时，尊重也意味着矫正工作需要一视同仁、以礼待人、彼此信任、真诚相处。同时，对于监狱罪犯所讲述的秘密、隐私，监狱人民警察应予尊重、保护，不应随便外传。

（三）热情

热情与尊重相比，与矫正对象的距离更近些。尊重讲求以礼待人、平等交流，富有理性的色彩，而热情则充满了浓厚的感情色彩。仅有尊重而没有热情，矫正双方之间会显得拘谨，两者结合，才能情理交融、感人至深。热情体现在矫正的全过程。初次对监狱罪犯进行矫正时，监狱人民警察要适当询问、表达关切；在矫正过程中要注意倾听罪犯们的叙述，做到耐心、认真、不厌其烦；在矫正结束时，要使求助者感受到温暖。

（四）真诚

真诚是指在矫正过程中，监狱人民警察以“真正的我”出现，没有防御式伪装，不把自己藏在专业角色后面，不戴假面具，不是在扮演角色或例行公事，而是表里一致、真实可信地置身于与监狱罪犯的关系之中。

真诚在矫正过程中具有重要意义。一方面，可以为罪犯提供一个安全自由的氛围，能让其意识到可以袒露自己的软弱、失败、过错、隐私等而无需顾忌，使罪犯们切实感到自己被接纳、被信任和被爱护；另一方面，监狱人民警察的真诚坦白为监狱罪犯提供了一个良好的榜样，罪犯们会因此而受到鼓励，以真实的自我与监狱人民警察进行交流，坦然地表露自己的喜怒哀乐，宣泄情感，发现和认识真正的自己。在监狱人民警察的帮助下，促进罪犯相应改变，而这种改变会减少矫正过程中的混淆和模糊，使双方的沟通更加清晰和准确。

当然，真诚的表露同样存在恰如其分的问题。虽说表达贵在真诚，不应有掩饰、虚假，但实际上问题并不那么简单，运用不当，有时会起反作用。因此，真诚不等于说实话，真诚也不是自我发泄，真诚应实事求是，同时也应当把握一个度。真诚应是矫正者的基本素质，这种素质是潜心修养、不断实践的结果。

（五）共情

共情被人本主义心理学家认为是心理咨询效果最关键的咨询特质。按照罗杰斯的观点，共情是指体验别人内心世界的能力。在矫正过程中，共情的重要性表现在：矫正者能设身处地地理解矫正对象，从而更准确地把握材料；矫正对象会感到自己被理解、接纳，从而会感到愉快、满足，这对咨询关系会有积极的影响；共情促进了矫正对象进行自我表达、自我探索，从而达到更多的自我了解并使矫正双方进行更深入的交流；对于那些迫切需要获得理解、关怀和情感倾诉的矫正对象，有更明显的干预效果。

在表达共情时，矫正者应进入矫正对象的参照框架，要善于使用躯体语言和把握角色，要考虑到矫正对象的特点和文化背景。

（六）积极关注

积极关注是对监狱罪犯的言语和行为的积极面予以关注，从而使矫正对象拥有正向的价值观。

积极关注涉及对人的基本认识和基本情感。凡是助人工作，首先必须抱有一种信念，即受助者是可以改变的。他们身上总会有这样那样的长处和优点，每个人的身上都有潜力存在，都存在着一种积极向上的成长动力，通过自己的努力、外界的帮助，每个人都可以比现在更好。这一观点对于矫正者来说非常重要。所有有效的咨询框架都被认为可以使矫正对象发生积极、正向的改变。

为了有效地使用积极关注，要注意避免盲目乐观、过分消极，应立足实事求是。积极关注要建立在矫正对象客观实际的基础上，不能无中生有。促进监狱罪犯自我发现并开发潜能，达到心理健康的全面发展，是矫正的最高目标。矫正者应把积极关注贯穿于整个矫正过程。

第二节　监狱罪犯社区矫正的工作方法

矫正社会工作服务需要借助专业方法和技巧，以实现服务的最终目标。一般来说，社会工作方法包括直接和间接两个部分。直接的社会工作方法包括针对个人、群体、社区开展工作所必须运用的个案社会工作方法、小组社会工作方法、社区社会工作方法；间接的社会工作方法主要包括行政管理和研究等。本节将对监狱中罪犯的社会矫正工作方法进行介绍，主要包括教育辅导、集体治疗、联系社会、职业辅导和评估报告等。

一、教育辅导

（一）教育辅导概述

个案是指个别的、特殊的事件或案例，教育改造中我们特指有不同犯罪情况、不同改造要求的个体罪犯。由于每一名罪犯的年龄、经历、思想、性格、所犯罪行的社会危害性轻重和人身危险性程度等各不相同，对其改造要求不能强求一致，对他们的管理、教育也应因人而异。因此，个案矫治应指监狱干警根据罪犯服刑改造中的不同情况及对其改造的不同要求，加以区别对待，围绕针对性改造目标，制订具体的个体矫治转化规划并认真付诸实施的一种教育改造手段。它通过案情掌握（干警开展个别谈话、心理测试、查阅档案、信件物品检查及其他途径）、个案分析（犯罪原因、改造突破口、犯情预测、防范重点）、矫治计划（矫治目标、矫治步骤、矫治措施）和实施矫治（日常管理、计分奖惩、个别谈话、心理矫治、家庭和社会帮教）等步骤予以具体落实和实践。个案矫治既有制订阶段性目标的要求，也有即时性解决罪犯问题的要求。

（二）教育辅导的内容

教育辅导是一线干警科学认识罪犯，制订罪犯个案矫治计划，围绕对罪犯的个体改造目标，对罪犯进行针对性矫治的综合过程。它包括以下几个方面：

第一，承包干警制订分管范围的年度改造目标及每一名罪犯个人改造规划。罪犯个体的转化矫治离不开狱内监区、分监区甚至监外改造的环境因素，这实际上也是我们在改造中一直强调良好改造氛围养成的主要原因之一。

第二，科学认识罪犯，对罪犯深入开展个案分析工作。对罪犯开展矫治，其前提是科学认识罪犯，了解罪犯为什么会存在不足，怎样才能让罪犯知道这是错误的，要通过怎样的方法、步骤才能让罪犯区自觉改正。承包干警只有及时准确地掌握罪犯的思想、动态，把握每名罪犯改造的切入点或突破口，才能使个案矫治计划具有针对性、准确性和可操作性。

第三，针对每名罪犯既定的改造目标，立足因人施教、循序渐进、扎实有效的方针，对每一名矫治对象按照各自的矫治目标、阶段性目标去具体实施计划。

第四，导之以行、治之以法，加强对矫治对象的日常管理和教育，认真落实矫治计划安排，这是开展个案矫治的关键环节。一是干警要严格执法、公正执法，真正抓好对罪犯的计分考核奖惩、分类处遇、通信接见工作，以做到“言传身教”“人格熏陶”。二是既注重表面上一般性教育，又强调解决罪犯个性问题。一方面，注重对罪犯认罪服法、遵规守纪、生活卫生、上课学习和生产劳动五个方面的常规性教育；另一方面，要针对罪犯所存在的个性问题，通过分析、预测来对症下药，重点解决。三是通过行为养成促使罪犯向其矫治目标逐渐推进。教育是灵魂，实践是检验，我们对罪犯的矫治既要体现在罪犯良好行为习惯的逐渐养成上，也要体现在罪犯改造各个方面不断转变，向计划中的矫治目标逐步靠拢。四是复合矫治，立体开展。我们以罪犯改造五个方面为基础，以罪犯个性问题解决着手，充分运用个别谈话、心理矫治、监区文化建设、狱内人际关系教育、家属社会帮教等手段，做到以人为本、以物为源，使矫治工作的思路贯穿改造罪犯的全过程，从而起到最大化的综合管理作用。五是注重矫治对象及其矫治素材的积累，建立对罪犯的科学分析、比较制度。对罪犯的个案不仅要求干警热心、专心、恒心，还要求干警做到细心。在矫治过程中注意对矫治对象不同时间段、不同条件下的不同改造表现进行收集和分析，并善于从中寻找出对矫治对象的矫治规律（如最佳谈话方式、最佳帮教手段、最佳激励调动机制及最佳控制手段等），以利于干警把精力放在最关键的地方，从而取得事半功倍的效果。

（三）教育辅导要解决的问题

第一，必须解决罪犯的认罪服法问题，这是前提和根源。只有使罪犯产生悔罪感，才有被改造的可能，罪犯才有积极改造成新人的心理要求；否则，即使对罪犯进行再多的教育也只能以失败而告终。因此，不管罪犯认罪情况如何，干警都要花大力气解决罪犯认罪服刑关，尤其要做好对不认罪不服判、不认罪和认罪不服判三类罪犯的认罪教育。

第二，对罪犯的转化、矫治不仅要求其在思想上有认罪服判、自觉改造的意愿，还要加强其行为矫治，注重其良好行为习惯的养成和罪犯自控能力的形成。

第三，持之以恒，抓反复、反复抓。罪犯的个案矫治是一项复杂的系统工作，不可能是一帆风顺的，经常会出现反复，甚至可能因某种原因而前功尽弃。因此，我们干警要有充分的心理准备，把个案矫治工作看做是一项事业、是自己的神圣职责来不断激励自己，正确面对可能出现各种困难，坚持下去，进行下去。

第四，个案矫治是一项贯穿罪犯改造全过程的工作，因此，对罪犯的矫治要做到持续化、制度化，不能因承包干警的调整而变化，甚至出现断档。同时，对罪犯的个案矫治不仅在罪犯改造的初期和中期要认真实施，更要对矫治对象做好回归社会前的适应性教育和守法行为的强化训练，使矫治工作得到巩固和延伸。

（四）教育辅导要处理好的关系

第一，处理好主管干警个案矫治对象的数量问题，重视矫治数量与质量的关系。一个主管干警的矫治对象以一个监组即 12 人左右为宜。现在有的监区由于干警警力较少，要么不分，要么一名干警要管 20 名甚至更多犯人。在这种情况下，干警的精力会极为有限，开展个案矫治就只能是一个想法，或者最终变成一种形式。

第二，真正树立教育改造为本，劳动改造是载体、是手段的思想，从而正确处理改造与生产的关系。要使所有干警从思想上重视改造，重视个案矫治工作，使每个干警有时间也有精力去开展这项工作，使个案矫治真正成为有源之水、有本之木，真正扎根于罪犯改造实际，贯穿于罪犯改造、学习、生活、劳动全过程。同时，也使得干警能得到第一手真实材料，从而针对性开展个案矫治。

第三，要重视教育辅导与科学技术及手段运用的关系。这里讲的主要是科学的分析与评估方法、手段、防范机制等，如科学先进的心理测试手段、技防手段、心理咨询环境、个别谈话方法等。这样既能节约干警的精力，又能准确分析罪犯，更能产生明显的实效。

第四，在开展个案矫治过程中，要注重罪犯个体之间的关系，营造良好的改造氛围。个案矫治虽然注重对个体罪犯不同情况的实际矫治，但罪犯不可能是单独的，大部分时间是生活在一个罪犯群体之中，因此，也要重视改造大环境、营造氛围，以促进罪犯个体改造，同时也应通过个体来支持大环境，相互促进、相互提高。

第五，对个案矫治对象实施分层分类，处理好主次、轻重关系。个案矫治强调主管干警对罪犯矫治工作的全员化开展，但由于每名罪犯的情况不同，对每个矫治对象的要求又是不一样的，干警没有更多的精力投入进去。因此，要在事先对矫治对象进行分析摸排的基础上，根据矫治目的的不同进行分类分层，确定主次、轻重，有的对象可进行一般矫治，有的则需进行重点矫治。这样使干警能合理安排工作，把精力集中放在对顽固危险罪犯、重控罪犯的矫治转化上。

二、联系社会

联系社会是指通过开通电话、组织家属探访、走访罪犯家庭、倡导放假制度等方式，尽可能扩大罪犯与外部社会的联系沟通，避免因监狱封闭环境而造成罪犯社会化过程阻断现象的发生。具体包括以下内容。

（一）实现教育改造的社会化

要实现罪犯顺利回归社会，就必须充分运用监狱内外的一切资源，形成社会与监狱共同作用的矫正体系，共同对罪犯矫正转化发挥作用。要动员各级政府和各种社会力量开展对罪犯的帮教工作，建立广泛的帮教网络，组建社会志愿者矫正队伍，建立分类帮教基地，构筑罪犯法律援助的社会网络等，协助监狱解决罪犯家庭的现实困难，稳定罪犯的改造情绪。与此同时，进一步深化社会帮教，通过定时帮教、定人帮教、专项帮教等方法，使帮教工作更具约束力。进一步探索暂予监外执行、假释的罪犯和刑满释放人员的安置帮教工作，最大限度地消除不稳定因素，降低重新犯罪率。此外，要把握罪犯渴求自由和学习谋生技能的心理，积极调整监狱产业、产品结构和组织运作形式，使监狱生产满足罪犯学会生存、学会做人、学会创造的需要，为其刑释后谋生就业、自主创业打牢基础。

（二）实现监狱后勤服务保障的社会化

要继续加快监狱与社会的分离力度，因地制宜，分类指导，推动监狱社会事业向"管理社会化、服务市场化和投资多元化"为主导的方向发展。建立民警职工医疗保险制度，停办或移交监狱自办中小学，大力推进民警职工住房城市化和物业管理社会化等，从而带动监狱"半社会"职能向社会转移。正确理解后勤保障服务社会化改革的内涵，充分重视监狱后勤服务的特殊性，不能简单地把为监狱后勤服务的责任不加区别地全部推向社会。必须因地制宜，从机制创新入手，建立新型的监狱后勤保障系统，积极寻求外部社会环境和政策依托，在不产生新的社会问题、不增加社会成本的前提下，能放的则放，能丢的则丢。同时严把"小社会"入口关，形成“只出不进”的单向流动和良性循环。

（三）扩大社会参与罪犯矫正的范围和层面

现代行刑趋势要求监狱在更加开放和文明的环境下运作。行刑社会化、矫正社区化等现代刑事司法制度，又为社会参与矫正提供了法律框架和制度支撑，使社会参与矫正在更宽的空间、更广的层次实施。作为社区矫正试点省份之一，我们将在罪行较轻、主观恶性不大、余刑较短、适用社区矫正不致再危害社会的未成年犯、老病残犯、女犯以及初犯、过失犯中试行社区矫正。动员社会力量，充分利用一些社团和事业单位的培训基地作为狱外矫正和帮教之所。以社区居民委员会和村民委员会为主体，对他们开展社区矫正，帮助他们重新适应社会生活，以降低重新犯罪率。同时，加大开放式处遇力度，进一步完善罪犯准假探亲、特优会见和亲属共餐等制度，切实把罪犯从封闭式处遇状态中解放出来。通过监内外诸多手段的整合优化，实现监狱工作的宗旨，达到改造人、教育人、拯救人的目的。

三、狱内管理与心理矫治相结合

（一）突出心理矫治的地位

在当前监狱的监管形势下，创新罪犯心理矫治工作，有利于维护监狱本质安全，提高罪犯改造质量和保障罪犯人权。罪犯心理矫治工作创新的阻碍因素是：思想认识的偏差与心理矫治实际作用的矛盾；民警执法角色与心理矫治主体的矛盾；咨询主体的自愿性与改造强制性的矛盾；改造原则与保密原则的矛盾；心理问题的多样性与工作手段单一化的矛盾；心理咨询理论的西方化和实践本土化的矛盾。罪犯心理矫治工作的创新路径是：地位提高化；运用融合化；模式科学化；制度建设规范化；队伍建设专业化；组织机构专门化;理论和方法本土化。要选择适宜的心理矫治模式,犯罪心理矫治与犯罪习性矫治相结合,突出心理矫治。

关于罪犯心理矫治在我国监管改造工作中的地位,目前尚未形成共识。理论界主要有三种看法:一是认为罪犯心理矫治是教育改造的重要组成部分,是对传统思想政治教育的重大补充;二是认为罪犯心理矫治是与狱政管理、劳动改造和教育改造并行的又一个基本改造手段;三是认为心理矫治具有相对的独立性,在改造工作中发挥着不可替代的作用,是和教育改造、监管医学相互作用与契合的一种方法,但从总体上看,由于其发展水平尚低,尚不能称之为基本的改造手段。从有利于操作的角度看,应将罪犯心理矫治视为教育改造的必要延伸与扩展较为妥当。对罪犯心理矫治的地位,目前虽然难以达成共识,但它在我国监管改造工作中地位不断提高的趋势却是无可争议的。

2008 年 10 月,司法部在河南郑州召开了全国监狱教育改造工作会议。会议强调,开展心理矫治工作已经成为新形势下必须特别重视的一项改造措施。监狱要普及对罪犯的心理健康教育,充分运用中国罪犯心理评估系统对罪犯进行心理测试,充分发挥心理矫治在消除犯罪心理、养成健康人格中的作用,在监狱配备心理咨询、精神疾病治疗方面的专家、医务人员,在广大民警中深入开展心理咨询师资格培训,逐步提高心理矫治水平。可以预见,在今后的监狱工作中,各级监狱领导机关将更加重视心理矫治工作,其组织化程度将不断得到提高和加强,最终成为与狱政管理、劳动改造和教育改造并行的又一个基本改造手段。

(二)心理矫治的运用融合化

心理矫治工作应当把狱政管理、教育改造、劳动改造这三种传统改造手段纳入范围,除了从“点”上应用心理学理论去“完善”传统改造手段之外,更要站在全面的、宏观的、科学的角度,评估这三种改造手段,进而提出心理学指导意见。

监狱改造环境对于罪犯的心理转化起着极其重要的作用,现实的改造环境应与心理矫治形成整体联动,才能收到应有的矫治和巩固效果。而监狱的改造环境主要体现在管理环境、生活环境、劳动环境、人际交往环境(罪犯之间、罪犯与民警之间)、教育内容和形式以及民警素质对罪犯的引导和示范作用方面,具体落实到三大传统改造手段的正确、科学、合理和适度使用上。所谓正确、科学、合理、适度,既应体现法治原则又要体现心理学原则,才能实现对罪犯的有效转化并巩固转化成果。

心理学对三大传统手段是具有宏观指导性的,其在监狱工作中的应用有助于三大传统改造手段更科学、更有意义。而三大传统手段对心理矫治则发挥依法补充和完善的作用。

第一,要将心理矫治融入狱政管理。要剖析狱政管理制度,剔除那些对心理转化效果不好的部分,更系统地通过制度管理矫正不良行为,更好地实现心理转化。要针对罪犯中的暴力行为、情绪波动、不服管理等常见的影响改造秩序的现象,从心理学层面分析个性心理因素和不同心理诱因,辅之以心理科学手段加以引导与处理,从而降低狱内恶性事件的发生,提高改造工作效率。

第二,要将心理矫治融入教育改造。要将心理矫治融入政治教育、个别教育、出入监教育以及监狱文化中,根据心理矫治的需要和罪犯合理心理需求设置教育改造内容,发挥应有作用。首先,应将心理矫治融入思想教育中,找到二者的最佳契合点,使罪犯将法制、道德、形势、政策、前途等思想教育内容自觉内化于心。要改变传统的思想政治教育仅强调社会规范的要求,却忽视罪犯个性心理品质的培养和心理需要的满足;改变那种简单地采取大而空的说教,以致造成罪犯多重人格及知行脱节的状况;改变那种把因心理素质不佳引起的问题简单地当做思想品质问题，而一味采取惩罚、处分了事的状况。其次，应将心理矫治融入个别教育中。个别教育以心理测试为依托，充分考虑罪犯个性心理因素，有利于找准症结，增强施教的针对性、主动性。

第三，应将心理矫治融入出入监教育中。对所有入狱罪犯都应进行甄别，包括心理测试、心理诊断，建立个别矫治档案，为今后的改造提供必要依据。出监前可以针对罪犯心理状况设置心理健康课，进行心理调适。

第四，应将心理矫治与监狱文化建设相结合。除利用墙报、板报与监狱报，以及电化教育系统、广播室开展心理健康教育外，在节假日文化活动中还可以组织开展一些心理剧，作为监狱文化的一个部分，寓教于乐。要将心理矫治融入劳动改造。劳动改造的作用侧重于行为矫正和惩罚功能，但单纯、缺乏对心理个性特点考虑的劳动只有惩罚作用，很难有效发挥行为矫正的作用，甚至适得其反，使罪犯形成逆反心理。在当前罪犯劳动由室外转入室内的新形势下，心理矫治工作必须及时跟进，要疏导罪犯的异常情绪，化解罪犯的烦躁心理，解决罪犯的不良心理问题，矫治罪犯对劳动的不良认知，避免引发监管安全事故。

（三）心理矫治的模式科学化

要加强研究，积极探索，尽快建立一套具有我国特色的罪犯心理矫治理论体系，制订出符合当前我国监狱实际的罪犯心理测验量表，构建科学的罪犯心理矫治模式。

第一，要实现罪犯心理测量表检测的科学化。

第二，要实现心理健康教育方式的科学化。要在罪犯中开展心理卫生和心理健康教育，营造一种罪犯改造科学化的氛围，让服刑罪犯能以科学的态度对待心理矫治工作，树立心理健康的科学观念，懂得心理健康的表现与判断标准，对自身出现的心理问题学会自我调节或主动要求咨询和辅导，增强心理承受和自我调控情绪的能力，提高心理素质。要努力实现“四个转变”，即：由单向式向互动式转变，改变传统的“民警教，罪犯学”的单向教学模式，鼓励罪犯就有关问题进行探讨；由灌输式向启发式转变，教学过程中着重引导罪犯在思考、反省、探索中不断发现问题，重新认识问题，增强生活的智慧，不断构建新的思维方式和生活应对方式，不断转变价值观和人生观；由教导式向体验式转变，教学中既有直接的心理健康知识教学，又有各种活动下罪犯亲身的体验与感悟，在情景再现的过程中让罪犯以理性的思维再次评价自己与他人的行为、矛盾和冲突；由课本式向生活指导式转变，教学过程中特别强调对服刑人员在生活学习、服刑改造、人际交往等现实生活中出现的问题进行认真讨论，辅以适当的生活指导与形势政策教育，使他们从中获得启发和认识上的改变。

第三，要实现罪犯心理矫治载体的科学化。要坚持以信息化应用提升罪犯心理矫治工作的质量，实现现代网络技术与教育改造工作的对接。要利用现有资源，建立以可视网络谈话教育、远程教育、电化教育、多媒体教学、影视广播教学等现代科技手段为载体的心理咨询专网，为心理矫治工作搭建一个全新的工作平台。要通过心理健康教育实施有效干预，使罪犯消除心理障碍，恢复心理健康；对心理状态严重异常、处于心理危机中的罪犯要及时实施心理干预，防止发生极端事件和安全事故；遇有重大心理问题可进行集体会诊。同时，可与地方心理咨询与矫治机构对接，必要时可聘请社会心理专家帮助监狱进行罪犯心理矫治。

（四）心理矫治的队伍建设专业化

要有一支有一定知识水平、有一定实践经验和水平、专门从事罪犯心理矫治的民警队伍，这是提高罪犯心理矫治效果的重要保障。

目前，我国监狱系统并未建立起统一的角色分工模式，基本上还是沿用过去的模式，一线民警“两眼一睁，忙到熄灯”，既要抓管理，又要兼顾教育、生产，在这个过程当中，自觉不自觉地应用一些心理学的知识对监狱罪犯进行管教，严格地说，这并不是在进行心理矫治。

鉴于当前的情况，监狱系统应建立一支高素质的心理矫治专兼职队伍，他们的职责有别于一般民警，主要是运用心理学的知识为罪犯提供心理咨询和治疗。要达到这一目的，有三个途径。

第一，就地取材，从现有的民警中挑选一批有志于从事这项工作的人，进行专业培训，打造一支专业化的监狱心理咨询师民警队伍。现在的监狱服刑指导中心已经拥有一批专业水平较高的心理咨询师，但还远远不够。要加大民警培训力度，安排符合条件的民警参加心理咨询师培训班和资格考试，进一步提高心理咨询师的比例。

第二，要建设心理矫治专家库。专家库以系统内的心理学专家为主，也可公开招聘社会上的心理学专家、学者和职业心理咨询师加入。2007 年 12 月 15 日，司法部聘任章恩友等 7 人为服刑人员心理矫治专家。这是进入司法部监狱管理局服刑人员改造专家库的首批专家，标志着监狱服刑人员改造专家库建设的正式启动。心理矫治专家能够率先成为专家库首批专家，不仅体现司法部对心理矫治工作的高度关注，而且也意味着心理矫治在监狱工作中的重要性。心理矫治专家将参与研究服刑人员心理矫治工作中的重点、难点问题，为制定服刑人员心理矫治工作方面的规章制度和工作规范提出工作建议。

第三，要充分利用社会上的力量，吸收社会上的专业人员志愿和兼职参与罪犯的心理矫治工作。这些志愿者可以是心理学专业人士和心理学爱好者，要支持他们定期来监狱进行以心理健康宣传为内容的社会帮教活动，与社会监狱内部心理健康教育相结合，共同提高服刑人员心理健康水平。此外，开展心理咨询和心理治疗，只有在被矫治对象完全自愿的心理状态下，才能取得效果。因此，监狱民警在进行心理咨询和心理治疗时，要进行必要的角色调整，拉近与工作对象的距离，要注意倾听、耐心疏导，为开展工作营造和谐的氛围。

四、罪犯心理矫治工作必须注意的问题

开展心理矫治，不但可以开阔思路、拓宽视野，而且可以使我们从一个新的切入点来启动"提高教育改造质量"的系统工程。它可以从一个全新的角度来审视、疏理、提升行之有效的教育改造模式和手段，通过为其注入新的内涵和活力，促进工作的持续开展。这对于开展监狱工作、维护社会稳定具有特别重要的意义。在这一过程中应注意如下几个方面问题。

（一）要充分认识心理矫治体系的系统性

罪犯心理矫治是监狱机关运用心理学原理，采用心理咨询以及心理治疗的方法和技术帮助罪犯克服心理障碍和服刑期间出现的心理问题，促使罪犯心理素质向良性转化，以利于稳定狱内改造秩序和提高改造质量的一项手段。它包括心理测试、心理咨询、心理治疗和心理健康教育等诸多方面。要理顺心理矫治、心理咨询、心理治疗的关系。在罪犯心理矫治工作中，将心理矫治、心理咨询、心理健康教育、心理治疗割裂开来是不妥的。心理矫治工作的目的是改造人。罪犯不论是存在心理问题还是心理疾病，必然影

响改造生活而出现违规违纪甚至违法行为等。这些在传统改造手段中被认为是改造态度不好的行为,可通过心理矫治来改变。心理疾病的相关行为是一类违背社会规范的异常行为,是社会所不需要的行为,同时也是个人社会适应不良的表现。同样,犯罪行为也是一类违背社会规范的异常行为和社会所不需要的行为,是个人社会适应不良的表现。基于这一点,犯罪心理也是心理不健康的表现,也需要心理治疗。一个改造好的人既是一个守法的人,还应是一个心理健康的人、适应社会的人。在监狱中,心理咨询、心理治疗以及运用心理学理论对罪犯进行矫治的其他方法和手段共同构成了心理矫治体系。

(二)要注重心理矫治对不同心理形态罪犯的引导性

监狱在押罪犯心理形态,以性格作为划分依据,则表现为:有人坚决果断,有人优柔寡断;有人莽撞,有人怯懦;有人自觉,有人盲从;有人自制力强,有人任性倔强。在现代监狱研究中,学者更多的是将罪犯的心理形态划分为因主客观因素的影响而产生的监狱适应困难、悲观绝望、以难为难、脱逃心理等。针对不同的性格及不同心理形态表现的罪犯,在心理矫治教育中需要实施有针对性的教育,引导受教育罪犯个性向积极方向发展。例如,对于不同的受教育的个体,要帮助他们在无数的生活道路中,找到一条最能鲜明地发挥他个人的创造性和个性才能的生活道路,要在每一个人身上发现和找出能够使他在为社会谋福利的劳动中给他带来创造的欢乐的那条"含金的矿脉"。在心理矫治教育工作实践中,要逐渐引导被教育罪犯建立良好个性,避免传统强制式改造产生的逆反效果。

(三)要避免心理矫治感化教育的盲从性

"为罪犯改造服务,为监狱安全稳定服务",是罪犯心理矫治工作的宗旨。监狱民警在实施心理矫治教育,对罪犯“动之以情”的过程中,必须要符合法律和政策的要求,着眼于改造罪犯的犯罪心理,消除罪犯罪恶思想。同时,民警必须保持清醒的头脑,认清自己的角色和职责,不能盲从于“人文关怀”光环下,用小恩小惠、姑息迁就来实施“感化”,更不能陷入罪犯的情感世界引起共鸣而不能自拔。盲从式的矫治教育,非但收不到动之以情的效果,反而会适得其反。在了解罪犯客观存在危险性的心理倾向后,负责心理咨询的民警一定要从维护监狱安全稳定的角度采取相应措施,而不能受限于社会上心理咨询所要求的保密原则。当然,罪犯个人生活上的一些隐私还是应该保密。

(四) 要注意心理矫治与个别教育结合的针对性

罪犯心理矫治分为专业矫治和非专业矫治。对于罪犯改造来说,更多的是直接管教民警进行个别教育的结果,他们在罪犯改造过程中积累了丰富的经验。近些年来,在个别教育中,广大基层监狱民警自觉不自觉地在运用心理学原理和方法进行个别教育(目前还属于不系统地应用心理学原理),成为非专业矫治的骨干力量。他们通过系统学习心理矫治理论,可以站在更高的高度,运用更科学的理论,结合法律、行政等综合手段作用于罪犯,更有助于从根源上消除犯罪心理,矫正不良行为习惯,及时化解应激状态下的情绪,直接快速地进行心理危机干预,避免恶性监管事故的发生。一些监狱提出了建立以心理矫治等理论为基础的专家型管教队伍的理念,这是很好的思路。对于存在人格障碍或已经形成了心理疾病而影响了改造生活的罪犯,心理咨询室专业的心理矫治人员要及时进行治疗。监狱心理矫治职能部门不仅是心理咨询室的业务和行政领导机构,也要对通过心理测量等手段甄别出来的具有各种心理问题的罪犯提出个别教育的心理学指导意见,由监区民警进行矫治。

（五）要客观分析罪犯心理矫治重点和难点问题的动态性

心理健康与不健康不是静止不变的，而是一个动态变化的过程。心理问题不能及时解决，压抑的负性情绪不能及时加以疏导，就可能因长期的积累逐渐导致心理问题的严重化，诱发心理疾病。监狱的心理矫治工作重点应放在心理问题的及时解决和负面情绪的疏导方面，有条件的单位可以开展对罪犯的人格障碍、性变态、神经症（神经衰弱、强迫症、恐惧症等）的心理治疗工作。对于严重的精神疾病，如精神分裂症、情感性精神病、反应性精神病等，矫治工作人员应该具备一定的感悟能力，能较快地加以辨别，及时发现，送专门机构予以治疗。同时，我们要看到，在监狱这一特殊的环境中建立“宣泄室”“倾诉间”等特殊场所，对于缓解罪犯的心理压力，宣泄负面情绪，避免狱内危险事件的发生，确实能起到一定的作用。

第七章 针对在社区中服刑罪犯的社会矫正工作

近年来,我国各省市针对在社区中服刑罪犯的具体矫正方式,在既有模式和成功经验下,探索出几种开展良好并引入一定社会工作的创新工作模式,即中途住所模式、社区矫正工作站模式和农村社区矫正工作模式。这些工作模式已在北京、江苏、浙江、湖北等地进行尝试,以呼应社会矫正在人道、正义、效益和民主四大方面体现的价值伦理。

社区矫正工作制度包括学习培训制度、监督制度、社会志愿者聘用制度、社区矫正工作责任追究制度、矫正个案制度、学习教育制度、公益劳动制度、外出请销假制度、考核制度、解矫制度、社会保障制度和检举申诉制度等。其主要工作内容包括:对矫正对象的管理、教育及参加公益劳动等。针对具体情况,可采用不同的社会工作方法,如运用专业的个案工作方法和小组工作方法执行社区矫正。

第一节 社区矫正的工作模式与价值伦理

一、社区矫正的工作模式

现阶段我国针对在社区中服刑罪犯的具体方式包括:社区公

益劳动;劳动技能培训;劳动技能培训;限制性管理;访谈制度化;推荐及鼓励就业;心理矫治。一般规定接受社区矫正的对象自"回家"之日起,必须在7日内到当地司法机关报到,之后每周固定时间必须亲自到司法所汇报一周的生活和工作情况。在每月的固定时间,他们必须到司法所交一份思想汇报。届时,社区矫正工作人员将组织他们学习一些法律法规,心理咨询专家为他们提供心理矫正。他们的法定监护人也要到社区矫正小组签订一份监护协议。一般情况下不允许服刑人员迁居或外出。服刑人员会见家属以外的任何人都要经过矫正组织的批准。在我国,这些工作流程和工作制度已积累了一定的经验,并且被推广至各试点省市。近年来,我国的社区矫正取得了较好的成绩,但人们认识上的偏差、法律不配套等问题仍然制约着社区矫正工作的正常开展。全国各省市也在不断摸索中创立了"北京模式""上海模式""江苏模式""浙江模式"等工作方式,以下是几种在近年开展得比较好,并且引入了一定社会工作的矫正工作模式,体现了社会管理创新的内容。

(一) 中途住所模式

"中途住所"(Halfway House)作为国外社区矫正普遍实施的一种矫正模式,已在中国开始施行。北京市朝阳区的"阳光中途之家"和江苏省"宜兴市方圆帮教中心",就是这种矫正模式在我国的有益尝试。虽然,中国模式的"中途住所"与国外的模式尚有差距,需要进一步探索和完善,但目前我国北京、江苏等地的经验证明,"中途住所"是社区矫正与监所改造衔接的必要环节,它能起到社区服刑人员踏入社会直至融入社会的必要准备和缓冲作用,是社区矫正刑罚执行系统工程中一项极具普遍意义的矫正模式。我国社区矫正发展到今天急需这种矫正模式。下面以北京"阳光中途之家"为例,介绍其运作的基本情况。

1. 基本情况

北京“阳光中途之家”得到了司法部和北京市委、市政府的支持和领导，从创新社区服刑和刑释解教人员社会管理、维护首都和谐稳定需要出发，着力破解“两类”人员（社区服刑和刑释解教人员）矫正帮教中的难点问题，体现了以人为本的工作理念。

“阳光中途之家”，是指对社区服刑和刑释解教人员进行教育、培训、救助和过渡性安置，提高他们适应社会能力，帮助其顺利回归社会的社区矫正和安置帮教机构。2007 年，北京市司法局经过反复研究，决定选择奥运安保任务最重、“两类”人员数量最多、经济社会发展快速的朝阳区作为建设“阳光中途之家”的试点区。2007 年年底，朝阳区“阳光中途之家”开始建设并于 2008 年 7 月投入使用。2009 年年底，在深入其他区县调研并反复论证分析的基础上，北京市司法局决定在全市范围内将“阳光中途之家”推广开来。经过 3 年多的努力，形成了初步的体系。北京市按照“一区县一个”的规划建设“阳光中途之家”，经费由各区县财政提供，区县司法局负责建设、管理和运行。在这一项目的运行中，社会效果已初步显现。

2. 主要做法

每一位来到“阳光中途之家”的学员首先会参加集中的初始教育，内容涵盖社区矫正认知、遵纪守法教育、就业指导、救助政策辅导、心理辅导等方面，结课后还要参加统一的考试进行考核。“阳光中途之家”还组织社区服刑人员参加公益劳动、聘用专业心理咨询师开展心理矫治工作。部分“两类”人员虽然有劳动能力，但是由于文化水平较低、缺乏必要的工作技能等情况，难以在短期内找到合适的工作岗位。“阳光中途之家”根据实际工作情况给予临时救助，同时，对这部分人提供免费的技术培训，及时推荐他们参加社会就业。

截至 2011 年，全市各区县“阳光中途之家”对“两类”人员共开展教育服务 16 000 余人次。其中集中教育 5 100 余人次，社会适应指导 1 800 余人次，心理咨询和辅导 2 800 余人次，组织公益劳动 2 900 余人次，就业帮助 1800 余人次，提供食宿救助 800 余人次。在心理咨询辅导方面，对新接收的社区服刑人员 100%进行心理测查，有咨询需求的“两类”人员 100%进行心理咨询，有心理危机的“两类”人员 100%进行心理危机干预。通过开展就业指导帮助和技能培训，促进了“两类”人员就业，在就业年龄段内、有就业意愿、能接受有关部门和单位推荐人员的就业率达到 100%①。

各区县“阳光中途之家”贴近本地区“两类”人员的实际需求，或结合地域特色，或组织各相关部门和社会力量参与进来，借助他们的职能和资源优势，提供有针对性的教育与服务。

海淀区发挥科技优势，建立“现代化综合数据处理中心”，该中心可实现多角度对心理咨询对象的观察与记录，为准确分析“两类”人员心理特点，有针对性地开展心理辅导奠定基础。

平谷区打造以蔬菜种植园、果树种植园、生态养殖园和技能培训室为一体的“三园一室”，突出农村优势，满足农村“两类”人员的技能培训需求。

大兴区建立法制宣传栏、设置法制阅览室并购置上千册图书，将“阳光中途之家”作为对农村“两类”人员进行法制宣传教育的重要阵地。

朝阳区在集中进行初始教育的基础上，注重分类教育，根据特点和需求，先后多次组织了未成年、女性和缓刑人员等培训班。同时开展拓展训练、体育运动、文化活动等，形成了矫正干警、工作人员与学员统一上课、统一参加公益劳动、统一晨练、统一吃住、统一娱乐的“五统一”教育培训模式。

① http://www.legaldaily.com.cn/bm/content/2011-06/22/content_2755258.htm? node=20729，2011 年 11 月 30 日访问。

昌平区从中国政法大学、中国石油大学聘请专职心理咨询师，为有心理辅导需求的"两类"人员提供心理健康咨询和辅导。还与解放军261医院、京北回龙观精神病医院两家专业心理治疗机构达成合作协议，对新接收人员进行心理测评、心理健康教育、心理危机干预。

密云县与公、检、法、民政、社保等成员单位签订教学培训合作协议，进行相关法规政策培训。

东城区依托区职业技术学校等企事业单位建立技能培训基地，与北京青年政治学院、中华女子学院合作建立科研实训基地等基地群，探索了"以服务促进就业，以创业带动就业"的城区就业服务模式。

3. 特点和存在的问题[①]

国外和北京市朝阳区的经验表明，建立"中途住所"矫正模式意味着一整套全新的行为方式的形成。这些行为方式必然与我国现行的社区矫正帮教安置工作形成的行为方式发生碰撞，并有一个艰难的融合过程，其具体表现在：

（1）在现行的分散管理中，一段集中的管理成为必然。多年来，社区服刑人员从监所释放出来后，他们各自回到常住地或户籍所在地，回到他们所属的社区、村，开始他们新的服刑生活。社区矫正组织会根据他们各自的情况，制定并实施具有个性的矫正方案。这种矫正方案的实施，很大程度上依托社区和村等基层组织，吸纳包括社区服刑人员家人、亲友在内的社区力量和社会志愿者参与其矫正工作。这种从出监所后即开始的分散性的矫正模式的优点是：分而治之，针对性强，为社区服刑人员创造一个富有感性

① 许振奇：《中途住所矫正模式与我国犯罪矫正文化的碰撞与融合》，载刘强主编：《社区矫正评论一》，中国法制出版社2010年版，第90页。

的官情、社情、民情、亲情环境，使他们的“心理在社会状态中柔化”[①]，感觉到做人的尊严，重燃生活的信心，并获得相应的物质援助。刑释解教人员亦然。这种方式的缺点是：在社区服刑人员和刑释解教人员出监所后的一段极不稳定的时期内，该人员分散在各地，由于缺乏集中的不间断的科学观察与监管，社区矫正组织对他们的情况缺乏全面深入的了解和评估，因而对其教育矫正和帮扶存在较大的盲目性，容易造成脱管失控甚至重新犯罪。同时，还容易造成社区服刑人员、刑释解教人员与社区居民尤其是与犯罪受害人之间的矛盾冲突，影响社会稳定。另外，这种分散式的矫正模式，对一些需要特殊治疗救助的对象无能为力。

“中途住所”矫正模式由于在犯罪人出监所后紧接着采取集中的监管教育矫正方式（也提倡与社会力量的结合），不仅在很大程度上具备了分散式的优点，也在很大程度上避免了分散式的弱点。当然，这也意味着要围绕“中途住所”的需要，建设一支全新的社区矫正队伍，建立一套全新的矫正制度，探索一套全新的矫正手段并积累经验。

（2）组建一支高素质专业化矫正工作队伍的机遇与挑战。“中途住所”集中矫正模式迫切需要建立一支高素质的工作队伍并为其产生创造了难得的机遇。根据北京市朝阳区的经验，“阳光中途之家”一般常年接纳 70 余名社区服刑人员。他们集中生活在这个“家”中，社区矫正工作者要给他们提供管理、教育、培训、心理、帮扶、疾病治疗等多种服务。根据国外经验，“中途住所”要给社区服刑人员提供 15 种服务[②]。这无疑给“中途住所”的社区矫正工作者提出了更高、更全面的要求。而就目前情况，无论从组织结构还是专业结构上看，我国社区矫正工作者队伍短期内都难以企及。

---

① 刘强：《各国（地区）社区矫正法规选编及评价》，中国人民公安大学出版社 2004 年版，第 509 页。

② 郭健安、郑霞泽：《社区矫正通论》，法律出版社 2004 年版，第 289 页。

从美国的情况看，“中途住所”一般需要 4—7 个专职工作人员，其中 1—2 人担任行政管理工作；2—5 人担任治疗工作。大约 50%的“中途住所”只用 1—3 个兼职人员；2/3 的“中途住所”使用志愿人员提供相关服务；一个“中途住所”使用的志愿人员可以多达 200 人①。这一工作队伍的结构模式是值得我们借鉴的。安排少而精的具备执法身份的行政工作人员，其余通过招聘专职社工和志愿者的途径，可以及时有效地解决人力不足和专业技术人员缺乏的问题。

（3）政府在政策帮扶上的行为转变。如前所述，我国社区矫正试点以来，对社区服刑人员的帮扶政策，一直挂靠刑释解教人员，可以说“名不正言不顺”。2010 年，中央 11 部门以司发[2010]13 号文件联合发文，正式明确“可以将刑释解教人员的各项安置帮教政策提前用于社区服刑人员”②。“中途住所”建立后，由于社区服刑人员正处于“零起步”阶段，那么给社区服刑人员提供安置帮教政策的咨询服务，有针对性地落实相关政策，就成为“中途住所”工作成败的关键环节。为此，政府落实安置帮教政策的行为方式要围绕“中途住所”作相应的调整。首先，政府有关部门要将落实安置帮教政策作为一个专项工作指定有关部门专人负责。其次，要变“自在”为“自为”，变“被动”为“主动”，将落实安置帮教政策的工作职责作为本部门的工作目标之一，主动提供服务，进行考核评估。再次，所有安置帮教相关政策要向“中途住所”集中，并不断改进完善，形成一套相互配合、相互衔接、操作性强的“中途住所”安置帮教政策体系。最后，在“中途住所”与政府有关部门之间建立有效的衔接协调机

① 郭健安、郑霞泽：《社区矫正通论》，法律出版社 2004 年版，第 288 页。

② 司发[2010]13 号文件，即关于贯彻落实《中央办公厅国务院办公厅转发〈中央社会治安综合治理委员会关于进一步加强刑满释放解除劳教人员安置帮教工作的意见〉的通知》的实施方案。

制,为"中途住所"入住者提供服务,及时有效的落实安置帮教政策。

(4) 后续衔接工作的质量评估与责任划分。中央 11 部门司发[2010]13 号文件规定:"社区服刑人员期满后,当地司法所负责做好衔接工作,确定责任人,落实后续帮教措施,确保不托管、不失控、不重新违法犯罪。"实际上,在社区服刑人员走出"中途住所"之际,与各司法所的衔接工作,同样也面临着确保"三不"的责任。这就有这样几个问题要作出回答:经过"中途住所",社区服刑人员的表现及风险程度怎样?"中途住所"给各相关司法所有何工作建议?社区服刑人员后续矫正措施是什么?他们回到社区后,社区居民、基层组织、他们的亲属、受害人态度如何?社区服刑人员出"中途住所"后的一定时间内出现脱管、失控、重新犯罪,责任如何划分?这些问题都要通过明确的制度和恰当的行为方式得到规范解决。

(二) 社区矫正工作站模式

社区矫正工作站是从事社区矫正工作的专门机构,在市社区矫正工作领导小组办公室的领导下,以市司法局直属司法所为主体,具体负责组织对片区内各乡镇(街道)的社区矫正对象进行教育管理。同时,在村(社区)建立社区矫正对象专门帮教小组。社区矫正片区工作站站长由直属司法所所长担任,片区内其他乡镇司法所所长任副站长,由社区矫正片区工作站统一组织协调片区范围内各乡镇(街道)的社区矫正工作。工作人员由司法所干警、社区民警、村(社区)工作人员、社会志愿者以及社区矫正对象近亲属组成,对矫正对象进行社区矫正管控工作。此外,还聘请专业的心理咨询师,为矫正对象做好心理咨询、心理辅导、心理治疗等心理矫正工作。近年来江苏省探索建立县(市、区)社区矫正管理教育服务中心,打造具有江苏特色的新型社区矫正工作平台,将包括"中途之家"在内的多项功能整合于一体,其出发点在于落实社区矫正三项主要任务，弥补基层司法行政机关现行体制机制缺陷，植根我国现阶段基本国情。在这一实践中，其典型代表就是江苏省“宜兴市方圆帮矫中心”。该中心探索了县市级行政区域建立“中途之家”的具体路径，有力地推动了当地社区矫正工作的跨越式发展。以下以江苏“宜兴市方圆帮矫中心”为例，介绍其运作的基本情况和主要做法。

1. 基本情况

目前，江苏省致力打造的县(市、区)社区矫正管理教育服务中心，是融合教育矫治、监督管理、“中途之家”等多项功能于一体，多功能集中运行的工作机构。“管理教育服务中心”的设计与运作形式将教育矫治作为开展社区矫正工作主要切入点，并以此整合监督管理、帮扶助困等多项内容，体现了以人为本的行刑社会化理念；而且将包括“中途之家”在内的多项功能整合于中心这一平台之中，采取功能集中化运行体制。江苏省社区矫正管理教育服务中心定位于多项功能集中运行的一体化管理平台，它是县(市、区)司法局开展社区矫正工作的专门场所。中心设置监控管理室、教育谈心室、警务室等，用于集中进行形势政策教育、法制教育、公民道德教育，开展职业技能培训，提供创业就业指导等，能够满足对矫正对象分批分次集中开展教育矫正、公益劳动和心理矫正的需要，实现多部门综合利用，结合法院、检察院、公安局、监所等部门共同开展对矫正对象的教育矫正活动，结合民政、教育、劳动和社会保障、工会、共青团、妇联等部门共同为矫正对象提供职业技能培训、就业指导等帮助扶持活动。

2. 主要做法[①]

“宜兴市方圆帮矫中心”占地面积 20 亩，采取的是租赁和改建

---

① 参见江苏省社区矫正办公室：《江苏省社区矫正管理教育服务中心的探索实践——YSSD 逻辑》，载刘强主编：《社区矫正评论卷一》，中国法制出版社 2010 年版，第 163 页。

相结合的办法，其中租赁合作企业宿舍 1 500 平方米，车间 2 700 平方米，新建办公用房 3 600 平方米，投入资金合计约 250 万元。中心于 2009 年 10 月正式开工建设，2010 年 6 月底正式投入使用。建设主要目标有两点：一是提升社区矫正整体功能，使社区矫正教育矫治、公益劳动、技能培训和就业安置这四个工作重点环环相扣，把教育、帮扶、监管、改造形成一条更紧密的链条，真正实现整体联动的格局；二是将着力解决"三无"人员（无家可归、无亲可投、无生活来源的矫正对象和刑释解教人员）、无业矫正对象生活就业无着落问题，帮助他们克服危机，提高环境适应能力，有力化解不稳定因素，从根本上有效降低重新违法犯罪的可能性。

"宜兴市方圆帮矫中心"建设主要分安置区（"中途之家"）、教育区（教育矫治中心、专职工作人员培训实践基地、民警实践基地、德育教育基地、取保候审管护教育基地）、心理矫治区（心理测试室、心理咨询室、宣泄室）、劳动区（集中公益劳动基地）、技能培训区、办公及后勤保障区六大区域。主要功能包括：

（1）安置区。即"中途之家"，主要承担对"三无"人员提供暂时性的食宿服务，帮助他们提高回归社会后的社会适应和生产能力，相应承担全市严管矫正对象和取保候审管护人员短期的封闭式强化教育所需功能。

（2）教育区。内设教育矫治中心、专职工作人员培训实践基地、民警实践基地、青少年法制教育基地、外来人员取保候审管护教育基地五个功能区。主要承担对矫正对象的集中教育矫治、专职工作人员的培训实践、青少年预防违法犯罪教育等功能。

（3）心理矫治区。内设心理测试室、心理咨询室、宣泄室，主要承担对矫正对象进行心理测评、风险评估的功能，并且针对问题对象，进行心理咨询，预防和化解各类心理问题，为行为矫治提供科学策略。

（4）劳动区。即集中公益劳动基地，设置相应的工作车间，主要承担矫正对象的公益劳动教育功能。

(5) 技能培训区。设置两个基地，一是技能培训基地，主要为全市有就业需求的矫正对象和刑释解教人员免费提供就业培训，增强帮扶功能；二是监(所)外试工基地，主要承担监狱(劳教所)服刑人员监(所)外试工的功能，使刑释解教人员回归安置与技能培训提前衔接，在实践中提高技能本领，解决人员的安置问题。

(6) 办公和后勤保障区。主要承担帮矫中心各区域的日常管理和运行保障工作，分别设置教育矫正部、心理测试咨询部、宿舍管理部、技能培训及就业安置部、办公室五个办公部门，并配有相应的功能配套用房，如信息监管中心、阅览室、档案室、食堂等。

"宜兴市方圆帮矫中心"的建设探索了江苏省建立"中途之家"的具体路径，推动了当地社区矫正工作从农业技能教育向工业技能教育、从单一性向综合性、从分散模式向一体化模式、从走动式向寄宿式的跨越式转变。同时，中心有效发挥了"中途之家"的相应功能，为矫正对象及刑释解教人员回归社会、重新做人搭建起一个良好的过渡平台。

3. 特点及存在问题①

社区矫正管理教育服务中心在排除财政、人力等建设资源问题后，其关键性的一个环节就是在建立之后如何将各项功能整合运作，以达到最佳工作效果。系统是互相联系的、具有目的性的，通过互相联系构成整体的一组事物。中心各个工作室(或工作区)是具有同一目的性的各个物理部分，但是客观物理上的联系并不代表着它们必然相互联系成一个整体。中心形成一个运作系统，以整合各种功能，发挥最大化作用，其关键在于完善的工作执行制

① 参见江苏省社区矫正办公室：《江苏省社区矫正管理教育服务中心的探索实践——YSSD逻辑》，载刘强主编：《社区矫正评论卷一》，中国法制出版社2010年版，第168页。

度、健全的评估监督体制和特色的社区矫正亚文化。它们是社区矫正工作系统中联系各个部分,使各个部分相互作用、相互促进的纽带,能够使社区矫正教育矫正中心这一工作平台进一步形成一个工作系统,发挥最大整合力。

(1) 完善的工作执行制度是整合社区矫正管理教育服务中心功能的基础。中心的运作必须有一套完善的工作执行制度为基础。工作执行制度的健全与完善,既要着眼于各个功能区矫正效能的最大化,又要着眼于中心功能的一体性。江苏省在中心的工作制度建设上,主要采取了以下几点措施:一是通过科学论证、试点推进等方式,立足于社区矫正自身规律,切实找准结合点与着力点,力求社区矫正各项措施的普遍性与特殊性在执行力上能够得到辩证的统一;二是充分运用环境犯罪学、犯罪社会学等学科知识,广泛开展有针对性的实证调查,对相邻功能区、交织功能区之间的相互影响作出科学的论证分析,在制度建设上给予合理地利用或规避;三是统筹社区矫正工作人员的效率、工作平台环境的效能与矫正对象的需求三者之间的关系,将工作平台建设作为消除犯罪因素的第一门槛,切实发挥其在整合社区矫正工作效果与矫正对象需求中的平台作用。

(2) 健全的评估监督体制是整合社区矫正管理教育服务中心功能的保障。科学的评估机制是中心功能发挥的“引擎”,有效的监督机制是中心功能良性运作的“护航者”,两者是整合中心功能的重要保障。社区矫正管理教育服务中心功能整合的前提在于对各工作区功能状况的切实掌握,科学的中心效能评估机制,一方面能够不断推动中心功能最大化,另一方面能够在功能动态发挥中保障功能的整合性。同样,中心功能的发挥与整合都离不开有效的监督机制。中心功能的整合运作并非是能够直接看到的,这就要求对其监督应当以科学的权利配置、专业的监督主体等手段为主,充分发挥上下级之间的反馈监督机制和检察机关的法律监督职能，有效利用各方专家学者的社会监督力，以此形成不断完善的社区矫正管理教育服务中心工作监督机制。

（三）农村社区矫正工作模式

农村籍社区服刑人员社区矫正的场所在农村。其基本特征是立足于农村，依赖于农村，强调社会力量对社区矫正的参与，使农民服刑人员在不与社会隔离的环境中再社会化。在当代中国，农村社区矫正与城市社区矫正相比具有社区比较的优势：村具有相对的同质性和高度整合的人际关系；村民对本村具有良好的认同感和归属感——村民认同村组织的管理，认同村里的文化。改革开放以来，村民和村落的关系发生了些许变化，变化最先出现在经济领域。村民职业的分化、经济活动的广域化趋势使得村民在经济领域特别是在非农产业领域对村集体的依赖程度逐渐减退。但是在行政领域、生活领域——也是社区矫正的主要领域，村民对村组织的依赖程度依然较强，村组织仍然是农村居民社会结合的最基层的单位，是农民与市场之间的中介组织。从中国目前的发展阶段来说，所谓农村社区就是小区或村落，而村委会就是它的领导机构。在农村开展社区矫正，司法所依靠的组织和力量是村委会和村干部。在农村地区，村委会等群众自治组织处在最基层，与人民群众联系最为密切，也最了解矫正对象的家庭、社会关系、生产生活等情况，能够全面掌握矫正对象的教育改造、监督管理等具体现状。充分调动村委会、村组干部的积极性是做好农村社区矫正的必然要求。

1. 农村社区矫正的工作方法

（1）浙江枫桥“5＋1”监管模式[①]。浙江诸暨枫桥镇在社区矫

① “5”是指社区司法员、社区民警、驻村指导员、村责任人和矫正对象家属五个方面的人员；“1”是指矫正对象本人。

正试点工作中，针对农村辖区面积大、矫正对象比较分散的特点，创造性地提出对矫正对象实行“5+1”监管模式，即从镇司法所、协作站（社区）矫正小组、公安责任民警、村治调组织、矫正对象家属五方面来确定人员，分别落实监管职责。这一社区矫正的“枫桥模式”，对于促进社区矫正在农村的发展，解决农村与城市发展失衡的问题，具有重要的示范意义。枫桥式社区矫正的一个显著特点就是紧密结合村民自治制度，充分发挥村民自治组织对农村的整合功能。“5+1”的社区矫正监管模式正是村民自治在社区矫正工作中的具体运用。

（2）山区农村社区矫正的模式①。湖北省司法局对鄂东山区罗田县乡村经过深入考察和调研后，充分认识到了村组织和乡镇政府的相互依赖关系和村组织在农村社区矫正中的优势。在总结社区矫正试点初始阶段工作经验和教训的基础上，他们着眼于司法行政工作全局，将社区矫正置于正在实施的“法务前沿工程”②之中，形成了目前的“县-乡镇-村-中心户”的社区矫正运作模式。

罗田县“法务前沿工程”中的社区矫正模式的框架由以下几个模块组成：

组织领导模块：包括乡镇党委政府→社会治安综合治理委员会（综治办）→社区矫正安置帮教工作领导小组及其办公室。它处于模式的上层，起着领导、组织、协调和服务保障作用。

平台载体模块：由乡镇社区、农村村（居）委会及其法务工作

① 参见许振奇：《一个山区农村社区矫正的模式——基于罗田县法务前沿工程中的社区矫正调查》，《犯罪与改造研究》2012年第3期。

② “法务前沿工程”是指在当地政府的领导、司法行政机关的指导下，以村（居委会）自治组织为依托，整合司法所干部、村（居委会）干部、社会志愿者等各种力量，建设融法制宣传教育、人民调解、法律维权、安置帮教等多项工作为一体，为司法行政服务职能延伸到社区（村级）发挥作用的综合服务体系。

站(含社区矫正,一套班子多块牌子)组成。它处于模式的基层,起依托、基础和资源整合作用。

行政、政策资源模块:由乡镇有关职能部门组成。它处于工作推动力模块的外围,起着提供相关行政、政策资源,解决相关困难和问题的作用。

主体、原发力模块:由乡镇司法所组成。它处于模式的中层和中心,起着工作主体、主推动的作用。

社区资源模块:由社区、村(居)委会居民、社区民警、调解中心户、法务前沿工程志愿者和社团组织,以及社区服刑人员家属、亲友组成。它处于模式的基础外围,起着支持、配合和协助及环境舆论作用。值得一提的是,罗田全县所有村(居)委会均建立了法务工作站,工作的触角延伸到每一个村、组、自然湾落,形成了山区农村全覆盖的社区矫正工作网络。

根据我国国情,上述四个模块中,组织领导模块与主体、原发力模块及行政、政策资源模块属行政关系;平台、载体模块与社区资源模块属半行政关系(见图 7-1)。

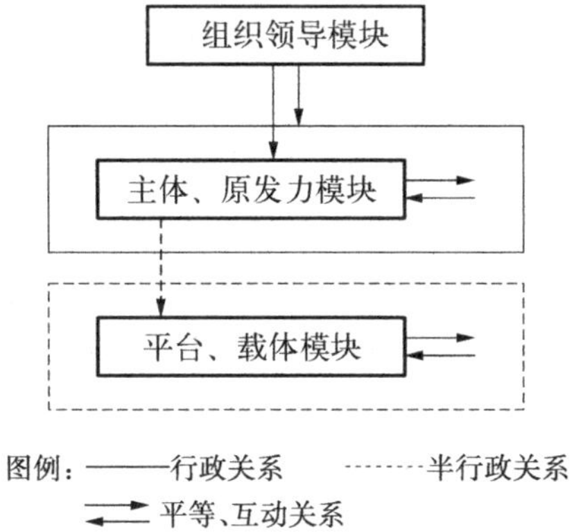

图 7-1　四大模块关系示意图

罗田县“法务前沿工程”中的社区矫正模式以社区、村(居)委会为平台,将司法行政机关及司法所的社区矫正刑罚执行职能延伸到社区、村(居)委会自治组织,有效整合相关资源,并与当前农村开展的相关工作有机结合,将社区服刑人员的监管、教育和困难帮扶工作有效地落实到了每个基层社区和社区服刑人员。

2. 农村社区矫正中存在的主要问题

同城市相比,农村在开展社区矫正方面面临更多的困难,因此,在农村地区发展社区矫正,应当采取一些政策性扶植措施。同时,必须结合农村地区的特点,设计适合农村特点的社区矫正开展方案,而不能简单照搬城市的社区矫正模式。

(1) 农村社区矫正中刑罚执行的严肃性不足。小区矫正的本质是非监禁的刑罚执行活动,但在实践中这种刑罚执行的性质被有意无意地淡化,存在一定的随意性。产生这种现象的原因是多方面的:一是现行法律、法规不健全,小区矫正的细则、办法没有上升到法律的高度。例如,奖惩考核缺乏力度。“五种对象”——被判处管制、被宣告缓刑、被暂予监外执行、被裁定假释和被剥夺政治权利并在社会上服刑的罪犯——中能够获得减刑、假释奖励的实际上只有管制和暂予监外执行的对象。对于其他对象,现行法律规定缓刑对象必须有“重大立功表现”才可获得减刑;假释对象“一般不得减刑”;剥夺政治权利对象减刑奖励问题没有相关的法律规定。

二是社会矫正强调人性化,而忽视严肃性。例如,监督管理手段缺乏强制力。目前,社会矫正工作机关普遍反映被剥夺政治权利的对象管理难度大,“不服管”现象增多。这其中既有被剥夺政治权利对象在刑罚方面的特殊性,也反映了小区矫正工作机关及其所制定的措施缺乏必要的法律、法规的支撑。

三是法制氛围相对较弱。由于受农业社会小农经济思想的影响,“人治”尤其是刑罚报应思想仍占据主流地位。这种传统观念和人文背景,不仅弱化了人们遵守法律、法规的自觉性,而且也制约了开展非监禁执行工作所需要的法制氛围的形成。

目前,《刑法》《刑事诉讼法》中关于“五种对象”在服刑期间应当遵守的相关规定中,并没有明确规定必须参加劳动的内容。同时,尽管《刑法》第四十六条中规定“被判处有期徒刑、无期徒刑的犯罪分子,在监狱或者其他执行场所执行;凡有劳动能力的,都应当参加劳动,接受劳动改造”,但在实际执行中,对该规定是否适用小区矫正对象等问题,还存在比较大的争议。

(2) 农村社区矫正的方法和教育措施不足。小区矫正制度虽然包括了电话报到、思想汇报、谈话教育、学习培训、公益劳动、请销假制度,但在具体实施中却受到诸多制约。在农村由于场地、经费、人力资源严重缺乏,集中学习培训工作很少开展,公益劳动的效果也不明显。同时,受自然地理环境、通讯条件限制,以及小区矫正对象的就业、生活等因素出现的流动性大,存在人户分离等情况,客观上增加了监督管理、教育改造和考核奖惩的难度。因此,农村社区矫正只能基本实现“控制”,“矫正”“教育”明显不足。

诸如教育管理措施缺乏针对性、小区矫正“五种对象”在刑罚执行方面的不同等问题,决定了小区矫正工作应当实行分类管理、分类教育,增强小区矫正的针对性和有效性。但是,由于缺乏法律、法规依据,实际操作往往侧重普遍性、一般性问题,个性化管理和教育程度不高。

(3) 农村社区矫正的网络不健全。社区矫正的间接目的是增强公民法律意识和社会责任感,在矫正主体的主导下,充分整合社会力量和社会资源,形成广泛吸纳社会力量、全社会共同参与的矫正组织体系。但是,由于仅限于司法行政这一层面上,农村社区在吸纳社会志愿者、组建专业心理矫正队伍和小区力量帮教方面尚未形成网络。同时,由于农村地区范围较广,相对于城市社区,矫正工作力量尤为不足。

(4) 农村社区矫正的效果不明显。矫正教育包括政治思想教育、文化职业技术教育、心理健康教育和劳动教育,应综合运用集体教育、个别谈心教育、心理咨询和心理矫正、志愿者帮教等多种形式开展矫正工作。这些方法务实且有较浓重的规训色彩,对绝大多数犯罪人而言"就是最好的矫正方法",但由于受农村地区条件的限制,在教育内容上只能落实政治思想教育、劳动教育,其他教育形式得不到落实。然而,农村社区矫正对象中的相当多的人员都有不同程度的心理问题和不良行为习惯,迫切需要进行心理健康教育和长期、专业的心理咨询及矫治。

二、社区矫正的价值理论

社区矫正体系中的某些具体制度,如缓刑、假释等,早在 19 世纪已经产生,但社区矫正成为系统的思想却是二战以后的事。一般认为,现代社区矫正观念源于二战结束之初对退伍军人的心理辅导。当时西方国家有许多老兵在退役后遭受到社会不适应症的困扰,为协助他们完成由军旅生活向社会生活的过渡,一些社会团体和社区志愿人员专为这些老兵提供各种心理咨询与心理治疗,成效显著,有关司法部门受此启发,遂将此种做法引入刑事司法体系。经过数十年的发展,社区矫正思想日趋成熟,其具体措施日益丰富,并广为各国刑事立法和矫正实践所认可与接受。社区矫正的价值主要体现在人道、公正、效益和民主四大方面。

(一) 人道

人道主义以人为中心和目的,关注人的价值和人的尊严,追求人的幸福和人的解放。刑罚人道性是现代社会中刑罚的基本价值目标之一，从某种意义上说，刑罚的发展历史即是刑罚从严酷走向宽容、从野蛮走向文明的历史。刑罚的人道性要求刑罚的制定、适用和执行都应与人的本性相符合，尽可能地宽缓。由刑罚的人道性进一步引发出罪犯人权思想，即罪犯并不因犯罪而成为人的异类或社会弃儿，作为人，他们仍然具有人的尊严和生存发展的权利，法律在依法剥夺罪犯的某些权利的同时，必须保障其未被剥夺的那些基本权利。

近代以来，监禁刑成为最重要和最普遍的罪犯处遇方式，这较之古代社会以身体刑和生命刑为主的罪犯处遇方式无疑是历史的进步。然而，监禁刑自身存在某些难以克服的弊端和缺陷，监禁刑在将罪犯隔离于正常社会的前提下实施惩罚和改造，难免会给罪犯打上"监狱化烙印"，削弱其社会适应能力，从而影响改造效果和回归目标的实现。相比之下，社区矫正使罪犯在不与社会隔离的环境中实现其再社会化，从而避免了罪犯因入狱服刑而带来的"交叉感染"和"监狱化烙印"，有利于维系罪犯与家庭和社会的联系，使罪犯与社会的发展保持同步。此外，社区矫正强调社会力量对矫正的参与，可减少监禁处遇导致的使罪犯机械式地强迫和服从的负效应，使罪犯与矫正者发生积极的互动作用，提高了罪犯在矫正过程中的积极性和主动性。

马克思曾经说过："既然人的性格是由环境造成的，那就必须使环境成为合乎人性的环境。既然人天生就是社会的动物，那他就只有在社会中才能发展自己的天性。"[①]作为刑罚发展的历史必然，作为人类法治文明演进的结果，社区矫正集中体现着刑罚的人道价值，浓缩着法律的人文关怀，是"以人为本、文明执法，对罪犯

① 《马克思恩格斯全集》第2卷，人民出版社1957年版，第167页。

实施人性化监管与改造”的现代行刑理念的具体展开。

（二）正义

公正又称正义，从词源学上说，它具有正当、公平、平等的含义。美国学者罗尔斯指出，正义是社会制度的首要价值，对于一切法律和制度，不管它们如何有效率和有条理，只要它们不正义，就应加以改造或废除。公正是刑罚的生命线所在，而刑罚的公正性既表现为罪行与刑罚的均衡，也表现为报应与预防的统一。通过对犯罪人适用适度的惩罚，使其为自己的行为付出应有的代价，一方面能促使社会公众的正义需求和报应情感得到满足，另一方面也能促使罪犯从痛苦中吸取教训，避免重蹈覆辙。

惩罚性是刑罚的基本属性，而惩罚意味着给罪犯带来一定的痛苦或利益损失。社区矫正作为一种人性化的刑罚执行活动，其惩罚强度相对于监禁处遇而言显然要低，但毕竟也包含着一定的惩罚意蕴。例如，接受社区矫正的罪犯的人身自由受到一定程度的限制，必须遵守一些特殊的行为规则、履行特定的义务等。由于这些罪犯的罪行比较轻或者在狱中表现良好，人身危险性不大，不必予以关押或继续关押，对其适用非监禁刑就能实现报应和预防的双重目标，因此，社区矫正制度具有公正性。

（三）效益

刑罚的效益价值也就是刑罚的经济性，是指国家应当力求以最小的支出——少用甚至不用刑罚（或用其他刑罚替代措施），获取最大的社会效益——有效地预防和惩罚犯罪。具体而言，在刑事立法上，如果规定较轻的刑罚即可，就没有必要规定较重的刑罚；在刑事司法中，对于已经确定为犯罪的行为，如果适用较轻的刑罚即可，便没有必要适用较重的刑罚。

刑罚的运作是一种高消耗性的活动，而刑事司法资源是相当有限的，尤其是监禁刑的执行更是费用高昂，这意味着加重了纳税人的经济负担，增加了社会因犯罪而受到的侵害。而社区矫正不需要像监狱那样在机构设置、安全管理等方面产生巨大的负担，同时可以充分利用社会资源改造罪犯，从而大大节省了国库支出，有助于缓解监狱拥挤现象。据英国官方的统计数据，英国每年对一个监禁犯的投入高达 7 000 英镑；而对保护观察者所投入的资金是每人每年 520 英镑；对于处以社区服务令的罪犯投入更低，大约是每人每年 490 英镑。由此可见，社区矫正的经济性是比较明显的。

（四）民主

民主的首要含义在于“社会成员参与”。司法民主是现代民主的重要内容之一，人民参与司法是现代法治国家司法文明与进步的重要标志，只有司法民主的充分实行才能促进权利平等，建立稳定和谐的社会秩序。

司法民主在审判活动的重要表现是在诉讼中实行陪审或者参审制度，允许民众直接参与司法审判；而在行刑活动中，司法民主意味着行刑活动对社会的适度开放和社会对行刑过程的积极参与。行刑民主化是司法民主化的应有之义，可以说，在刑事法运作的各个环节中，行刑是最需要社会参与的一个环节。

社区矫正作为一种立足于社区、依赖于社区的罪犯处遇方式，一方面给予公民一种“参与”的感受，“赋予每个公民一种主体地位，使人人感到自己对社会成员有责任和参加了自己的政府”；另一方面，也有助于形成公民权利对司法权力的制约，防止司法权的滥用。

第二节　社区矫正的工作方法

一、社区矫正工作制度

（一）学习培训制度

社区矫正组织应加强对社区矫正工作者的培训，全面提高社区矫正工作者的教育管理能力和执法水平，培训应坚持理论联系实际、学用一致、讲求实效的原则。

培训内容包括政治理论、法律法规、规章制度及社会学、心理学、教育学等相关知识。学习培训可采取集中、以会带训、参观考核等多种形式。

培训工作由各级社区矫正培训组织分级实行。社区矫正工作者每年接受培训的时间不少于40学时，培训情况作为社区矫正工作者年度考核的依据。

（二）监督制度

社区矫正工作监督主要有法律监督、矫正组织内部监督、社会监督等形式。

检察机关应对社区矫正工作予以监督，发现矫正工作中有不符合法律规定的，应及时提出纠正意见。

矫正对象受到非法待遇或矫正组织未按法律规定的刑罚内容执行刑罚的，矫正对象有权向当地检察机关检举反映，或向上级司法机关提出申诉。

上级社区矫正组织应定期检查、指导、监督下级社区矫正组织的工作，同级社区矫正组织内部应加强相互监督，发现有不符合法律、法规和有关规定的，应督促其改正。

社区矫正组织应以适当形式向社会公开其职责范围、工作程序、有关制度等，接受社会监督。

社区矫正组织可从有关部门、知名人士、离退人员和矫正对象亲属中聘请执法监督员。

社区矫正组织应及时处理矫正对象或群众的举报、投诉，并反馈处理结果。

举报、投诉和处理结果应登记归档，并报社区矫正工作领导小组办公室备案。

（三）社会志愿者聘用制度

基层社区矫正组织应建立社会志愿者队伍，社区矫正工作志愿者应当具备的条件是：拥护宪法，遵守法律，品行端正；热心社区矫正工作；有一定的法律政策水平、文化素质和专业知识。

社会志愿者应主要从专家学者、知名人士、离退休干部、村（居）委会人员、矫正对象的近亲属和原所在单位人员中聘用。

自愿参与和从事社区矫正工作的社会志愿者，向居住地的街道（乡镇）司法所报名，符合条件的，由司法所报请县级司法行政机关颁发聘书。

社区志愿者主要从事的工作是：参与制定矫正对象矫正方案；为矫正对象提供法律及心理咨询；与矫正对象结成对子，帮助教育矫正对象；对社区矫正工作提出意见和建议；承办社区矫正组织指派的其他工作。

街道（乡镇）司法所负责本辖区社区矫正工作志愿者的联络和活动。

（四）社区矫正工作责任追究制度

社区矫正工作人员服务态度不好，对矫正对象提出、反映的问题不及时解答、处理、推诿、懈怠的，应给予警告，屡次发生上述现象的，对其进行通报批评、诫免谈话，直到调离工作岗位；造成严重后果的，依据法律法规处理。

报送信息不及时、不准确，影响全区工作进度，或者遇有特殊情况、问题及重大事宜不及时反映和上报，瞒报、迟报，造成严重后果的，责令书面检查、通报批评，对直接责任人员给予行政处分。

社区矫正工作人员利用职务之便，滥用职权、徇私舞弊，侵害矫正对象基本权利，构成犯罪的，依法追究刑事责任；尚不构成犯罪的，停职检查、给予行政处分，建议调离工作岗位。

社区矫正工作人员玩忽职守，致使矫正对象脱管失控后而又不积极查找，不主动上报，一经发现，通报批评；导致矫正对象重新犯罪，影响恶劣的，给予行政处分，直到调离工作岗位。

社区矫正工作人员因失职或者违反社区矫正其他规章制度，不按程序办事，不能在指定时间内按要求完成本职工作和领导交办的任务，给工作造成一定危害或损失的，对直接责任人员给予通报批评、诫免谈话，直到调离工作岗位；后果严重的给予行政处分，触犯法律的移交有关部门处理。

凡出现上述问题的，不得在本年度内评优、评先、入党、提拔。

（五）矫正个案制度

针对每名矫正对象成立专门的矫正小组，指定责任人，实施矫正方案，矫正其犯罪意识。

根据矫正对象的需求，结合犯罪类型、心理特征、家庭背景、现实表现等找准症结，制定矫正个案。

司法所、派出所和社区居委会每月召开一次会议，对矫正对象个案等情况进行综合分析。

（六）学习教育制度

司法所根据实际情况，每月至少组织矫正对象进行一次集体学习或活动，要有学习内容、学习计划或活动资料。

要运用各种有效教育手段，促使社区服刑人员认罪悔罪，增强法律意识和道德修养，成为遵纪守法的公民。

应当根据社区服刑人员的犯罪类型、犯罪原因、恶习程度及其思想、行为、心理特征，因人施教、注重实效。

社区矫正教育工作主要包括：入矫教育；个案矫正；思想文化及职业技术教育；心理矫正；解矫教育等。

（七）公益劳动制度

有劳动能力的矫正对象必须参加社区公益劳动，每人每月参加社区公益劳动时间不得少于 12 小时。

公益劳动内容为无偿参加非营利性机构、社团的服务活动或者社会（社区）公共服务，具体项目由社区服刑人员所在地司法所根据本地实际情况设置。设置原则为：符合公共利益；矫正对象力所能及；可操作性强；便于监督检查。

司法所应当与公益劳动基地签订公益劳动协议，并在每个基地确定一名联络员，负责对社区服刑人员公益劳动情况进行记载考核。

公益劳动可以由司法所组织集中进行，也可由社区服刑人员自行前往公益劳动地点劳动。

（八）外出请销假制度

矫正对象外出的，本人必须向司法所写出书面申请。

经司法所和公安机关审核批准后，司法所应发给外出证明。

矫正对象返回时，必须立即报告并销假，同时将证明交回司法所。

未按时销假或未经批准擅自离开所在区域的，按矫正对象考核及有关规定处理。

（九）考核制度

矫正对象自到司法所报到登记之日起，即开始纳入考核范围。未在规定期限内报到登记的，自规定期限届满第二日起司法所即开始对其考核。

矫正对象在遵守法律法规的前提下，日常主要考核遵守基本制度（如迁居、外出请假销假等制度）、报到、思想汇报、公益劳动及学习等内容。

司法所每周召开一次会议对矫正对象进行考核小结。每月月底司法所依据当月的考核结果，结合矫正对象各方面的综合表现，按一定比例择优表扬和评出积极分子。

对社区矫正对象实行考核奖惩的批准权限为：表扬、授予积极分子称号、记功、物质奖励及警告，由司法所、派出所考核、调查、核实后提出意见，经街道社区矫正领导小组身审核，报司法局、公安分局批准。减刑、收监、撤销假释、撤销缓刑，由司法所、派出所调查核实后提出意见，经街道社区矫正领导小组身审查，报司法局、公安分局审核。由公安机关依照法定程序报请相关人民法院或监狱、看守所、拘役所审核裁定。治安处罚由公安机关批准。

（十）解矫制度

被判处管制、宣告缓刑、裁定假释和剥夺政治权利的矫正对象，司法所要在矫正期满前 15 日，根据矫正对象的实际表现，写出书面鉴定材料，报区社区矫正办审议批准后，在矫正对象矫正期满当日，以一定的形式宣布对矫正对象解除矫正。

暂予监外执行的矫正对象，暂予监外执行期满，司法所应在其暂予监外执行期满前 30 日，写出书面鉴定材料（暂予监外执行保外就医的矫正对象，需附省政府指定医院的病情证明）经区社区矫正办审核后，报原批准机关。原批准机关在矫正对象暂予监外执行期满 7 日前，将是否继续暂予监外执行的审批决定通知送达司法所。作出收监决定的，司法所应在矫正对象收监当日，在矫正对象所在社区内以一定的形式公布对其解除矫正。

矫正对象死亡的，由相关医院出具死亡证明，司法所填写《矫正对象死亡情况登记表》，与医院死亡证明一同存档；矫正对象非正常死亡的，由公安机关依法办理。假释或监外执行的矫正对象死亡的，司法所应在矫正对象死亡后 7 日内，将矫正对象死亡情况书面通知原关押单位，并附相关证明材料。

依照法律和有关规定，矫正对象被撤销假释、撤销缓刑、因重新违法犯罪被公安机关依法惩处的，司法所应在矫正对象收监当日，在矫正对象所在社区内以一定的形式公布对其解除矫正。

（十一）社会保障制度

矫正对象家庭经济困难，符合条件的，可以向民政部门申请最低生活保障待遇。社区居委会要向民政部门提供有关材料，经民政部门审核批准，纳入本市最低生活保障范围。

（十二）检举申诉制度

矫正对象受到非法待遇或社区矫正组织未按有关法律规定执行刑罚的，可以要求社区矫正组织纠正或向检察院检举、反映，还可以向司法机关申诉。

二、社区矫正的主要工作内容

社区矫正工作的主要内容包括：对矫正对象的管理、教育及参加公益劳动等。司法所为社区矫正工作的主体，组织矫正对象参加各项矫正活动。

（一）管理方面

管理的主要方式包括：矫正干部的监督管理、监护人的监督管理、居委会（村委会）等群众自治组织的管理以及社会积极力量的监控等。

实施管理的目的是：通过规定活动范围等方法，加强对矫正对象的有效控制，规范他们的行为，确保社区矫正工作的正常秩序，确保非监禁刑刑罚的有效执行。

（二）教育方面

教育的主要内容包括：政治思想教育、文化和职业技术教育、心理健康教育和劳动教育等。

教育的形式主要包括：集体教育、个别谈话教育、心理咨询教育和心理矫正、社会志愿者帮教培训、实践活动等。

教育的目的是：通过教育，使矫正对象提高对所犯罪行的认识，认罪服法，接受矫正组织的教育矫正，矫正不良心理和行为，逐步养成良好的行为习惯，使他们在思想素质、行为习惯和道德习惯上都能适应社会的需要，实现人格的重新社会化，顺利地回归社会。

（三）公益劳动方面

要定期组织矫正对象参加一定的公益劳动。通过组织矫正对象参加公益劳动，使他们充分认识自己的行为对社会的危害性，增强对社会的责任感，改掉不良恶习，认罪服法，回报社会。矫正对象参加公益劳动时间每月不少于12小时。

三、社区矫正中社会工作方法的引入

社区矫正是一个刑罚执行的过程；是在社区中开展的对特定罪犯的刑事执法活动；是通过解决矫正对象的问题，恢复矫正对象的社会功能，促进矫正对象顺利回归社会的过程。因此，借鉴和使用社会工作的理念和方法是有助于我们切实提高社区矫正质量和水平的重要手段。总体来看，将犯罪人置于社区进行矫正，其情形与状况比之在监狱具有明显的多样化、个别化和特殊性，要求矫正工作必须因地制宜、因人而异。无论是个案工作方法还是小组工作方法都强调针对性，根据不同的对象、不同的背景，要采用不同的社会工作方法。个案工作、小组工作是社会工作的专业工作方法。

（一）个案工作方法在社区矫正中的运用

矫正对象在人格特征方面缺损和社会功能方面丧失的特殊性，使个案社会工作成为社区矫正工作中最常用和最有效的方法。个案社会工作是指由专业的社会工作者运用社会工作专业手法，对个人或家庭提供心理调整、环境改善等方面的支持和服务，以消除或减轻其心理行为以及人际关系等方面的困扰，使其充分认识到自身拥有的资源和潜能，增进其适应社会和解决困难的能力。个案社会工作是一种最早形成、直到今天仍然极为重要的专业方法，它有一套相对固定但操作灵活的专业工作方法和程序。个案工作通过对矫正对象提供直接的“一对一”的个性化服务，突出矫正对象的个别化矫正特征，能够更好地协助社区矫正管理者对矫正对象进行监管，达到社区矫正的目的。

运用个案工作方法对矫正对象实施矫正的具体过程，有以下几个步骤：接触矫正对象，建立专业矫正关系；收集资料，了解矫正对象基本情况，分析资料，诊断问题；确定目标，制定服务计划，介入干预，实施服务计划；结案和评估。

1. 接触矫正对象，建立专业矫正关系

矫正对象一旦进入社区接受社区矫正，社会工作者与矫正对象之间就要建立专业的助人关系，使其了解专业社会服务的意义和矫正效果。因此，社会工作者在与矫正对象接触时，要消除对矫正对象的个人偏见，不能歧视矫正对象，应该全身心地替矫正对象着想，真正理解矫正对象，从细微之处体现对矫正对象的关心，使其能够敞开心扉，从而使存在的问题真正呈现出来。对矫正对象的需求和面临的问题的界定，是社区矫正的前提。只有这样，才能解决矫正对象在融入社会过程中遇到的各种心理问题和社会问题，从而达到矫正的目的。

2. 收集资料，了解矫正对象基本情况

在协助受助者解决问题之前，必须先对问题有充分了解，然后对问题进行评估，思考解决问题的切入点。因此，要全方位、多角度地去收集与矫正对象有关的资料并进行归类、整理。社会工作者不仅需要了解矫正对象的基本资料，还要了解其心理状况、价值观、人际关系能力、社会角色的执行能力，以及对问题的分析能力和处理能力等。除此之外，社会工作者也要注重对社会矫正者所处的环境方面资料的收集，如矫正对象的朋辈环境、社区环境以及矫正对象与环境的交互作用等。资料的来源有两种方式：一是通过与矫正对象的会谈直接获得资料；二是通过访谈矫正对象的家庭、同事、邻居或其他有关机构间接获得资料。

3. 分析资料，诊断问题

诊断是依据个案工作的观点，以客观的态度，将会谈、访问或其他方式收集到的各种资料进行综合分析与比较研究，确定矫正对象问题所在以及问题的成因，通过对问题的了解，确定协助和治疗的方向。诊断的目的在于寻求矫正对象如何才能获得有效的帮助。诊断的内容主要包括：了解矫正对象存在问题的起因与症结所在，以及问题对矫正对象的影响；认识矫正对象的社会关系及其所处的环境；发现解决问题的阻碍因素。在此阶段需要矫正对象充分参与，从而根据矫正对象的期望明确问题解决的先后顺序。

4. 确定目标，制定服务计划

目标是问题解决的方向和目的，是制定服务计划中的重要一环，确定服务目标是理性的思考过程，是社会工作者对矫正对象可能获得的结果的预期。在制定目标的过程中，社会工作者要针对矫正对象提出的现实性的问题进行探讨，协助其解决，最终使矫正对象能够做到自我认识、自我促进、自我实现。在明确目标的基础上，制定初步的治疗方案即服务计划。制定服务计划是由社会工作者与矫正对象共同承诺合作，实现双方所确定的目标以及如何实现目标的过程。因此，在制定计划时要遵循以下几个原则：目标与工作者和矫正对象解决问题的能力一致的原则；目标与机构的功能保持一致的原则；双方协商的原则。

5. 介入干预，实施服务计划

介入干预是个案工作程序中的一个重要步骤，是协助矫正对象解决问题的实施过程。在实施过程中，社会工作者必须实施现有计划，但是要灵活运用工作技巧和资源应变，根据矫正对象的动态，发现矫正对象的进步和社会资源的实际状况，不断调整工作和帮助的策略，以维护矫正对象的最大利益。这一步骤要达成的目标是协助矫正对象自我了解，发现自己的问题，协助其调整社会关系，改善环境，给予适度的社会资源，以帮助矫正对象解决问题。

6. 结案和评估

结案是指个案工作者与矫正对象的专业关系结束前的处理工作。结案意味着工作者与矫正对象所有关系的终结，社会工作者必须有高度的专业自觉，避免过度地情感介入，以防止对矫正对象独立成长造成影响及对自身造成伤害。评估是指工作者及相关专家对个案工作的整个过程和效果的评定过程，也是社会工作者总结经验、自我反省、自我提高的过程。评估过程可以分为五个步骤，包括：明确程序目标；建立成果度量准则；选择科学的研究设计；选择合适的资料收集方法；保证评估程序的有效性。

（二）小组工作方法在社区矫正中的运用

社会小组工作又称社会团体工作，是指社会工作者运用专业方法和技术，协助和引导团体中的个人开展各种团体活动，以促进个人行为改变与社会适应能力提高的一种社会工作方法。

1. 社会工作小组工作方法的运用要点

首先，必须了解可能导致矫正对象发生变化的小组动力因素。小组工作是采用小组的方式，借助小组的各种力量，促进个人发展、个人与社会关系的调试及其他有益于社会的目的达成的一种工作方法。很显然，小组是利用小组所产生的动力达成这一工作目标。因此，关注小组动力因素是小组工作中至关重要的环节。

小组动力因素包括静态和动态两个方面。静态因素包括机构、小组特征、矫正工作者的个人特点、小组成员等；动态因素包括小组领导方式与形态，小组气氛与凝聚力、沟通的模式、冲突和冲突的解决方式、小组规范、小组决策、问题的解决过程。在以上几个因素中，小组领导者，即矫正工作者作为小组动力因素之一，作用尤为重要。其在矫正工作中，既需要整合其他动力因素，同时还需要不断完善自己。一个合格的小组工作者应具备以下几个特质：第一，自我觉察和自我了解。任何一个小组领导者的个人经历都可能给矫正对象带来伤害，因此小组领导者应保持高度的自我觉察和自我了解，只有这样才有能力在小组中作出正确的观察、评估和判断，真正以案主为中心。第二，要自我接纳，自信自爱。接纳矫正对象的前提是工作者首先接纳自己，只有这样才能真正尊重和欣赏矫正对象的不同风格。第三，真诚。第四，敏感和及时回应。敏感是指小组领导者对组员的认知和情绪有及时的察觉和反应能力。及时回应是指工作者及时、准确地传达矫正对象带给他的感受，从而有效地促进工作者和矫正对象之间的交流。第五，温暖、关怀与尊重。第六，放松和幽默。

其次，根据矫正对象的需要确立小组目标。在为矫正对象开设小组的过程中，小组目标的确立是一个核心环节。这时一定要以矫正对象的需求为本，通过工作者与矫正对象建立信任关系，评估他们的真实需要，这样才有可能真正帮助到他们，而不是满足工作者自己的需要。

再次，关注小组发展不同阶段呈现出的不同问题。不同的小组经历的阶段有所不同，但总体来讲，都会经历小组筹备、小组初期、小组中期、小组后期几个阶段。在每个发展阶段，小组会呈现出不同的特点，这样，矫正工作者也需要调整自己的工作技巧和跟进策略。

最后，小组评估是检验矫正工作效果的重要方法。它是指矫正工作者通过在整个小组过程中收集资料，监测小组的干预过程，了解工作过程的有效性和矫正对象改变的状况，以及评估机构管理的有效性等。小组评估可以针对小组的过程进行评估，也可以针对小组的结果进行评估。通过小组评估，既可以了解小组目标的实现程度，还可以帮助矫正工作者提高自己的工作能力和水平，为以后帮助矫正对象提供依据和改进方法。同时，对于矫正机构而言，评估可以为提高整个机构的服务质量积累经验和资料，为机构的培训提供重要依据。

2. 经常运用于社区矫正的小组工作类型

教化小组。确立明确的小组目标，以角色引导和行为规范为重点，通过营造小组气氛，在道德品质、行为规范、纪律要求等方面给予引导，加强指教，提升组员的自觉意识和自律能力。

治疗小组。将有共同问题的罪犯组成小组，以问题为靶子，自我反省，相互帮助，关注问题的改正效果，动员和鼓励小组成员，彼此鼓励，相互支持，坚持不懈，直到问题解决。犯罪人大多有社会适应不良、社会功能缺失、观念扭曲、言行不轨等方面的问题，组成治疗小组有较强的针对性。

社会化小组。帮助组员学习社会适应技巧，提高社会适应能力，改正不良习气，顺利融入社会。

学习小组。学习专门的文化知识、技术技能、帮助组员提高文化修养，掌握专业技能，为他们升学、就业、自食其力、恢复自信创造条件。

成长小组。深刻促进组员互动，使他们在思想、感情、精神等方面有所感悟、有所觉醒。鼓励组员展示潜能，彼此欣赏，增强自信，大胆表达，挖掘生命的力量，达到个人的良性整合，实现人生意义。这种小组可以在社区矫正的后期使用，目的在于唤醒罪犯的自觉和自知，从而自勉和自立。

许娟娟

第八章　矫正社会工作的评估(价)模式

进行评估的方法大体分为两类，即质性方法和量化方法。在社区矫正工作中，介入社会评估方法的目的在于找出问题，总结经验，提高效率。所以，选择评估的方法的原则应是简单、可行和实用，但我们必须科学地使用数据，才可能得到客观、公正的评价(评估)结果。

第一节　社区矫正对象风险评估

社区矫正风险主要指社区服刑人员在矫正过程中可能实施的危险行为。社区矫正风险主要包括自杀、脱离管控区域、其他侵害行为三类。这三类风险会对社区服刑人员、社区居民、社区矫正工作者和社区矫正事业本身造成不同程度的伤害，因此我们都要加以防范。

一、社区服刑人员自杀风险的评估与控制

虽然防控社区服刑人员自杀不是社区矫正工作者的法定职责

和义务，但从保护人的生命健康、维持社会和谐稳定和提升司法机关的社会影响力的角度看，这仍然值得关心和重视。

社区服刑人员自杀有两种类型：目的型自杀和手段型自杀。目的型自杀以追求死亡结果为诉求；手段型自杀以自杀作为手段企图达到其他目的，如减刑、威胁矫正工作者、减少管束。目的型自杀是罪犯中的弱势者为求解脱、表达反抗和表示他们的存在的极端方式；而手段型自杀则日益演变为有复杂社会经历或较长犯罪生涯的罪犯反抗改造的方式。大多数服刑人员犯罪之前社会经济地位就比较低，判罪服刑更加降低了其原本不高的社会经济地位。这使得这些罪犯对抗意外变故和克服人生挫折的能力都低于一般人。在他们看来，生的痛苦远大于死的不幸，现在没有快乐，未来没有希望，没有人需要他们的爱和存在，生存毫无意义。而日常生活中可能遭遇的疾病、家庭变故、待业或失业、受到歧视或嘲弄、人际冲突、难以满足要求和愿望（如减刑、结婚），都可能造成社区服刑人员社会整合程度的减弱（表现为社会网络的萎缩与断裂及社会地位的下降）和面对现实时的痛苦无望。目的型自杀和手段型自杀的区别在于前者以消灭自己来解脱痛苦，而后者以死亡威胁来减轻痛苦。

（一）防控社区服刑人员自杀的思路与观念

防控社区服刑人员自杀的总体思路应当是：维系和扩展罪犯的社会网络以及提升罪犯特别是劣势罪犯的社会地位。观念是行动的先导，正确的预防社区服刑人员自杀的观念是预防其自杀的必要前提。有些社区服刑人员自杀是受关键事件和情景因素的影响，如果能在其实施自杀前及时干预，一段时间后企图自杀者会重新获得自我控制力而不再自杀。不要认为和试图自杀的社区服刑人员谈论自杀会促使他们更快地采取自杀行动，如果罪犯说出了他的自杀计划和对人生的看法，矫正工作人员认真倾听并给予了足够的注意，这本身就是一种很好的干预行动。

(二) 社区服刑人员自杀风险的识别

根据我们对大量罪犯自杀案例的综合分析发现，下列因素可以作为判别自杀危险性的依据。

1. 人员一般特征

文化程度低；入矫时间短；青壮年；服刑时间长；曾故意杀人；曾对亲属犯案；曾自杀未遂；曾经历家庭成员自杀；有精神病史；有吸毒史；有酗酒史。

2. 关键事件

受到处理；有余罪被发现；遭受家庭变故；长期患病；患了重病；生活难以为继；与他人发生了冲突；与矫正工作者发生了冲突；重大希望破灭(如减刑)；有违规或不道德行为被发现(如偷窃)；受到其他罪犯的威胁；有人(如在逃的同案犯)威胁其家人；周围有其他服刑人员自杀；失业；破产。

3. 异常表现

沉默不语或特别活跃；精神恍惚；对人对事反应冷淡；卧床不起或白天夜晚颠倒；不吃不喝；多次提出某种要求；对他人有攻击言行；自伤自残；经常有关于生死的言论；公开表示对政府和矫正工作者的不满或气愤；暴力袭击矫正工作者；写遗嘱；产生被害或自杀妄想。

(三) 社区服刑人员自杀风险的控制

1. 监控与治疗

根据自杀危险性评估的结果可以对不同危险度的罪犯采取不同等级的监控。对于“低度自杀危险者”，可以利用服刑人员家属进行秘密监控；对于“中度自杀危险者”，应采用公开监控，必要时可以通过规定其劳动场所、活动范围来限制其自由；对于“高度自杀危险者”，应采用物理强制措施，直至危险减弱或消除。如果心理医生认为某罪犯的自杀是由特殊的心理原因所致，则应进行专门的药物或心理治疗。

2. 应急计划

如果有社区服刑人员已经实施了自杀或正在实施自杀，应采取及时果断的干预行动：制止、报告、急救。制止，即以强力阻止自杀行动；报告，即将事件迅速告知医护人员、值班社区矫正工作者和值班领导；急救，即由第一时间发现自杀者和即刻到达的医护人员所实施的快速救护。应急计划应考虑所有的可能，有时计划需要延伸到司法机关的专门医院或地方医院。应急计划应进行必要的演习。

3. 个案干预

个案干预的步骤分为：确定问题（倾听、取信、动情、说理）；安全管控；支持（关心）；帮助罪犯变通应对方式；制定改进计划；获得放弃自杀的承诺。干预过程中应注意做到：心态平和；不过分承诺（以表达诚意和关心为底线）；正确看待自杀者；保证自身安全；凝聚集体力量；争取专业人员或机构的参与。

二、社区服刑人员脱离管控区域风险的评估与控制

社区服刑罪犯脱离管控区域，违犯了有关法律规定，破坏了法律权威性和刑罚执行的严肃性，也威胁到其他社区居民的安全，是必须重视和严加控制的不法行为。

（一）防控社区服刑人员脱离管控区域的依据

社区服刑是罪犯在社区被执行刑罚，相对于机构化处遇（监

狱)而言,罪犯有更大的活动空间,但没有了高墙电网并不是说罪犯的活动范围没有边界。《司法行政机关社区矫正工作暂行办法》(司发通[2004]88号)第十六条规定:“社区服刑人员,由其居住地司法所接收;户籍所在地与居住地不一致的,户籍所在地司法所应当协助、配合居住地司法所开展矫正工作。”也就是说,罪犯是在“居住地”的社区内服刑。《司法行政机关社区矫正工作暂行办法》第二十四条第二款、第二十五条第四款规定:被判处管制、被宣告缓刑或者被裁定假释的社区服刑人员“离开所居住的市、县或者迁居,应当报告司法所,并经公安机关批准”。第二十六条第三款规定:暂予监外执行的社区服刑人员“确因治疗、护理的特殊要求,需要转院或者离开居住区域的,应当报告司法所,并经公安机关批准”。

(二) 防控社区服刑人员脱离管控区域法规、制度和设施的完善

我们必须清醒地认识到社区服刑人员是罪犯,社区矫正工作是在执行刑罚,不是慈善活动或者普通的社会管理。社区矫正工作不只是管控罪犯,还负有保护社区居民安全的职责。一个本应该在监狱受惩罚的罪犯,因某种原因被安排到社区服刑,如果他离开特定区域或者不知去向,就违反了法律的规定,也会威胁到守法公民的安全。防控社区服刑人员脱离管控区域除了要有正确认识之外,还要运用相应的法律制度、基础设施和技术手段。

1. 研发和推广社区服刑人员风险评估软件系统

通过风险评估,鉴别出高风险服刑人员,做有侧重点的严管,有利于社区矫正部门集中人力、物力,降低再犯率,提高执法效率。

通过风险评估,鉴别出低风险服刑人员,做有选择的宽管,有利于社区矫正部门集中人力、物力,降低行刑成本。

服刑人员风险评估系统的评估指标和评估方法也可以作为审

前社会调查中分析犯罪人是否合适采用“社区矫正”的重要参考依据。

2. 通过国家层面的立法，设定“社区服刑人员脱离管控区域罪(行为)”

应通过完善《刑法》《刑事诉讼法》，或制定《社区刑罚执行法》(《社区矫正法》)，设定社区服刑人员脱离管控区域罪。规定“管控区域”的范围和宣告这一区域的法定负责机构，并将管控区域的具体范围在《管制判决书》《假释裁定书》《缓刑裁定书》《暂予监外执行决定书》等法律文书中载明；或者制定专门的《社区服刑人员矫正协议书》，其中载明活动区域、配戴电子跟踪器等事项。这些限制可以作为以社区服刑代替监禁的附加条件，可以在移交处置之前就取得服刑人员的认可和承诺，否则，就不予缓刑、假释、暂予监外执行等优待。这样也可避免由于撤销缓刑、假释或监外执行，社区服刑人员记恨甚至报复司法所工作人员的情况发生。因此，应设立相应的中间制裁制度和设施，如宵禁、家中监禁、周末拘禁、夜间关押、“中途住所”、军训式矫正等。在目前条件下，可以通过《治安管理处罚法》，对有脱离管控区域行为的社区服刑人员处以治安拘留。

3. 通过国家层面的立法，规定中间制裁措施和设施

目前我国的刑罚执行场所是两个极端——自由社区和监狱，缺少一个中间过渡地带。也就是说，我们的服刑场所要么是自由自在的社区，要么是高墙电网的监狱；从活动自由讲，一端是完全的自由，一端是完全的不自由，而缺少一个半自由的中间区域。这就造成了实践中执行社区矫正的手段短缺和执法犹豫。有的社区服刑人员屡屡违反相关法律法规，但其程度尚不足以收监，因为从社区矫正到监禁中间还有很大一段距离需要跨越，这带来一系列不良后果：社区服刑人员蔑视法律和社区矫正工作者，社区矫正工作者的执法权威性被削弱，工作积极性被挫伤。

4. 宣告活动区域的明确边界

关于“居住区域”的一般范围应当由判处管制、宣告缓刑或者裁定假释的人民法院决定，暂予监外执行的监狱管理机关向即将被执行社区刑罚的罪犯宣告，具体范围由执行社区矫正的司法所在接收社区服刑人员时向其告知。为了使社区服刑人员明确知道自己合法的活动区域，告知不应当仅仅是口头说明或文字描述，还应当给社区服刑人员一份活动区域的地图，使其清楚活动的具体边界。

5. 利用电子跟踪器即时掌握社区服刑人员的位置

应当给社区服刑罪犯配戴电子跟踪器(如美国的电子手铐、我国台湾地区的电子锭、大陆部分地区使用的手机定位)，在服刑人员接近管制区域边界时应该发出警报，提醒服刑人员不要越界；同时，报警信号应该传送到县市级社区矫正管理机构和服刑人员的管辖司法所和派出所，以便及时采取管控措施。目前需要解决的关键问题有：明确使用电子监控(如电子手铐)的合法性；明确对高风险罪犯使用电子监控的必要性；开发定位准确灵敏、稳定可靠、辐射小、成本低的电子监控设备。

6. 明确脱离管控区域的法律后果

省市级的管理办法应当更加清晰地规定脱离管控区域的法律后果。例如：未经批准离开管控区域每 1 小时，扣 1 分；未经批准离开管控区域超过 24 小时，警告 1 次；扣分超过 48 分，或警告 2 次，施以宵禁、家中监禁、周末拘禁、夜间关押等中间处遇制裁；扣分超过 72 分，或警告 3 次，撤销缓刑、假释或监外执行。

三、社区服刑人员再犯风险评估的逻辑

《司法行政机关社区矫正工作暂行办法》(司发通[2004]88

号)第二十二条规定:“司法所应当根据有关规定,针对不同类型的社区服刑人员采取不同的具体管理教育措施,确保社区矫正工作的有序进行。”《浙江省社区服刑人员奖惩考核暂行办法》(浙司[2004]205号)第三十六条规定:“依据考核奖惩情况对所有社区服刑人员进行分级管理、分类教育。管理级别分为三级四等,即严管、普管和二级宽管、一级宽管。不同管理等级的,司法所应当根据具体情况对社区服刑人员实行不同的矫正处遇。”也就是说,为了体现社区刑罚执行的公正性,应根据服刑人员现实表现的不同而施以不同的处遇;为了节约司法资源、集中力量解决矫正疑难人员和事件而设定了分类管理和分级处遇。但目前的分类分级依据主要是“现实表现”,而没有考虑服刑人员在社区服刑期间再犯新罪的可能性。如果这种潜在的风险没有经过评估并作为分类分级的参考依据,就可能对那些人身危险性大但现实表现好的罪犯的管控过于宽松,进而威胁到社区居民的安全。因此,不仅有必要对社区服刑人员的人身危险性进行评估,而且应当把评估结果作为分类分级的重要依据,尤其是在接收初期,人身危险性评估结果应当作为社区服刑人员分类分级的主要根据。

下面将详细讨论社区服刑人员再犯风险评估的逻辑、过程和工具。

(一)“再犯可能性”与“人身危险性”

很多学者往往把“再犯可能性”与“人身危险性”完全等同,实际上,二者有重要差别。影响再犯可能性的因素有环境因素和个体因素。环境因素是独立于个体意志之外的自然和社会状况,如自然灾害、就业率、社会保障水平、帮教政策、社会婚姻观念等。我们把来自环境影响(社会)犯罪率高低各因素的聚合状态称为“社会危险性”。个体因素是依附于人身的个体状况,如生理、心理、社会属性、犯罪行为、服刑表现等。我们把来自个体影响(个体)犯罪可能性高低各因素的聚合状态称为“人身危险性”。同一环境中,有的人犯罪而有的人不犯罪,说明了这些人的人身危险性程度不同。比如,同时假释的两个罪犯,惯犯比偶犯更容易再次犯罪。同一个人在此环境中不犯罪而在彼环境中犯罪,说明了这几种环境的社会危险性程度不同。比如,同一个罪犯假释于高失业率时期比假释于低失业率时期更容易再次犯罪。由以上分析可知,一个人再次犯罪的可能性取决于他(她)所在的社会的危险程度和他(她)本人的危险程度。简而言之,再犯可能性等于再犯社会危险性与再犯人身危险性之和。另一方面,再犯可能性仅仅指再次犯罪的可能性,而人身危险性则包括初犯风险、在囚(自杀、脱逃、狱内/社区内暴力)风险和再犯风险。同时,再犯可能性是一种未然的机会,人身危险性是一种实然的状态。重新犯罪可能性与人身危险性的关系如表 8-1 所示。

表 8-1 再犯可能性与人身危险性的关系

		再犯可能性	人身危险性
区别	基本内容	再次犯罪的概率	初次犯罪的概率、狱内越轨的概率、再次犯罪的概率
	存在时间	未来	现在
	存在状态	外在	内在
	判别依据	犯罪人	犯罪人
	影响因素	个体与环境	个体
	发生概率	0—1	0—1
联系	再犯可能性=再犯人身危险性+再犯社会危险性		

因此,再犯可能性评估应当包含个体再犯人身危险性评估和

个体所属环境的风险评价两部分。由于环境的风险评价在影响因素和量化可能方面都更为复杂和困难，本部分只专注于个体的人身危险性，并不刻意区分再犯可能性和再犯人身危险性的不同。

（二）再犯预测（再犯可能性评估）中的影响再犯的因素

世界各国的犯罪学家对再犯预测进行过很多有益的探索，尽管存在地域的差异、文化传统的不同和现实制度的分殊，但仍揭示出共同的影响再犯的因素。我们对一些著名的再犯预测研究结果如表 8－2 所示。

表 8－2　世界各国著名再犯预测研究检选出的预测再犯罪的因子

	伯杰斯	格鲁克夫妇	希德	欧林	台大法律所	张甘妹
1	犯罪性质	勤劳习惯	遗传负因	罪名	犯罪类型	犯罪者类型
2	共犯人数	犯罪重度与次数	先系之犯罪	判决刑期	判决刑期	判决刑期
3	国籍	本犯以前检举	不良的教育关系	犯罪人类型	初犯年龄	受刑经验
4	双亲状态	收容前受刑经验	不良的学业成绩	家庭状态	婚姻状态	初犯年龄
5	婚姻状态	判决前经济责任	荒废的学徒期	家属关系	犯罪时的职业	配偶状况
6	犯罪类型	入狱时精神异常性	不规则的上班	社会类型	勤劳习惯	文身状况
7	社会类型	在监中违反规则频度	18 岁之前犯罪	职业经历	不良交友习惯	

续 表

	伯杰斯	格鲁克夫妇	希德	欧林	台大法律所	张甘妹
8	犯罪行为	假释期间的犯罪	4 次以上前科	出狱后工作的适当性	家庭经济责任	
9	居住社区大小		特别迅速的累犯性	居住社区		
10	近邻类型		涉及其他地区之犯罪	共犯人数		
11	被捕时有无定所		性格异常	人格		
12	宽大处理与供述		饮酒嗜好			
13	收容有无经过犯罪答辩		狱中有无一般不良新闻			
14	宣告刑期性质与长度		是否 36 岁之前释放			
15	假释前实际服刑期		释放后不良的社会关系			
16	以前犯罪记录					
17	以前职业记录					
18	机构内惩罚记录					

续 表

	伯杰斯	格鲁克夫妇	希德	欧林	台大法律所	张甘妹
19	释放时年龄					
20	心智年龄					
21	性格类型及精神医学的诊断					

上列因子可以分为：犯罪前的基本状况；犯罪行为；服刑状况；释放后状况。总体而言，共识程度高的因子更具预测力。

（三）再犯预测（再犯可能性评估）的五个步骤

1. 建立实验组与对照组

实验组在初犯预测中是有犯罪经历者，在再犯预测中是重新犯罪者；对照组在初犯预测中是未有犯罪经历者，在再犯预测中是有犯罪经历但未重新犯罪者。两组样本的选取最好采用概率抽样，这样可以保证对总体的推论力。但实际上概率抽样往往很难办到，所以要多利用大样本以减少误差，如伯杰斯（Burgess）在1928年“伊利诺之不定期刑及假释制度”的研究中选取的样本量为3 000名犯罪者。

2. 收集预测资料

利用访谈或问卷方法收集调查对象的犯罪经历、家庭生活、教育过程、职业生涯、社会活动、刑罚处遇及其个人的基本信息（如性别、年龄、性格、精神状态等）等可能与再犯有关的因素。资料的准确性是决定预测成败的重要因素。

3. 选择预测因子

根据资料的性质（如变量的层次、是否为概率抽样数据、是否呈正态分布、是否为线形关系)选择相应检验方法，如 pearson(积距)相关、spearman(等级)相关、点二列相关或卡方检验。在一定的显著性水平(至少应大于 0.05)下确定与犯罪相关程度较高的因子。为预测方便计算，因子的数量不宜过多，一般在 5—10 个之间，可以用提高显著性水平(可使其达到 0.01 或 0.001)的方法减少因子数量。

4. 预测因子赋值

根据所选因子与犯罪相关程度的强弱而给予适当点数。

5. 编制预测表

就每一个调查对象计算其预测因子所得总点数，再将全体总点数排序并划分为若干等级，算出每一等级对应的实验组成员占该等级成员总数的比例。

第二节 社区矫正质量评估

社区矫正作为一种非监禁刑罚执行方式，在整个犯罪改造系统中所占比重呈逐年上升趋势，其发挥的独特作用日益明显，已成为犯罪改造工作寻求创新和突破的努力方向。在这个方向的指引下，各项具体工作的优劣得失就需要有科学合理、操作性强的质量评估体系给予评判，在此基础上，做出“扬弃”，进行“优胜劣汰、重新组合”，从而达到“有的放矢”，推进社区矫正的目的。因此，本节探讨社区矫正考量评估的相关内容。

一、矫正质量评估的意义

评估是人们按照某种法则并采取一定的方法对观察的事物

进行评价和测量。社区矫正质量评估是指根据社区矫正产生的实际效果对社区矫正具体工作所作的评价和测量，它是社区矫正工作的重要组成部分，在很大程度上发挥着“指南针”的引导作用。

社区矫正质量评估又称社区矫正效果评估，是对社区矫正工作者工作能力、社区服刑人员的改造情况以及整个社区矫正环境氛围等进行的全方位检验与评判，是社区矫正的内在要求。它既可以是阶段性的效果评估，也可以是对服刑人员矫正期届满后总体的矫正效果的评估。它的首要意义就在于对社区矫正工作成效的检验，具体体现在以下三个方面。

（一）对具体矫正方法的有效性评估

要了解方法能否发挥作用，需要对它进行检验或考核，评估就是一种考核。社区矫正质量评估某种意义上就是对矫正方法的评估，因为方法是检验某项工作成效的最重要指标。社区矫正作为一种对符合一定条件的服刑人员进行教育改造的模式，在西方不少国家的多年运行经验中，证明了它是一种科学、有效的改造模式，但在中国的环境下，是否也能得出同样的结论是值得探讨的。这就需要对社区矫正的具体方法在我国的适用情况进行评估，评估的结果可以代表社区矫正在我国的“适应”程度。当前我国社区矫正中有很多方法是直接引入国外的经验，然而这些方法是否自然地适应我国的现实环境，或者说我国的现实环境能否很好地容纳这些国际经验，同时，我国一些社区矫正试点省市自创的方法试点效果如何，是否有必要进行“修修补补”或“彻底推翻”，还是“全面推广”，这些都需要科学、合理的评估体系和标准加以考核，才能推动矫正方法的不断探索、不断创新、不断进步。

（二）对服刑人员再社会化状况的评估

社区矫正被公认为是缩短服刑人员适应社会时间、使他们尽早融入社会的最佳途径，在某种意义上可以称之为“捷径”。这实际上反映了社区矫正对服刑人员再社会化的作用。就像医生给病人看病一样，社区矫正实际上是社区矫正工作者对服刑人员进行“号脉诊断”，而能否取得良好的矫正效果关键在于能否准确及时地对服刑人员作出科学评估，做到对症下药。然而由于服刑人员的个体情况和所处环境处于不断变化之中，其再社会化的进程有时顺畅、有时受阻，甚至有时还会“回潮”，因此仅仅一次评估是远远不够的，评估必须是动态性的，且每一次评估都要充分考虑到各种不同因素单独或相互的作用，以便及时发现问题、适时调整方法。当前我国提出了“降低刑释解教人员的重新违法犯罪率”的司法理念，这对于教育改造工作来说既是压力，也是动力，尤其对于社区矫正这类新型模式来说，降低重犯率是检验其实效性的一个重要指标，在一定程度上还决定着社区矫正能否取得成效。因此，服刑人员的再社会化作为社区矫正的重要内容，应当强化评估。

（三）对矫正工作者工作成效的评估

在社区矫正工作中，矫正工作及其工作人员是操作实施者，他们的素质、能力以及工作态度对社区矫正工作能否取得成效起着至关重要的作用。目前，我国的社区矫正工作大多由来自公安、监狱警察、街道办工作人员、居委会成员、人民调解员、退休干部、专业社会工作者、社区志愿者等人员进行操作实施。由于当前社区矫正工作人员个人素质、矫正能力、人生阅历和社会背景的差异性，导致了工作者们工作态度及其工作成效程度的不同。面对不同程度的工作成效，我们应该采取科学的方法对待，对待高程度的工作成效要加快积累，争取取得改造工作的实质性飞跃，而对于低程度的工作成效，就需要及时发现并解决问题，抑制其积累，防止对整体的矫正工作产生消极影响。

二、矫正质量评估体系的建构

对社区矫正评估体系的建构应包括四个方面。

（一）从社区矫正的内容角度进行评估

对社区矫正的内容进行评估主要可从两方面进行：一是对社区矫正项目的本身进行评估；二是对社区矫正项目的运作进行评估。

1. 对社区矫正项目本身的评估

社区矫正项目在发达国家已被证实是刑罚制度改革和发展的必然趋势，并有进一步发展的空间，同时，社区矫正项目的确定与该国的国情有着密切的关联。因此，我们需要评估如下问题：我国现行法律法规所设计的与社区矫正相关的项目是否适合国情；我国的社区发展状况是否成熟；社区的资源是否可以得到充分的利用；与发达国家的社区矫正项目相比存在的问题是什么；在哪些方面需要改进和完善；现在是否有必要在我国更大范围内推广。

2. 对社区矫正项目的运作评估

社区矫正项目的运作主要体现在司法和执法层面。搞清楚与发达国家相比，我们（在社区矫正项目的运作上）存在着什么问题、哪些需要改进和完善。例如：人民法院在适用法律法规方面是否能够转换观念，是否应该采取一些有利于推进社区矫正的措施；人民检察院在社区矫正的运作中采取了哪些法律监督方面的措施;监狱系统在对罪犯的假释方面有哪些积极的举措;当前还存在什么问题;社区矫正管理机关的设置、工作人员的配备、工作程序的确定、法律制度的修订是否有利于社区矫正任务的完成;相应机关及工作人员在执法中是否能够保持一定的严肃性和威慑力。

无论是对社区矫正项目本身的评估还是对矫正项目运作的评估,都会涉及对社区矫正效果的评价。例如:服刑人员重新违法犯罪率的情况、他们对社会的适应情况、他们的正当权利是否得到了应有的保障;社区矫正中是否减少了"交叉感染";矫正工作是否充分利用了社区的资源;是否真正降低了刑罚成本;是否能够在一定程度上体现出刑罚的威慑功能;是否能够得到公众的认可;是否有利于社会稳定、社区正常秩序的维持;是否有利于巩固执政党的执政基础;如果达到了预期目的,可借鉴的经验有哪些;如果没有达到预期目的,主要原因或应该吸取的教训是什么。

但如果仅对运作的评估而没有对项目本身的评估,那么在事实上便存在着一个舍本逐末的问题,如果社区矫正的项目及相关的规定不能科学地设立和制定,那么在这样的基础上所进行的运作的有效性势必难以体现。

(二) 从法制建设的角度进行评估

社区矫正是一项刑事执法活动,但是社区矫正的试点和推进并不仅限于刑事执法的范围,准确地说,它是我国刑罚制度改革的一项试点和创新。因此,对社区矫正的评估也可以从法制建设的角度来进行。

1. 立法方面

社区矫正作为刑罚制度的一个组成部分,目前的法律依据是我国的《刑法》《刑事诉讼法》《监狱法》以及相关的法律、法规、规章，同时在更广范围内还包括全国人大常委会、国务院、中央军委、最高人民法院、最高人民检察院、公安部、司法部以及监察部、民政部、国家发改委、教育部、人力资源和社会保障部、铁道部、国家工商总局、海关总署、共青团中央、全国总工会、全国妇联等部门有关非监禁刑执行的决定、批复、复函、通知、联合指示、暂行规定、管理办法、联合通知、指示、答复、办法、解释、规则、条例等。在上述法规或系列文件中，不仅包括了刑罚的刑种、刑罚的具体运用、社区矫正的管理制度，也涵盖了社区矫正的实体内容、程序内容和组织内容，在这当中，哪些需要继续保留，哪些需要修改完善，哪些需要撤销淘汰，都需要通过评估重新进行梳理，从而保证社区矫正工作有法可依、有章可循。

2. 司法方面

人民法院对判决、裁定缓刑、管制、假释及收监标准的掌握，是否需要适当扩大比例；监狱机关对罪犯假释申报工作的现状及存在的问题有哪些；社区矫正机关对社区服刑人员违反监管规定收监的标准及程序如何把握。

3. 执法方面

社区矫正管理机关及相关工作人员依法对服刑人员进行监督管理、教育改造以及提供服务方面的现状及存在的问题有哪些；执法观念、执法尺度、执法方式、执法效果方面情况如何；有哪些经验和不足。

4. 法律监督方面

在我国设立社区矫正试点，扩大非监禁刑的适用，无论是人民法院还是社区矫正管理机关都拥有了更大的自由裁量权，这种权力如果使用不当，可能会在司法、执法方面出现腐败，因此法律监督具有更为现实的意义，这也是广大公众非常关心的问题。在试点和推进阶段法律监督的状况也值得进行认真的评估。

(三) 从社区矫正的设计目标考虑

在我国进行社区矫正的试点和推进,一方面是基于国际上行刑社会化的趋势发展需要;另一方面也是基于我国在刑罚制度的改革方面的客观需要。社区矫正的设计目标主要表现在四个方面。

一是现代的刑罚不仅具有惩罚功能,而且兼有创造有利于罪犯回归社会的机会的功能。这个功能包括对社区服刑人员的思想改造、行为矫正和提供必要的服务。社区矫正正是这两种功能相结合的产物。

二是社区矫正有利于降低刑罚成本。行刑效益是刑罚效益的重要组成部分,通过行刑活动,刑罚的效益价值才由立法上的规范形态、裁判时的宣告形态演化为现实形态。从当前来看,社区矫正是一种经济型的刑罚执行方式,体现了行刑经济化的理念。

三是社区矫正有利于减少监禁刑对罪犯带来的负面影响。例如,监狱的"交叉感染",罪犯回归社会的障碍,因为监禁而造成部分罪犯家庭功能破坏等。

四是社区矫正的适当推进,有利于维护社会的稳定、促进社区秩序的恢复以及巩固执政党的执政基础。

需要指出的是,我们所说的社区矫正的设计目标,是指通过对社区矫正的有效运作有可能实现上述目标。但是通过社区矫正的试点和推进,是否能真正实现我们所设定的目标,还需要通过评估来加以验证。事实上,社区矫正目标不可能自然而然地实现,需要我们通过多方面的努力来完成。

(四) 从社区矫正相关人员的需求角度进行评估

社区矫正相关人员包括决策者、管理者、服刑人员和社会公众。

1. 决策者

我国的社区矫正仍处于刚刚起步的阶段。通过多年的试点和推进,决策者需要通过对社区矫正的效果进行评估,依据评估结果来决定我国社区矫正的发展方向。对于决策者而言,他们更需要通过对现有社区矫正试点模式进行评估,以判断这种模式是否适合我国的国情——包括管理的体制、人员的配备、制度的建立以及工作的效果,从而决定我国社区矫正推进的速度和方式。决策者应当尊重客观的评估,在评估的基础上进行论证,而不能仅按照片面的事实和信息反馈以及主观的意向来推进这项刑罚制度的改革。

社区矫正评估需要搜集相当充足并符合科学标准的信息,作为社区矫正的评估主体,要相对独立地制定评估计划、实施评估方案并汇报评估结果。一方面,为社区矫正决策层科学决策提供依据;另一方面,也需要回答对决策合理性的质疑。这也是社区矫正评估的目标之一。

2. 管理者

社区矫正的管理者是社区矫正项目的实施者,其职责是科学利用投入社区矫正项目中的有限资源,实现最佳的社区矫正工作效果。对社区矫正的管理者而言,他们需要了解对社区矫正运作情况的评估,包括有关的工作程序和矫正项目的设计、各部门之间的协调与配合以及社区资源的有效利用。从社区矫正管理者的需要出发,社区矫正评估的另一目标是为社区矫正运作的改进和完善提供指导性信息。

3. 服刑人员

社区矫正的工作对象是服刑人员,服刑人员在服刑期间的表现以及服刑后是否重新犯罪是反映社区矫正工作效果的重要标志。对服刑人员的评估主要包括风险性评估和服刑期间的需要评估。这种评估在一定的时间内要进行跟踪,以确定通过社区矫正工作,其风险性是否降低、服刑人员的正当需要是否得到满足,即通过我们的工作,他们是否真正具备回归社会的条件。上海一些地区在对社区服刑人员的评估上颇有特点。例如,上海浦东的高行镇制定了社区矫正风险评估的测评表,表中主要包括基本因素、个性及心理因素、社会因素和综合因素,所有这些因素下的各个项目的分值相加,就是测评分值,通过这个分值确定风险等级。所有项目的总分值为50,风险等级为稳定的分值小于等于45%;重点关注的为45%—55%;高危控制的为大于等于55%。如果测评对象具有表格未测及容易引发重新犯罪的因素,可以另外注明。

另外还有社区服刑人员矫正效果评估量表,主要指标是个体风险、刑罚执行情况、矫正期间表现、矫正期间奖惩情况、矫正阶段反应(各方面的改善效果)以及外界综合评价。

对于需求评估主要是针对青少年的,青少年的需求评估表包括三部分:一是个人的评估内容,包括物质拥有、身体健康、精神健康、人际关系、自我抉择、权利与责任、个人发展、社会融洽。二是分析及跟进。针对以上内容进行分析并跟进措施。三是下次评估时间。

4. 社会公众

社区矫正的推进是我国刑罚制度的一项重大改革,需要得到广大社会公众的认可和支持。因此,需要对公众的认可和支持度进行评估,如果多数公众对此不能予以支持,就需要了解其主要的原因,分析这种原因的性质,及时采取改进的措施和对策。

三、矫正质量评估体系的实际应用

矫正质量评估体系的实际应用包括矫正质量评估体系的内容和方法两个方面。

（一）矫正质量评估体系的内容

1. 重新犯罪率

重新犯罪率可作为社区矫正工作有效性的指标之一。在我国，重新犯罪的界定一般是指被重新认定犯罪，在统计时有的也包括被判定劳动教养。根据《刑法》的规定，对于缓刑、假释人员，在缓刑、假释考验期限内违反法律、行政法规或者国务院公安部门有关缓刑、假释的监督管理规定，情节严重的，应当撤销缓刑、假释，执行原判刑罚。目前，我国因违反监管规定收监的情况仅有个别案例，但是随着社区矫正的推进，这种情况势必会增加。是否作为重新犯罪的范围，各地可酌定。对重新犯罪的时间限定，一种统计方法可在社区服刑人员的服刑期间内；另一种统计方法可在社区服刑人员服刑期满后的 2 年之内，因为根据研究显示，服刑人员在刑满后 2 年期间是重新犯罪的高发期。有的监狱重犯率统计是基于刑满后的 3—5 年期间，这是因为我国《刑法》对累犯限定的时间是 5 年。但这种统计方法缺乏科学性，因为在刑释后的 3 年或 5 年内进行统计，一是时间较长，人员流动较大，统计不够精确；二是时间较长后的重新犯罪，与服刑的有效性的关联会减弱，可能会出现有更多的其他影响犯罪的因素。另外，1997 年《刑法》确定的 5 年内重新犯罪视为累犯，主要是出于量刑的需要，并不是作为我们测定重新犯罪率的标准。因此，对于重新犯罪率的计算统计宜在刑满后 1 年或 2 年时进行。

社区矫正的重新犯罪率，可与监狱释放后的重新犯罪率进行比较，也可以与没有进行社区矫正的缓刑、假释人员的重新犯罪率进行比较，从而决定社区矫正是否有效。当然，还需要对重新犯罪率进行具体分析，因为有的重新犯罪可能与社区矫正并没有直接的关系，而与其他的因素有更为密切的关联。

在对重新犯罪率进行调查和评估时,需要运用科学的方法。在报告重新犯罪率时也需同时报告调查方法,因为调查方法的不科学很可能导致调查结果的不正确,用不正确的结果来评价社区矫正和进行比较,势必会造成一些误导。

2. 刑罚成本

社区矫正的重要目的之一是降低刑罚成本。在社区矫正试点之前,我国主要是依靠监狱对罪犯进行惩罚改造,但监狱的执行成本较高,有观点认为,如果将犯罪性质轻微、社会危害性不大的罪犯放到社区服刑,将大大节约刑罚的成本。但这种用监狱服刑人员与社区服刑人员进行单一比较的方法存在着一定的局限性。例如,目前一些省市建立了社区矫正机构,增加了社区矫正工作人员,如果监狱的在押犯数量有所减少,但监狱工作人员并没有减少反而增加,那么,总体的刑罚成本并没有得到减少。因此,扩大社区矫正并非自然而然能降低刑罚的成本。所以,对刑罚成本的测评不能仅从社区服刑人员单一的花费来进行评价,而需要将社区矫正与监狱行刑从总体上统一进行测评。另外,将大量的犯罪人员放到社区,如果没有较好的管理体制和较高素质的管理人员,罪犯的重新犯罪率很可能会提高,因重新犯罪造成的社会不稳定和刑事诉讼实际上间接地增加了刑罚成本。因此,在评估时需要考虑多方面的因素,需要运用科学的评估方法。

刑罚成本的降低包括两方面的内容:一是行刑成本资源投入的最小化,它要求在适用刑罚时对刑罚量要有适当的控制,减少不必要的支出,控制行刑的保障经费;二是行刑收益的最大化,它表现在对罪犯惩罚、改造以及预防和减少犯罪方面获取最佳的效果。可见,刑罚成本是与刑罚投入和结果产出直接相关的。

社区矫正刑罚成本评估所涉及的具体内容包括:社区矫正基础设施的费用计算、矫正项目的费用计算、工作人员的工资及补贴、社区矫正管理的相关费用等。

3. 社区居民对社区矫正的感受

社区矫正是对我国刑罚制度的改革。社区矫正的试点和推进，离不开社区居民的认可和支持，只有得到社区居民的肯定，社区矫正才有持久的生命力。一般来说，老百姓心目中大多具有重刑的传统观念，“杀人偿命、犯罪坐牢是天经地义的事情”。现在面对越来越多在社区中服刑的犯罪人员，社区居民是否会感到这些服刑人员对他们的安全造成威胁？是否会影响他们的正常生活？社区矫正如何发挥刑罚的惩罚功能？社区居民是否会给服刑人员一定的谅解和关爱？社区居民能否对社区服刑人员的回归社会起到积极的作用？社区居民对现行的社区矫正模式是否满意？作为我国社区矫正工作决策者和推行者，需要通过评估来把握社区居民的态度，这样一方面可以改进我们的工作，另一方面能够对居民中的模糊认识给予解释、澄清和引导。否则，没有居民的认可和支持，社区矫正的发展和推进会面临诸多障碍。

对社区居民态度的评价必须具体化。通过问卷的形式进行调查是一个较好的方式。问卷的设计要简洁规范、易于理解。

4. 对犯罪受害人的调查

社区矫正的一个重要功能是恢复由犯罪造成的对社区诚信关系的破坏。通过社区矫正工作，使犯罪受害人对犯罪分子给予谅解和宽容。这里所说的犯罪受害人，一般是指在本社区的犯罪受害人。因为有的犯罪受害人不在犯罪人服刑所在的社区，有的犯罪没有直接的具体的犯罪受害人。例如，一些服刑人员的案由是经济犯罪，受害人是国家、社会、单位，而不是特定的个人。从西方发达国家的情况来看，在决定犯罪人是否能在社区服刑时，一般要听取直接犯罪受害人的意见，并让他们参与听证，这主要是考虑到服刑人员在社区服刑期间，对犯罪被害人人身及财产安全的保护问题。直接犯罪被害人对服刑人员的评价,以及对社区矫正工作的评价应该引起我们的高度重视。

5. 对社区服刑人员感受的调查

社区服刑人员是社区矫正的对象,他们在社区中的服刑感受,可以从一个侧面较好地体现出社区矫正所设定的预期目标是否能实现的问题,同时也可以反映出社区矫正管理机构和工作人员的工作质量以及社区居民对服刑人员的态度。因此,对社区服刑人员感受的评估,可以作为改进和完善社区矫正制度的一个重要途径。这种评估可以通过问卷调查、个别或小组访谈的形式来完成。在评估中需要注意能够真实地反映出服刑人员对社区矫正各种管理、教育改造以及提供服务等方面的措施的态度。

6. 矫正项目的有效性

在社区矫正工作中,需要设立不同的矫正项目,每一个矫正项目的设定都是为了服务于社区矫正的任务。因此,社区矫正项目有效性的评估对于提高工作效率、减少或避免形式化的东西具有重要的意义。评估可以是阶段性的评估,如要求服刑人员参加公益劳动,通过一段时间,看这种公益劳动是否起到了一定的惩罚和改造的功能。矫正项目的有效性也可以通过结果性评估,通过重新犯罪率来进行衡量和对比,即看重新犯罪问题与该项目是否有一定的因果关系。另外,可通过实验组和控制组的比较,即开展某种矫正项目的社区与没有开展某种项目的社区进行对比,看是否有明显的不同和差距。矫正的项目可涉及矫正工作中的不同的内容,包括某一方面的项目和更加具体的项目。对这些项目的评估主要可从以下几方面进行。

(1) 监督管理。具体内容有请假报告制度、日常监督考察、组织适当的活动、刑事和行政奖惩等项目。通过这些项目的评估,看服刑人员在社区能否体验到应有的惩罚;社区矫正是否对潜在的犯罪分子有一定的威慑作用；这些制度对社区的安全是否有效；严格的管理是否能对罪犯的思想有所触动；把服刑人员在社区中的表现与分类处遇和个别化管理有机结合的效果如何。通过评估，发现突出的问题，分析主要的原因，采取相应的对策。例如，在评估中，如果发现请假制度存在一定的问题，那么就需进一步发现这是属于制度本身的问题，还是因为在制度的保障方面缺乏应有的强制力。

（2）教育改造项目。教育改造项目主要包括各种有利于罪犯思想转化的项目，包括各种形式的专题教育和讲座，组织一定的社会活动，进行文化教育、技术培训、心理咨询等，查看这些项目是否取得了预期的效果。社区劳动既具有惩罚的属性，也具有教育改造的属性。一方面，希望通过服刑人员参加一定量的公益劳动，补偿对社会包括对犯罪受害人的损失；另一方面，把劳动作为他们改造思想的一个手段，但效果如何是需要评估的。

（3）对服刑人员的帮助和服务。对社区服刑人员提供必要的帮助和服务，是使其顺利回归社会、预防重新犯罪的一个重要途径。在当前我国就业压力增大、下岗人数较多而社区服刑人员总体素质偏低的情况下，采取什么样的具体方式为他们帮困解难？是否有必要建立专门的劳动就业基地？是否需要建立"中途住所"？对社区服刑人员的帮助和服务应该把握一个什么样的原则和标准？这些都是需要结合借鉴国外的做法和我们的实际情况来进行认真评估的。

（二）矫正质量评估体系的方法

对社区矫正的评估不是评论，不能简单地根据已有的知识和信息评头论足地议论一下即可，而是需要运用实证的方法，对现有的工作进行全面的和客观的分析。这种实证方法包括定性和定量的方法。定量是指通过计算和测量，运用统计上的技术对研究对象数据中的变量与变量之间的关系进行分析，从而发现一些特定的模式、规律和特点，进而上升到理论的高度进行研究。定性一般不是通过数字统计的方法，而是应用直觉的、观察的、历史的、比较的方法来说明和解释研究的对象。例如，通过个别访谈、小组座谈、实地观察、历史研究、内容分析等方法，进行理论分析。

基于以上对社区矫正评估的设计，在实际的评估操作工作中，看社区矫正能否被社会公众所接受和认可。对于评估社区矫正是否能达到预期的目的，也可以通过问卷的形式把握服刑人员对于社区矫正的评价。另外，对社区矫正效果的评估，可以通过对社区服刑人员阶段性的风险测评进行比较。例如，在服刑人员刚刚进入社区时，需要进行风险评估，在他们服刑一段时间之后，包括在他们服刑期满之时，继续进行风险评估，通过比较，可以反映出社区矫正的效果。

在对社区矫正的评估中，尤其需要把握评估时的客观性、连续性、相关性和可能性。

1. 客观性

对社区矫正进行评估，必须坚持实事求是、一切从实际出发的原则。在我国社区矫正的试点和推进中，有国家相关部、委领导以及省市一级有关领导对社区矫正的讲话、指示精神和意见。这些讲话、指示或意见对于推动社区矫正是具有积极意义的。但是在进行评估时，则不能受这些讲话和指示精神的左右和影响。我们需要遵循的是党的十八大所确定的指导思想和我国宪法的基本原则，除此之外，无论是现有社区矫正的试点模式，还是我国现行法律法规规章的有关具体规定，都有进一步修改和完善的必要。因此，我们在评估时必须充分解放思想，在整个社区矫正评估工作中，包括前期评估方案的规划、设计，着手进行社区矫正评估的过程以及得出最终评估结论，都应该坚持客观性原则，在评估中不应带主观倾向性，不应接受有关领导的暗示。只有保持评估活动的客观性，才能保证经由评估活动所收集的有关社区矫正的资料如实反映客观事实，避免评估过程会受到认知、情感以及利益诱惑等主观因素的影响。

为保证评估的客观性，在确定和选择评估人员时，要注意减少和避免与评估对象有直接和间接利害关系的人员参与。在国外往往将比较重大的评估委托给专门的评估公司或者有关科研机构来进行，目的是保证能站在客观中立的立场上运用科学的方法进行评估。只有通过客观的、不带倾向性的、科学合理的评估，才能为正确的决策提供依据。另外，在现实的改革中，一些部门和单位存在着只注重考虑自身利益而忽视国家和全局利益的倾向，这种倾向在一定程度上也会影响评估的客观性。因此，强调评估的客观性和正确地选择评估人员是搞好评估的关键。

2. 连续性

社区矫正的运作是不断变化的，因此，对社区矫正的评估也应该是动态的。所谓连续性是指在较长的时期内，针对一个共同的主题、目的，对相同的评估对象在一定的期限内定时进行评估。例如，对服刑人员在服刑期内重新犯罪的评估或者对其在刑满后两年内进行重新犯罪的评估。这个评估可在每年或每两年进行一次，看重新犯罪率的变化情况并进行与此相关的原因分析，从中可以反映出社区矫正的质量以及相关因素对社区矫正的影响，也可以对服刑人员在社区第一年（或前两年）的情况进行跟踪评估，或者是对不同类型的服刑人员（如缓刑、假释管制的人员）分别进行连续性的评估，这样可发现一些规律性的东西，有利于工作质量的改进和提高。否则，对社区矫正质量的评估工作往往会陷入误区。

3. 相关性

社区矫正是一个非常复杂的系统，涉及面广，在进行社区矫正评估时不能孤立地对某个方面的因素进行研究，特别是在进行诊断性、评判性分析时，需要综合考虑各方面的相关因素，否则评估结论的可信度难以保证。随着社会科学研究的深入，那种单一的因果关系已不能充分解释复杂的社会现象和社会关系。因此，需要研究多重原因和多重结果的相互交叉、相互渗透的关系。例如，重新犯罪率的增加或减少，并不是仅仅与社区矫正构成简单的因果关系，它还会涉及更多的原因，但这些原因又不是完全对等或并列。因此，在进行评估时需要做更为全面的设计，并对评估的结果进行综合分析，从而把握事物的本质和内在规律。

4. 可能性

可能性是指在选择评估对象时，要考虑到哪些内容由于不具备评估可能性而被剔除出评估对象的行列。在评测评估可能性时，关键的因素包括：第一，评估的目标对于整个项目来说是否重要。如果重要就需要进行评估，否则就没有必要。第二，现有的评估方法是否可以精确地得到结果。如果方法问题没有解决，就不可能实施评估。第三，评估目标本身是否可以用实证方法进行检验。比如，需要评估社区居民对于日益增多的服刑人员的担忧程度，那么必须确认这种担忧本身才可以进行测量。第四，利用现有的信息是否可以认定项目的有效性。如果利用手头资料就可以认定项目的有效性，那么评估就不需要进行。第五，当前的制度是否允许进行评估。比如，在试点时对社区服刑人员采取了保密措施，居民无法了解自己的社区中哪些人是社区服刑人员，那么，评估居民对具体社区矫正服刑人员的态度就不可能实现。第六，评估的成本有多大。显然，太高的评估成本也会阻碍我们进行评估工作[①]。

① 刘诗嘉：《试论社区矫正评估对象的构建》，《河海大学学报》2005 年第 3 期。

第九章　矫正社会工作者的资质要求及培训

社区矫正是一项严肃的执法活动，需要刑事司法人员的主持和参与，但是其又具有明显的专门性和浓厚的群众性，作为一项富有人道主义色彩的工作，与一般的执法活动相比带有更多的人文关怀色彩，特别需要社会力量的参与。最高人民检察院、最高人民法院、司法部、公安部 2005 年颁布的《有关扩大社区矫正试点范围的通知》提出："社区矫正工作是将罪犯放在社区内，遵循社会管理规律，运用社会工作方法，整合社会资源和力量对罪犯进行教育改造，使其尽快融入社会，从而降低犯罪率，促进社会长期稳定与和谐发展的一种非监禁刑罚执行活动。"自此，矫正社会工作者也成为矫正工作者队伍中的重要组成部分。社区矫正社会工作者是指具备一定条件的专门从事社区矫正工作的社会工作专业人员。司法部 2004 年颁布的《司法行政机关社区矫正工作暂行办法》中规定，社区矫正工作者由司法所工作人员、相关社会团体和社会志愿者三部分人员组成。这三部分人员从来源渠道、知识结构上看都没有体现出应有的专业性，与专业化队伍应该具备的素质存在差距。如果说社区矫正机关刑罚执行人员是社区矫正的主力军，那么矫正社会工作者就是社区矫正的主要力量，矫正社会工作者在社区矫正中具有举足轻重的作用[1]。

目前,我国社区矫正处于试点阶段,大部分试点省市由于各方面的经验还不成熟,社会对社区矫正的认知程度不高,社会力量对社区矫正的参与程度十分有限,社会工作者只是作为辅助力量而存在的现状与现实需求的矛盾日益突出,亟待解决。社区矫正工作是社会参与性极强的工作,从长远考虑,社会工作者将成为社区矫正不可或缺的力量,因此,要重视矫正社会工作者队伍的建设和人才选拔工作。

第一节 矫正社会工作者的资质要求

社区矫正的成功与否,在很大程度上取决于社区矫正工作人员的素质,包括矫正社会工作者的素质。为提高社区矫正工作者的专业化水平,北京和上海在试点工作中进行了大量有益的探索,倡导引入专业社会工作者,为社会工作介入社区矫正作出了表率。西方发达国家在实施社区矫正制度时,为了保证社区矫正工作法律化、制度化、有序化,一般都要建立专门的社区矫正机构。我国主要是由街道、乡镇司法所承担社区矫正的日常管理工作,由于缺乏专业矫正技术,一定程度上使得被矫正对象不能得到应有的教育和帮扶。

一、社会工作者参与社区矫正的必要性

社区矫正的性质虽然是刑罚执行,但更重要的是对矫正对象

---

① 范燕宁、席小华:《矫正社会工作研究》,中国人民公安大学出版社 2008 年版,第 221 页。

进行矫正。由于矫正对象往往存在认知、行为、心理、社会交往、家庭、社会连接、社会适应等问题，因此，需要专业的社会工作者利用专业理念和社会工作方法，解决矫正对象面对的现实问题，通过对矫正对象的心理及内在治疗实现内在引导和外在引导的有机统一。

社会工作者的基本理念，决定了社会工作者参与社区矫正的必要性。社区矫正社会工作者提倡“以人为本”“助人自助”“案主自决”的理念决定了其在工作过程中尊重被矫正对象作为人的生存价值，要充分尊重其人格尊严，并给予相应的人文关怀，深信人性具有高度的可塑性和丰富的“潜藏”，只要给予机会，协助被矫正对象克服困难，其定会重新回归社会、融入社会。

社会工作者的专业化是社区矫正工作的需求。社会工作者是一支专业化的队伍，充分保证矫正对象进入社区矫正后，在面临众多问题时能够得到专业性的解决；社会工作者具有专业的矫正技术，从根本上保证了社区矫正能够获得良好效果，从而达到促使矫正对象顺利改造、回归主流社会的根本目标。

试点的成功经验，为社会工作者参与社会实践提供借鉴。社会矫正工作者介入社区矫正过程中，上海市发挥了带头作用。2004 年 1 月，上海市成立了第一家社会工作者与社区矫正组织——上海市新航社区服务总站，它通过与上海市社区矫正办公室签订《政府采购服务合同》，参与社区矫正工作，协助社区矫正机构实施社区矫正措施。继上海市之后，北京市成立北京市西城区新街口街道阳光社区矫正服务中心，成为社区矫正中利用社会工作者开展社区矫正工作的具体组织形式。随后，全市建成多个民办非企业性质的阳光社区矫正服务中心，进一步扩大利用社会工作者参与社区矫正工作的规模。

社区矫正的终极目标是矫正犯罪人的犯罪心理和行为恶习，

激发矫正对象的潜能,促进矫正对象的自我发展,从而使他们恢复社会功能,成为社会的正常成员。社会工作者融入社区矫正使矫正对象感到了社会的温暖,增强了他们的社会责任感,有利于他们的自我改造与提升。

社区矫正要取得最大的效益,既要求社区参与以实现对罪犯成功地再社会化,又可以降低行刑成本,提高矫正监督的效益。因此,社区矫正要求政府必须着力培养矫正社会工作者参与社区矫正的灵活机制。在确立社区矫正社会工作者资质要求时,应当考虑以下因素：首先,要考虑社区矫正工作内容和工作效率的需要。不同的工作内容对工作主体的素质要求不同,确定哪些社会组织和人员参与社区矫正工作,要首先考虑社区矫正工作的内容。同时,还要考虑到社区矫正工作的效率。其次,建立科学的刑罚机制,充分实现刑罚功用的需要。我国《最高人民法院、最高人民检察院、公安部、司法部关于开展社区矫正试点工作的通知》明确规定社区矫正是与监禁矫正相对的刑罚方式,是对刑罚执行制度的改革与探索。因此,确立矫正社会工作者的资质要求应当考虑到建立科学刑罚机制,充分实现刑罚功能的需要。既要考虑社区矫正的效果,又要保证整个刑罚执行的效益。再次,应当符合法治要求。一方面,社区矫正社会工作者资质要求必须有相关法律法规作出明确规定,通过法律法规授予执行刑罚的权力;另一方面,矫正社会工作者在工作中享有的权利必须以保障被矫正对象的合法权益为基础,避免在监督管理过程中滋生腐败,侵犯被矫正对象的权利。

二、矫正社会工作者专业队伍建设的意义

社区矫正是一种开放性的刑罚执行方法,具有社会性,在矫正

过程中需要大量的专业社会工作者对社区服刑人员进行矫正。要强调矫正方法方式的多样性、矫正途径的多元化、矫正过程的人性化、矫正方案的个性化和矫正力量的社会化。社区矫正社会工作者除了对被矫正对象进行简单的管教、考核、处置等工作，还要给予思想教育、心理辅导、生活照顾等，使之彻底消除心理障碍、改正行为模式，这正是社区矫正社会工作与监狱改造的区别所在。作为被矫正对象的罪犯和违法人员之所以违法犯罪，很重要的原因是他们在社会化过程受到阻断或弱化，导致其社会适应能力降低甚至消失，他们无法通过社会公众所认可的一般途径和正当方法维持正常的社会生活。所以从这一角度讲，被矫正对象是社会的弱者，尤其当他们的行为被法院判定为违法和犯罪时，被矫正对象往往从心底觉得自己的社会地位处于与主流社会相背离的底层。被矫正对象的这种负向心理趋向只有经过专业人士给予帮助，才能逐渐恢复。矫正社会工作者如果拥有专业的心理治疗知识就可以给予被矫正对象心理矫正，帮助其恢复心理健康。下面以心理矫正为例探讨专业素养对于开展矫正社会工作的重要性。

对被矫正对象进行心理矫正是一种科学有效的矫正方式，是指运用心理学原理和技术，通过对被矫正对象开展心理评估、心理教育、心理咨询、心理治疗等一系列活动，消除其犯罪心理和自卑心理，顺利实现再社会化，促使其成为合格的公民。心理矫正作为改造教育被矫正对象的一种新型方式已为社会各界人士所认同，是提高矫正质量、预防犯罪的新渠道。

犯罪心理具有可矫正的可能性。首先，人格也即个性。这个概念源于希腊语 persona，原来主要是指演员在舞台上戴的面具，后来心理学借用这个术语用来说明：人格是构成一个人的思维、情感和行为的特有统合模式，这个独特模式包含了一个人区别于他人的稳定而统一的心理品质。心理学家阿德莱特·布赖认为：

"如果所有的行为都要遵循学习的规律,那么变态行为也应属于习得性行为,而这一点正是行为心理学所坚持的变态行为并不是'病态',它所习得的方式跟所谓正常的行为一样,而它与后者的区别仅仅在于:它是非适应性的。"[①]可见,犯罪行为是经过"学习"这一过程形成的,那么犯罪心理和行为也是可以通过"学习"来矫正。其次,人不似其他动物,动物不具有对行为后果的预测性,而只能本能和消极地适应环境;人具有主观能动性,能有目的地去利用、改变和支配自然环境。再次,人倾向于接受良性教育。影响人的发展因素有很多,如遗传、性格、后天的社会环境等,这些因素相互联系,共同作用于人的社会化和再社会化。教育可以根据社会规范和准则,按照一定的方向,选择合适的内容,采取灵活的方法,在恰当的时间,对个体进行针对性、有目的的教育和培训,使人获得较系统的知识和技能,形成后天的世界观和道德品质。教育一般是通过专业机构中的专业学者组织实施,他们掌握技巧、明确目的、设计方案等,能够恰如其分地教育和培养人。我国社区矫正部分试点城市的成功例子就证明了专业心理学工作者能矫正犯罪心理问题,彻底改变他们的负向阴影,使其成为守法公民和具有一定文化技能的良好市民。

现阶段,监狱矫正尚存在诸多不足。一些监狱干警虽然懂得法律专业知识,但他们缺乏心理学、社会学等专业知识,无法从根本上帮助被矫正对象打开心结,从而造成监狱封闭性的矫正缺乏人文关怀,最终导致监狱矫正效益低下。为了弥补这种不足,我们必须在社区矫正中建立专业队伍,通过社区矫正社会工作者的专业服务,促使被矫正对象成功实现再社会化,预防犯罪,保障社会

---

① [美]阿德莱特·布赖:《行为心理学入门》,陈维正、龙葵译,四川人民出版社1987年版,第65页。

和谐稳定。

三、矫正社会工作者的资质要求

社区矫正工作是社会工作的一种特殊形式，是一项专业性、法律性、技术性、规律性很强的工作，因此对矫正社会工作者的能力、素质都提出了较高的要求，从事社区矫正的社会工作者除需要具备社会工作者的基本素质外，还需要具备矫正工作需要的必要素质。因而，组建矫正社会工作者专业队伍，必须重视选拔工作。

(一) 国外对矫正社会工作者的资质要求

在美国，社区矫正机构会聘请准专业人员参与社区矫正工作。准专业人员从当地社区居民中选出，他们必须受过正规矫正业务培训，并对自己的矫正行为承担相应的义务和责任。社区矫正机构会给予他们一定的报酬。由于他们熟悉该社区的文化、习俗等，并与被矫正者具有相同的文化背景、生活方式、思想观念、道德准则，能够更好地与矫正对象交流，更好地体会与理解矫正对象的困难，从而帮助他们摆正心态，适应社会，回归社会。美国矫正协会对于缓刑假释工作者的准入资格还提出如下标准：至少需要学士学位或者完成了一个职业的发展项目，这个项目包括缓刑假释工作相关经历、训练和学院的学分足以说明其学习的程度相当的学士学位[①]。

在英国，矫正社会工作者主要来自社会福利机构、医疗服务机构、劳动组织和企业家联合等有关部门，协助专业人员进行矫正工作，并对被矫正对象进行辅助矫正工作[②]。

---

① 李兰：《社区矫正主体问题研究》，《行政与法》2009 年第 11 期。

② 丁寰翔、余建明、陈立峰等：《社区矫正理论与实践》，中国民主法制出版社 2009 年版，第 161 页。

德国社区矫正形式主要是缓刑，主要的社区矫正工作人员是缓刑帮助者，或称为缓刑辅导员、缓刑官。德国是联邦制国家，刑罚的执行属于地方事务，由州负责。各个州的缓刑帮助者主要存在“社会团体制”和“政府机构制”两种模式。所谓“社会团体制”模式是指，缓刑帮助者成立一个缓刑帮助者协会，他们定期与州立法、行政、司法机关交流，并就工作中出现的问题提出意见，定期向社会公布缓刑工作的开展情况。缓刑帮助者都是政府雇员，但不是公务员，他们与司法部签订聘用合同，约定服务期限，通常是2—5年。所谓“政府机构制”模式是指，司法部的刑罚执行处于下设社会服务部，一部分人专职进行实际的缓刑帮助工作①。

在加拿大，社区矫正工作者一般需要具有本科学历，具有犯罪学、刑事执法学、心理学、社会学等专业的教育背景②。此外，意大利的教育学、心理学、犯罪学等专家在决定社区矫正的适用过程中也发挥着重要作用。

综上所述，在国外，专业的矫正社会工作者在各方面的素质都要求过硬，具有较高学历、较强的工作能力与丰富的经验，并且精通法律。

（二）我国对矫正社会工作者的资质要求

香港地区的法律规定，感化主任须由持有大学学位的专业社会工作者方可担任，上岗前还必须经过严格的有关法律知识方面的专门培训。台湾地区的观护人的任用资格是获得教育、法律、社会或心理等学科大专以上学历者，或者通过“观护人”高等考试者。上海市出台的《上海市社区矫正工作者守则(试行)》第1条对矫正

---

① 丁寰翔、余建明、陈立峰等：《社区矫正理论与实践》，中国民主法制出版社2009年版，第163页。

② 社区矫正考察组《加拿大社区矫正概况及评价》，《法治论丛》2004年第3期。

社会工作者资质等作了具体的规定："社区矫正工作者应当热爱矫正事业，具有刻苦钻研、深入细致的工作作风，具有高度的社会责任感、良好的职业道德和崇高的职业精神。社区矫正工作者应当具有较强的法学、社会学、教育学、心理学等专业知识以及丰富的司法实践和社会实践经验，具有较强的组织和协调能力。"北京市一般要求社会工作人员应具备大专及以上学历，具有较高的文化素质或心理学、社会学、法学等方面的专业知识，热爱社区矫正工作，乐于奉献，具有较强的社会责任感和全心全意为人民服务的精神，具备一定的组织协调和分析解决问题的能力。此外，浙江省对矫正社会工作者的政治、业务素质也具有较高要求。

2008 年 6 月民政部门组织的社会工作者职业水平考试，是我国第一次全国范围内的社会工作者的资格认证，也是社会工作向专业化、职业化方向迈出的重要一步。利用这一契机，我国在坚持以提高矫正效益为原则的基础上，大胆借鉴国外社区矫正的成功经验，结合我国社区矫正工作不断发展进步的国情，根据社区矫正工作的合理定位，确定合理的资质要求，正逐步建立起专业的矫正社会工作者队伍。

首先，具备良好的政治素质和较强的社会责任感。良好的政治素质是由社区矫正的本质所决定的，社区矫正工作是全面贯彻落实我国刑事政策，不断改革和完善我国刑罚执行制度，加快司法体制改革进程的题中要义；是进一步整合社会力量，强化社会治安综合治理，维护基层社会稳定，构建社会主义和谐社会的基础工程。因此，政治素质是社区矫正工作者应首先具备的素质。具体来说，要求社区矫正工作者拥有坚定的政治立场，高度的社会责任感、民主意识、大局意识等。

其次，要有丰富的专业知识储备。一方面，由于犯罪原因具有复杂多样性，包括社会因素、家庭因素、心理因素等多重因素，甚至是在综合各方面因素的共同影响下导致犯罪发生；另一方面，矫正社会工作者面对的矫正对象在生活背景、职业、生活放式、习惯等方面均有较大的差异，且社区矫正工作始终处于变化发展状态，属于专业的社会工作，不同于初期的社会工作。据此，矫正社会工作者要懂得法学、教育学、心理学、社会学、伦理学、犯罪学及相关学科的基础和专业知识等。如台湾大学《实习过程中与法律相关之注意事项》一文中指出："社会工作必须对于法院是运作体系有所熟悉，同时也必须知道在法庭上作证时应有何种适当之举动。社会工作实务者与学生必须假定其所撰写之专业服务记录、个案记录、个案报告或联络信函等，皆有可能成为法院传票要求检视之特定文件；也有可能是检察官或律师搜集和检视之文件；且可能在法院里当庭阅读之文件。当我们在撰写上述这些文件时，必须相当留意撰写记录之内容，以及我们如何责成文字上的表达。"①北京市青少年法律心理咨询中心主任宗春山指出，不管是从原生导致犯罪的心理病态，还是因害怕歧视产生的心理负担来说，社区矫正对象都急需及时的、制度化的心理辅导，帮助他们建立生活的信心和勇气②。此外，矫正社会工作者还需掌握一定的思想教育方法，要求矫正社会工作者将多学科的基本理论知识科学有效地运用于社区矫正工作之中，实现与矫正对象的顺利沟通，有效处理工作中出现的新情况、新问题。

再次，高尚的职业道德。职业道德是职业范围内特殊的道德要求，同人们的职业活动紧密联系。矫正社会工作者的职业道德素质，对于改善矫正社会工作者与矫正对象之间的关系，提高工作

---

① 张剑源：《社会工作在司法领域的影响——兼论社会工作者作为专家证人的可能》，《云南大学学报(法学版)》2008 年第 3 期。

② 廖斌：《社区矫正工作主体初论》，《法学杂志》2005 年第 4 期。

效率，增强社会公众对社区矫正的认可，充分发挥社会资源具有重要作用。矫正社会工作者角色的发挥需要以自身素质作为保证。对于社区矫正工作者来说，应当具有良好的职业操守，热爱工作，身怀一颗仁慈之心，给予矫正对象尽可能多的人文关怀，尤其是对未成年犯，更应将他们看做是失足的孩子，以人性化的矫正方式感化他们、教育他们、改造他们，使他们转变为合格的守法公民。矫正社会工作者还要有献身精神和社会责任感。特别是在开展心理矫治的过程中，矫正社会工作者必须与矫正对象之间建立起平等的相互信赖的关系。要做到这一点，矫治者不仅要尊重和理解矫正对象，还要为矫正对象保守秘密。

最后，学历要求。从美国和其他一些西方国家的专业矫正社会人员的学历来看，普遍要求具有学士以上学历。在绝大多数情况下，没有受过高等教育的专业人员是不存在的①。因此，我国矫正社会工作者不仅要接受过高等教育，而且要具有矫治工作所需要的专业技能，同时还要有在相关领域的实践经验和接受过专门的高级培训。

社区矫正在我国仍是一种新生事物，目前我国社区矫正工作各方面的制度、机制建设尚不健全，需要矫正工作者在不断的实践中积累经验，树立创新意识，逐步建立一整套系统化的社区矫正工作适用程序，为健全我国刑罚制度出谋划策。试点期间，一是应当明确社区矫正工作的基本条件，公开准入资格的限制；二是明确考核办法和上岗手续，本着宁缺毋滥的原则，从制度上保证社区矫正工作人员的素质。

---

① 吴宗宪：《当代西方监狱学》，法律出版社 2005 年版，第 603 页。

第二节　矫正社会工作者的课程训练与实务训练

由于社区矫正工作是一项专业性、法律性和政策性很强的工作，从事社区矫正的工作人员是代表国家实施刑罚，矫正社会工作者作为第一线工作人员的素质必须得到切实保证。社区矫正工作并不是简单的现有人员的拼凑就可以完成的，它需要培训、考核与严格的聘用选拔程序来科学、合理地配置。我国大部分矫正社会工作者都没有丰富的社区矫正经验，因此，开展课程培训与实务训练是提高社区矫正工作人员整体素质，发展内涵式专业队伍的基本途径。

一、矫正社会工作者的课程训练

从西方国家的实践来看，对矫正社会工作者的专业技能要求专门的部门制定相关的、统一的行业标准。例如，心理矫治社会工作者必须具备心理测量、心理咨询、心理治疗等专业知识和技能，并且能够运用自己的专业知识和技能为矫正对象缓解、消除心理问题。由于社区矫正在我国是一项新生事物，处于积累经验阶段，新的规章制度会随着社区矫正制度的发展而不断完善，矫正过程中新挑战、新问题也会层出不穷。因此，社区矫正工作者上岗前应接受矫正机关一定期限的培训，并获取相应的任职资格证书；而且培训工作必须制度化、专门化和经常化。

其一，矫正社会工作价值理念的培训。帮助受培训者树立和巩固为被矫正对象服务的思想，铸造无私为被矫正对象服务的精神理念是社区矫正工作的基础课程。矫正社会工作者面对的大都不是欢乐轻松的氛围，而是困难紧张的问题，只有助人的愿望而缺乏奉献精神很难成为合格的、成熟的矫正社会工作者。正是如此，要特别重视矫正社会工作者价值观和理念的培训，甚至以此为标准来录取合适的人员。尽管各国所提倡的价值体系不同，但在对矫正社会工作者的专业水准及价值理念的铸造上给予充分的重视却是相同的。

其二，依据培训阶段的不同，分为岗前培训和在职培训。即矫正社会工作者在正式工作前，必须接受至少三个月的岗前培训，必须通过培训内容的测试，测试合格再经过至少一年的工作实习，实习期满，经过考核方可正式上岗。由于社区矫正具有很强的挑战性，仅仅进行岗前培训难以适应日新月异的矫正工作，因而，还要进行在职培训。根据需要确定在职培训周期，形成制度。另外，从基层矫正社会工作者开始，矫正人员每晋升一个级别，都要进行一定时期的培训①。上海市积极开展社会工作者上岗培训，社会工作者必须经过 120 小时的集中培训并经考核合格方可正式上岗。上岗培训根据社工的专业背景不同，分别按法律知识和社会工作知识两部分集中授课，再通过集中讲座、模拟实训等形式进行合成训练，强化提高，为新社工上岗打下良好的基础。

其三，矫正社会工作所必需的基本课程的设置。矫正社会工作是一种助人帮扶的工作，被矫正对象面临问题的复杂性决定了矫正社会工作者必须具备广博的知识和熟练的技能。包括背景知识、专业知识和技能、工作方法等。因培训对象的不同，课程的设置也应有所不同，我们可以根据具体需要设置以下课程：一般法

① 丁寰翔、余建明、陈立峰等：《社区矫正理论与实践》，中国民主法制出版社 2009 年版，第 176 页。

律课程、矫正法规课程、矫正理论与实务课程、社会工作课程、犯罪学、教育学课程、心理学课程等。授课教师的来源则可以是大学相关专业教授以及实务部门工作经验丰富的工作人员等。北京市矫正办为了保证社区矫正专业矫正人员的队伍素质，适应工作的需要与变化要求，专门组织编写了《北京市社区矫正工作培训教材》，分批对全市先后启动的试点区（县）的工作人员进行培训。

其四，设立专门的培训机构。对矫正社会工作者的培训一般由司法行政机关组织，由司法行政机关负责培训的各项事宜，包括制定具体的培养计划、设定培训内容、安排培训的时间和地点。通过举办定期或不定期的业务培训班，聘请高等院校或有关单位的专家进行讲授，对辖区内专职社会工作者进行集中培训学习。

既然社区矫正队伍建设问题亟待解决，而社区矫正工作的特殊性又要求组建专业队伍，那么高校作为培养各行各业专门人才的摇篮理应担此重任。高校具备专门的师资力量和学习环境，在专业人才培养方面具有得天独厚的优势，可设置以社会工作和社区矫正为方向的专业，开设满足矫正社区工作多元化需要的学科、课程，以培养专业矫正社会工作者。主管社区矫正工作的部门也应该与学校的培养结合起来，为学生的社会实践提供平台。

二、矫正社会工作者的实务训练

实践是检验真理的唯一标准，实践之树常青。由于矫正社会工作者需具备专门的矫正技术和一定的工作理念与方法，因此，除了理论培训以外，还需要必要的矫正实务训练。社区矫正工作实习是社区矫正工作的必修课，在社区矫正工作培训中占有十分重要的地位。不经历严格的社区矫正实务训练，很难成为合格的矫正社会工作者。《联合国非拘禁措施最低限度标准规则》（《东京规则》)要求,矫正社会工作人员应该经过培训,其目的"是使工作人员明了在改造罪犯、确保罪犯的权利和保护社会方面的责任"①。作为一个合格的社区矫正工作者除了应该了解社区的文化建设、社区资源设备以及环境状况等,还应该掌握特定的工作方法。工作能力和工作方法的形成主要靠实践经验的积累,因此,组织矫正社会工作者前往社区矫正工作做得比较成功的试点地区进行实务训练成为当务之急。

(一) 依据矫正工作方法的不同进行矫正训练

1. 个案矫正训练

个案矫正是社区矫正行之有效的工作方法之一,它主要是以个人为矫正对象的社会工作方法,矫正社会工作者通过直接、面对面的沟通和交流,运用有关专业知识和技术,在矫正工作中建立起彼此信任的合作关系,协助矫正对象解决问题,挖掘个人潜能,增强适应社会生活的能力,恢复和增加其社会功能,最终实现个人的自我发展。《司法行政机关社区矫正工作暂行办法》第二十九条规定:"司法所应当采取个别谈话的方式,对社区服刑人员进行经常性的个别教育。"社会工作者通过运用沟通技巧和原则,一对一地进行诊断工作,了解被矫正对象的个性特征、犯罪原因和犯罪心理结构以及问题所在,在诊断其犯罪行为的基础上,建立正确的矫治思维模式,以促成矫正对象形成良好的社会适应性,完成矫正任务。矫正社会工作者通过运用个案工作方法可以训练沟通技巧,同时可以培养自身的感受能力和表达感受的能力,把话说清楚、说明白、说巧妙,把意思表达清楚。

社区矫正社会工作者面临的最为困难的挑战就是如何与被矫

① 王顺安:《社区矫正研究》,山东人民出版社 2008 年版,第 223 页。

正对象形成一个相互信任和能够让其接受的互动关系。如果没有任何经历,社区矫正工作者面对被矫正对象时往往会感到不安和担忧而束手无策。面谈是社区矫正社会工作者和被矫正对象进行实质性接触的开始,也是双方进行沟通的最基本的工具。初次面谈对于双方建立良好工作关系有着重要作用,因为双方都借此来观察互动以揣摩和掂量对方。社区矫正社会工作者必须通过实务训练掌握技巧,努力营造一种轻松、和谐的氛围来邀请被矫正对象打破顾虑,积极参与其中。通过面谈,社区矫正社会工作者可以了解被矫正对象的主要问题和需求,可以深层次挖掘、探索问题的前因后果,以寻求解决问题的途径和方法。面谈往往因人而异,虽然在社会工作中已经形成一般的结构或程序,但社区矫正社会工作者在掌握这些技巧的基础上还需要灵活应用,锻炼自己的谈话技巧,这些都需要进行事前的实务培训。

面谈实务训练技能。面谈实务训练技能可以借鉴社会工作面谈的基本程序,包括自我介绍、选择谈话的地点、明确初次面谈的目的和角色等。在初次见面时矫正社区工作者需要留意被矫正对象的语言表达方式,运用他所能理解和接受的语言进行交谈。在面谈过程中,社区矫正社会工作者还必须注意自己的肢体语言(包括面部表情、眼神交流等),应该做到妥帖地向被矫正对象传递耐心、接纳和尊重的信号,让案主感觉自在。对于被矫正对象的称呼,更应该征询其本人的意见,让对方感觉到被尊重,从而排除紧张心理。关于面谈的话题,社区矫正社会工作者应该以被矫正对象的求助动机为切入点,这样易于建立和维持双方的互动关系。特别是非自愿的被矫正对象,社区矫正工作者从他们的状态开始了解情况更为重要。非自愿被矫正对象往往存在心理戒备或充满抗拒,面对这样的被矫正对象,社区矫正社会工作者不能光靠热情,而是要直面他们的"武装",与被矫正对象一起讨论负向感受。

社区矫正社会工作者可以凭着将心比心的原则来表达对被矫正对象的理解，明智、客观地分析问题，从而赢得被矫正对象的信任，建立起良好的互动关系，帮助被矫正对象改变固有的态度。

矫正社会工作者在面谈训练中要注重以下提问技巧和同理反应的不同层次，以提升自身的沟通能力。一是如何提问。社区矫正社会工作者与被矫正对象的面谈是一种有目的的谈话，如果说积极地倾听是面谈的前提，那么提问则是构建谈话过程的框架。熟练地掌握面谈技巧，有利于面谈的顺利进行，同时也能帮助矫正社会工作者完整、有效地收集被矫正对象的信息，以明确谈话的方向和推进谈话进程。提问一般分为两类，即开放式问题和封闭式问题。开放式提问是指没有固定答案，矫正社会工作者提出比较概括、广泛、范围较大的问题，对回答的内容限制不严格，给对方以充分自由发挥的余地。这样的提问比较宽松、不唐突，可缩短双方心理、感情距离。这类问题鼓励被矫正对象自由地表达想法，给社区矫正社会工作者提供比较丰富的信息。例如，以前的犯罪动机、作案过程和细节、悔改心理、刑满释放后的规划等。封闭式提问又称为引导式问题，是指提出答案有唯一性，范围较小、有限制的问题，对回答的内容有一定限制。提问时，给对方一个框架，让对方在可选的几个答案中进行选择，即答案只有“是”与“不是”之别。这样的提问能够让社区矫正社会工作者比较快速地收集矫正需要的特别信息，而不至于跑题。通常，矫正社会工作者在工作过程中要避免过多地使用封闭式问题，因为这种提问方式偏向于审问，容易伤害被矫正对象的自尊。二是同理心。同理心曾被描绘成是一种融入他人感觉，了解和觉察他人思考、感觉、经历与状况的过程。同理心技巧的重点在于正确了解案主，敏锐地觉察案主内心的感受，透视“人心”，走进被矫正对象的内心世界。社区矫正社会工作者对同理心的运用，有助于建立与被矫正者的助人关系，通过这一关系，可以真正实现“以一个心灵影响另一个心灵”。通过运用同理心技巧，可以减轻被矫正对象对矫正社会工作者的防范心理，传递社区矫正社会工作者的关怀之心。但是在工作过程中，社区矫正工作者还必须将同感与同理区分开来，不能一味地对被矫正者的情绪给予认同和支持，而是要经过客观理性的分析。因此，社区矫正社会工作者在表达同理心时要把握尺度。

同理心技巧可以区分为不同的层次。第一层次的同理反应，社区矫正社会工作者对被矫正对象所明显表达的感受，只是部分了解，作出的反应和被矫正对象的感受无关，并阻碍与被矫正对象间的沟通。社区矫正社会工作者根据自己的主观想法改变谈话的主题，与被矫正对象发生争论，并提出不成熟的建议，甚至采用说教方式，导致偏离被矫正对象求助的问题，这会让被矫正对象产生困惑，或出现防卫性的行为，使谈话难以顺利开展。第二层次的同理反应，社区矫正社会工作者对被矫正对象表达的信息作出了反应，但却误解了被矫正对象的感受，或部分误解信息的真实部分。通常表现为社区矫正社会工作者用了不恰当的词语来形容被矫正对象，或者错误地解释了被矫正对象的感受。第三层次的同理反应，社区矫正社会工作者能正确反应被矫正对象所表达的事实和感受，但仅限于被矫正对象表达的范围，未能超越被矫正对象表达的感受和信息。第四层次的同理反应，社区矫正社会工作者能正确反应被矫正对象陈述中隐藏的情绪和内容，使被矫正对象能察觉内在更深的情绪，但不探究行为的意义和目的。第五层次的同理反应，社区矫正社会工作者能够感受到被矫正对象每一个细微的变化，并且随着被矫正对象情绪的变化，使用恰当的表达方式，将社区矫正社会工作者对被矫正对象外在和内在的反应及了解，在正确的时机传递给被矫正对象。社区矫正社会工作者的反应还可能为被矫正对象的矫正指明方向。

2. 小组矫正训练

小组矫正是通过小组动力去影响成员的态度和行为。矫正社会工作者在小组矫正训练过程中，扮演着不同角色，如协助者、倡导者、协调者、参与者、联络者、教育者、治疗者等。因此，小组矫正社会工作者必须具备制定计划的能力、沟通协调的能力、分析处理小组中发生的各种情况的能力等。整个实务训练可以培养矫正社会工作者在矫正工作过程中如何凭借小组成员的互动，积极协助、引导矫正对象在各种互动活动中建立良好的关系；如何利用矫正对象的“犯罪共通性”，建立矫正对象成员间的互信关系，进一步为他们营造一个能够相互倾诉、相互分享、相互分担和相互支持与交流的环境，以促使他们可以敞开心扉，“分享”彼此的经历与感受，宣泄不良情绪，调节不良情感，让他们重新建立社会支持网络，重塑自我形象，以达到矫治目的。

3. 社区矫正训练

在社区矫正训练中，矫正社会工作者承担了使能者、协调者、教育者与社区领袖的开发培养者等角色。社区层面的矫正培训主要包括：如何帮助矫正对象建立社会支持网络，培养矫正对象的公益意识和服务意识。主要训练矫正社会工作者如何通过与政府和社会各方面的协调与联系，为矫正对象争取社会保障政策、安排就业岗位、帮困解难等，使矫正对象与其家庭、社区和社会重新建立起一种连接，这种连接可以促使矫正对象进入具有支持性的社会网络中，逐渐实现其再社会化。

（二）依据被矫正对象的不同进行矫正训练

1. 针对未成年人的矫正实训

未成年人思想并不成熟，还有长远的未来，对未成年人惩罚只是刑罚的一个方面，最重要的是对其教育矫正，减少对其的标签效应，使其尽量不脱离家庭、不脱离社会，能够有受教育的机会，能够重返社会成为合格的社会成员①。我国当前的法律框架在社区矫正制度上，对成年犯和未成年犯未作区别对待，此章值得商榷。世界上许多国家构建了少年刑事司法制度和机制，对未成年人罪犯进行保护。对罪刑相对较轻的未成年人广泛适用缓刑、社区服务、假释等社区矫正形式。在美国，与成年人司法体系相比，未成年人司法执法体系更为广泛地适用社区矫正项目，因为未成年人体系的理念和结构鼓励转向非正式的程序和社区监督管理罪犯，而不是监禁②。安排矫正社会工作者参加针对未成年人展开的矫正实务训练体现了社区矫正发展趋势。我国《宪法》《未成年保护法》和《预防未成年犯罪法》规定，不满十八周岁的人为未成年人。随着社会的发展和时代的变迁，未成年人犯罪的原因逐渐复杂化，传统的方法明显已经不能适应现在未成年成长过程中凸显出的时代个性。针对未成年罪犯存在的差异性，矫正实务训练根据工作内容性质分可以分为两大类：其一是针对未成年人的生理和心理需求，提供社会资源，指引其正常发展而提供的发展性服务；其二是针对诱使其犯罪的个人、家庭、社会因素，提供治疗。由于未成年社会矫正工作的本质在于教育，因此，未成年罪犯的矫正工作具有特殊性，矫正社会工作者必须制定治疗性、补救性、服务性方案和工作项目。上海市在矫正试点工作中最先将矫正社会工作纳入未成年罪犯中，成立"上海市阳光社区青少年事务中心"。该中心按照法律规定，依照法定程序，介入违法犯罪情节较轻的未成年人考察教育制度，已逐渐得到社会认可。开展针对未成年罪犯的矫正

① 刘志伟、何荣功、周国良：《社区矫正专题整理》，中国人民公安大学出版社2010年版，第181页。

② 刘强主编：《美国犯罪未成年人的矫正制度概要》，中国人民公安大学出版社2005年版，第199页。

是矫正社会工作领域的新探索，所以，有必要通过这一领域的实务训练培养一支专职的未成年罪犯的矫正社会工作者，这支队伍要充分了解未成年人的心理特征，帮助他们改变负向认知，树立正确的价值观念；协助他们处理好人际关系；通过矫正教育，将未成年罪犯发展成为心理和生理健康的成年人。未成年犯是一个比较特殊的群体，在身心特征、行为特征上有其特定性，如果把社区矫正制度定位为对罪犯的一种区别对待，未成年的特殊性又为其再区别对待提供了依据。最高人民法院出台的《关于审理未成年人刑事案件具体应用法律若干问题的解释》，明确将未成年犯和成年犯区别开来，贯彻以“教育为主、惩罚为辅”的原则。

在对未成年罪犯实务训练过程中，矫正社会工作者在矫正实务训练时还必须主动联系未成年罪犯所在学校，通过与学校等教育系统的密切合作，帮助未成年罪犯激发学习动机，强化未成年罪犯的学习目的；端正未成年罪犯的学习态度，改良未成年罪犯的学习习惯；发展未成年罪犯的学习兴趣，扩展未成年罪犯的学习领域，解决未成年罪犯的学习困惑；重视培养未成年罪犯的学习能力，改进未成年罪犯的学习方法。

2. 针对成年人的矫正实训

矫正社会工作者的培训过程，在很大程度上是矫正社会工作者价值观的展开过程，这一领域的矫正培训主要是训练矫正社会工作者的价值观和实际能力。我国《关于开展社会矫正试点工作的通知》中明确规定，社区矫正的适用范围是被判处管制、被宣告缓刑、被裁定假释、被暂予监外执行和被裁定假释、被暂予监外执行和被剥夺政治权利的犯罪。与普通社会工作对象相比，社区矫正对象往往具有特殊性，他们往往不可避免地会受到周围环境的歧视、排斥以及标签化对待，而这种来自社会的拒绝和否定性评价会直接打击矫正对象的自尊而影响矫正效果。重视矫正社会工作者的价值培训，让每一位矫正社会工作者树立平等沟通、尊重矫正对象等工作理念是保障被矫正对象基本权利的需要，也为提高矫正效益奠定了基础。矫正社会工作者只有确立正确的矫正观念、给予矫正对象人性化的关怀时，他们才能更好地接纳矫正方案，以配合矫正执行，更好地改变自己以适应社会，从而恢复社会功能，融入主流社会。在矫正训练过程，矫正社会工作者必须根据矫正对象存在的问题和需求开展工作。例如，矫正对象往往存在男女心理思维模式的差异，在矫正训练中就必须培训不同的沟通模式。一般来说，女性情感细腻，但遇到事情犹豫不决，一般使用疑问句或反问句等来表达自己的意思，这样就给矫正社会工作者以思考、回旋的余地。但是，男性讲话语气就比较争强好胜、说话干脆利落，因此，经常会使用陈述句和祈使句，更喜欢以表达命令的口吻直接表态。遇到这样的情况，矫正社会工作者就必须具有耐心，讲道理、摆事实。只有通过实务训练，矫正社会工作者才能沉着面对各种意外状况、冷静处理问题。

（三）依据被矫正对象地域分布的不同进行矫正训练

1. 城镇社区矫正实务训练

由于我国主要在东部地区经济等各方面发展较好的城镇展开社区矫正试点工作，因此，这些试点地区为矫正社会工作者的实务训练提供了丰富的设施装备等资源。城镇包含专业丰富的志愿者队伍，为矫正社会工作者的实务训练配置志愿者资源，志愿者对顺利开展实训具有非常大的作用。所以，如果在实训过程中矫正社会工作者能把此类资源的配置工作做得好的话，对自身在工作上的进步具有重大作用。但需要注意的是，矫正社会工作者在训练过程中必须杜绝出现把实务训练需要完成的项目转交给志愿者，完全依赖志愿者的工作状态，这种情况的出现不但导致矫正社会工作实训失去原有的意义，而且从根本上阻碍了矫正社会工作者自身能力的提高。城镇还有良好的就业资源、产业、关系网、各类专业资源等，矫正社会工作者在实训过程中要积极整合资源、充分利用这些资源，把资源配置纳入更为深入和专业的范畴去做好矫正实训工作，赋予城镇资源配置以专业内涵。只有这样，社区矫正实务训练才能在更大的空间得以有效开展。

2. 农村社区矫正实务训练

从当前监狱在押犯以及试点地区的社会矫正对象中农村籍的罪犯分别占大多数的严峻形势看，开展农村社区矫正等工作任重道远。而在一些经济欠发达地区，农村青壮年大量外出打工，找不到合适的对象开展社区矫正工作；现有的矫正社会工作者素质及其所能接受的相关训练跟农村现实所需差距甚大，因此，选派优秀的矫正社会工作者深入农村开展社区矫正服务，积极促进农村社区矫正事业的发展势在必行。在实务培训过程中，我们必须扩大矫正社会工作者培训项目的覆盖面，而非把实务训练地域仅仅局限于城市街道、社区等。由于目前我国大多数地区经济欠发达，部分农民的学法、用法和守法意识薄弱，这都直接影响矫正社会工作者的矫正效果。矫正社会工作者必须针对广大农村的具体情况和被矫正对象的特点，因地制宜地制定专门的矫正方案，进一步优化、细化社区矫正方法、手段和措施，做到具体问题具体分析，增强实训的针对性和时效性。通过这一实训，意在锻炼矫正社会工作者的综合素质及能力，同时，也不断提高农村社区矫正工作质量，进一步切实加强农村地区的普法教育。

（四）其他不同类型罪犯的矫正训练

针对累犯、惯犯的矫正实务训练。累犯，是指受过一定的刑罚处罚，刑罚执行完毕以后，在法定期限内又犯被判处一定的刑罚的罪犯。惯犯指以某种犯罪为常业，或者犯罪已成习性，在较长时间内，反复多次地实施某种危害社会行为的犯罪。累犯是再社会化失败的体现。矫正累犯、惯犯，预防再犯的关键是对其进行人格矫正。累犯、惯犯由于有着特殊的犯罪经历与经验，在刑法理论上被视为主观恶性和人身危险性较大的一种犯罪人类型。我们认为，应当开展针对累犯、惯犯的矫正实务训练。采取较初犯更为强烈严格的矫正手法对矫正对象提供必要的心理矫正和职业技能矫正，使其消解恶习，形成新的良好习惯与生活规律以适应社会，为融入社会打下基础。

在矫正实务训练中，矫正社会工作者还须认清自己面临的多重角色和使命，注意平衡分配矫正工作重点，合理权衡个案，灵活掌握工作技巧，做到监督管理和帮助保护两者兼顾。一方面，实务训练中矫正社会工作者仅仅重视对被矫正对象的监督管理而忽视帮助保护，可能导致矫正社会工作者与被矫正对象之间难以展开互信沟通，破坏社区矫正最基本的工作链，使得矫正社会工作者和被矫正对象难以建立信任关系。由于信任关系的破坏，被矫正对象很难从内心认同和接受矫正社会工作者的监督管理，最终影响矫正效果；当被矫正对象产生心理困惑或面临经济困境，矫正社会工作者袖手旁观，不能给予帮助解困时，很容易将其推上重新犯罪的道路，令矫正毫无意义，与最终的目标南辕北辙。另一方面，当社区矫正工作者将工作重心过分偏向帮助保护而忽略监督管理，被矫正对象就会感觉自己已经脱离监管，不能感受到刑罚强制性威慑，从而放松思想，不能痛定思痛、改造自我；对其所在的社区安全和谐也是一种潜在的破坏，社区居民将会对社区矫正的工作定位产生怀疑，而造成对社区矫正工作的信任危机。

除了短期的训练，有关部门还需要对矫正社会工作者的工作状况进行调研和跟进，针对工作中存在的普遍性问题，制定合理的培训项目，并对培训的效果进行跟踪调查，不断地改进培训工作及课程设置，最终达到预定的培训目标。司法行政机关还应该根据矫正社会工作者的实际情况，定期组织专家学者开展讲座，“以会代训”，灵活培养矫正社会工作者的能力。

第三节　矫正社会工作者的考试内容

制定符合我国现阶段矫正社会工作者的考核体系，确定考试内容，是提高社区矫正质量的一项基础性工程。因此，必须全力关注矫正社会工作者考试内容的设定及确立，并在考试过程中得以切实体现。

针对矫正社会工作者设定专门的考试内容具有现实意义。首先，有利于检测矫正社会工作者培训实效。矫正社会工作不论岗前培训还是在职培训，其设置的目的是帮助矫正社会工作者提升工作能力，提高矫正效益。其次，有利于监督矫正社会工作者的培训态度。为避免矫正培训形式化、走过场，必须加强矫正社会工作者对培训的重视，突出矫正培训的实效性。考试或考查结果在一定程度上反映了矫正社会工作者在培训过程中的态度。因此，有必要通过培训考试结果，增强社会矫正工作者参加培训的积极性和主动性。再次，有利于矫正社会工作者正确认识自我工作能力。通过矫正培训考试，可以让参加培训的矫正社会工作者充分认识自身工作存在的不足，通过自我审视和反省加以自我学习与改善。最后，有利于正确评价培训质量，完善培训机制。组织机构可以将考试或考查结果作为一种对培训效果的信息反馈，对在考试或考查中出现的有关培训模式、培训内容、培训课程设置等不足之处进行改革、完善，加快推进矫正社会工作者培训工作的法制化、科学化，以进一步提高培训质量。

一、矫正社会工作者考试内容的类型

根据矫正社会工作者参加培训内容的不同，对他们的考试可分为理论知识的考试和实践及客观效果考查两部分。

（一）矫正社会工作者的理论考试内容

矫正社会工作者的理论考试，可以针对矫正内容设定有关法学、教育学、心理学、管理学与社会学等各方面的基础知识。理论知识考试的出题方式可以分为选择、案例分析、简答、论述等。

理论考试是一根“指挥棒”，考试的要求指向哪里，参加培训的人员就会朝哪里努力，以期达到考试的要求，取得优异的成绩。同时，理论考试也是实现选拔人才的一个相对公平、公正的途径，因此，我们要加强理论考试各个方面制度的规范化、完善化。

（二）矫正社会工作者的实务考查

实践考查主要围绕矫正社会工作者在实务培训工作中针对个案矫正所达到的矫正效益。所谓矫正效益是一个综合指标，是对罪犯矫正过程的表现的综合评定①。因此，对矫正社会工作者实务训练的考查不能一味强调总结报告，而是应该包括罪犯危险等级的下降、犯罪心理的转变、生存技能的掌握、再社会化的适应能力，以及在矫正过程中遵纪守法、矫正的表现等。在衡量实务训练矫正效果时，被矫正对象的谋生技能是一个非常重要的考核指标。另外，对于矫正社会工作者在实务训练中的工作方法、工作态度等

---

① 于爱荣：《矫正质量评估》，法律出版社 2008 年版，第 32 页。

也是必须考查的内容之一。

对于实务训练考查的具体方法可采用积分制的办法，按照参与时间、工作效果等因子，给予参加培训的矫正社会工作者一定的积分。还可设定查看台账建立率、案主见面谈话清单为主要内容的考查制度，经考试合格后发给《社区矫正工作者资格证书》，并按照其自身条件各工作考核的结果建立相应的资格等级体系（如分高级、中级等），以体现考试结果的差异性和矫正社会工作者工作能力的差别。

我国《司法行政机关社区矫正工作暂行办法》第二十一条规定："社区服刑人员在接受社区矫正期间，人格不受侮辱，人身安全和合法财产不受侵犯，享有辩护、申诉、检举以及其他未被剥夺的权利。"矫正社会工作者在实务培训工作过程中有非法及不当行为的，如强迫未成年罪犯从事超强度的公益劳动或对其变相体罚、被矫正人立功表现应报而未报、有关负责单位各种损害和侵犯被矫正对象合法权益的行为；对被矫正对象放任自流、"不作为"，在矫正训练过程中带有高度随意性，导致矫正实务培训形同虚设的应予以查处。无论是侵犯被矫正对象的合法权益还是放任自流，一旦这种恶习延续到日后的工作中将可能引起如下弊端：一是矫正社会工作者在矫正工作中往往具有侵犯被矫正对象合法权益的各种便利，引发职务滥用和其他腐败行为；二是被矫正对象得不到应有的帮助和保护，令其生活困难时极易再次走上犯罪道路；三是被矫正者不能得到适当的监督、控制，部分被矫正对象可能给社区带来巨大的危险，引发社区居民的恐慌，从而使社区矫正面临合法与合理的生存危机①。

① 何显兵、刘永强：《社区矫正的困惑与反思》，《西南科技大学学报（哲学社会科学版）》2004 年第 1 期。

社区矫正标志着我国刑罚执行制度朝着更加人性化、科学化的方向发展，也是中国司法政治文明的重要体现。社区矫正工作者专业队伍的建设需要丰富的知识储备，而丰富的知识储备来自长期实践中积累的对社区矫正工作理论和实务规律性的认识及总结。尽管目前专业化队伍建设有其困难，但在现有条件基础上，我们的努力空间较大，只要坚持不懈，我国的社区矫正工作队伍一定会不断走向完善、成熟，直至建立起一支专业性的矫正社会工作队伍。这一目的的达成还需要以社区为平台，通过有关部门、矫正工作者和社会力量的共同努力才能实现。

吴丽洁

后　记

小说《罪与罚》于 1866 年问世，作者陀思妥耶夫斯基以文学的语言，以人性以及宗教的视角，审视着人文社科学界特别是法学领域的一个重要的研究课题：犯罪与惩罚。

“即使在上层阶级中，犯罪案件也日益增多。据说，有一个地方，一个从前在大学里念过书的人在大道上抢劫邮车；而在另一个地方，几个社会地位优越的人制造假的钞票；在俄罗斯逮捕了一批伪造最新发行的有奖债券的罪犯，主犯之一是个教世界通史的讲师；还有我们驻外国使馆的一位秘书由于金钱或者由于某种不明的原因……而被人杀害了。”“罪”几乎无处不在。陀思妥耶夫斯基呈现的罪是多维的、层次鲜明的。他在用文学史上罕见的细腻与精致的手法描绘主人公拉斯柯尔尼科夫实施杀人的过程。与此同时，他试图用通篇的文字来揭示社会的罪、制度的罪。这中间，不乏顺带展示给我们善良的人的罪、善恶不明的人的罪。他给大家建构了一个立体的“有罪的现实世界”。当然，在我们这里，“罪”不是重点要讨论的话题。

小说的第一章几乎完全是在描写“罪”，而此外的篇章某种意义上都是在讨论“罚”——主人公拉斯柯尔尼科夫试图逃避惩罚的过程中从精神到肉体的折磨，自首以后的苦役、流放与服刑，灵魂皈依宗教后的救赎。在陀思妥耶夫斯基那里，“罚”被理解成为一种人们对苦难的担当，不仅是肉体上的，更是精神上的。归根到底，是一种宗教救赎的思想，姑且可以说是“罚”的一个流派。但陀思妥耶夫斯基用文学的笔触把对“罚”的讨论引入社会生活。

早于陀思妥耶夫斯基一百年前，贝卡里亚的《论犯罪与刑罚》则是从法学的角度讨论“罪与罚”。这位出生于米兰没落贵族家庭的、标榜以伏尔泰为师的年轻人，在 1764 年发表了这部影响刑事法律发展的重要著作，对刑罚及其原则进行系统阐述。启蒙运动的先锋伏尔泰评价说：“《论犯罪与刑罚》这本小书具有宝贵的精神价值，好似服用少许就足以缓解病痛的良药一样，当我阅读它时真感到解渴，我由此相信：这样一部著作必定能清除在众多国家的法学理论中依然残存的野蛮内容。”《论犯罪与刑罚》全书共四十二章，洋溢着伟大的人道主义气息，鼓吹刑法改革，提出的“罪行法定”“刑罚要及时”“刑法应当与犯罪相对称”等原则都成为日后刑罚科学的基本原则。贝卡利亚同时提出，对于犯罪分子不仅仅需要处罚，还需要通过社会力量和思想教育共同进行改造。

从罚、刑罚、惩罚(punishment)转向我们这里要研究的“矫正”(correction)，在这个语境下，一定程度上它们都具有这样的意涵，即罪犯实施犯罪后，国家与社会给予的为纠正罪犯行为乃至思想的改造、教育活动。当然，罚、刑罚、惩罚是具有惩戒和避免再发的量罪定刑的概念，矫正则是量罪定刑之后的以再社会化为目的的刑事。

“罪”与“罚”都经历了一个长期演变、发展的过程。从酷刑严罚到刑法与罪行相对应，再到之后“人道主义”思想的进一步深入影响，一方面预示着处罚的柔和性，另一方面体现了近代的罪犯矫正教育思想。矫正学也正成为一门学科，由此被更多的人知道和了解，并且运用到监禁刑、非监禁刑的各个领域。

在这样大的思潮与背景下，社会工作日益成为刑罚执行、矫正科学赖以依靠的一个重要技术手段，受到各界矫正工作者、法律工作者和社会工作者的重视。人们不再简单地给予矫正对象以接近远古时代的不可逆的惩罚,也不再几近无助地寻求心灵的救赎,取而代之的是使用社会工作一套科学的工作理念、工作手段与方法,有步骤、分层次地推进矫正工作。本书尝试将社会工作在矫正工作中的运用作一个梳理、研究,试图在比较成熟的社会工作理论和刑罚执行理论的指导下,一定程度上建立矫正社会科学的学术体系。本书共有九个章节,第一章主要对矫正社会工作进行概述,就相关概念进行界定。第二章(方永作)主要描述社会工作在刑事司法领域中的角色与作用。第三章(章志图作)主要描述矫正工作中应采用的社会工作价值与理念。第四(桑先军作)、五、六、七(许娟娟作)章,分别结合并针对青少年矫正对象、司法判决前的矫正工作、在监狱中的罪犯、被判罚社区矫正的矫正对象,具体探讨各类型的矫正工作应如何引进及研发社会工作的理念、方法与手段。第八章则对矫正社会工作的评价或评估模式进行梳理,重点研究矫正对象的风险评估体系及进行社区矫正后该罪犯的效果评价。第九章(吴丽洁作)主要针对矫正社会工作者的培养阐述笔者的观点,对矫正社会工作者的资质要求、培训、课程设置及考试内容作一个简单的梳理,试图整理出一套较为通用的方法。

随着社会的发展和法律的不断健全,矫正工作将面临更大的挑战,希望本书能够为此项工作的从业人员提供一个参考。与此同时,笔者也希望能够为丰富社会工作的实践应用尽自己一份绵薄之力。借此,为推进社会治理作出学术工作者的贡献,让“罪”与“罚”更多地停留在文学作品中,而远离现实的社会。

陈 校

写于北京前门

2017 年 4 月

图书在版编目(CIP)数据

矫正社会工作/陈校编著. —上海：复旦大学出版社，2017.5(2025.6 重印)
(应用型社会工作系列丛书)
ISBN 978-7-309-12808-6

Ⅰ. 矫…　Ⅱ. 陈…　Ⅲ. 社区-监督改造-社会工作-中国　Ⅳ. D926.7

中国版本图书馆 CIP 数据核字(2017)第 031350 号

矫正社会工作
陈　校　编著
责任编辑/宋启立

复旦大学出版社有限公司出版发行
上海市国权路 579 号　邮编：200433
网址：fupnet@fudanpress.com　http://www.fudanpress.com
门市零售：86-21-65102580　团体订购：86-21-65104505
出版部电话：86-21-65642845
江苏凤凰数码印务有限公司

开本 890 毫米×1240 毫米　1/32　印张 9.25　字数 213 千字
2025 年 6 月第 1 版第 10 次印刷

ISBN 978-7-309-12808-6/D · 872
定价：48.00 元
